LA PHILOSOPHIE

DE

LA LIBERTÉ.

COURS DE PHILOSOPHIE MORALE

FAIT A LAUSANNE

PAR CHARLES SECRÉTAN,

ANCIEN PROFESSEUR DE PHILOSOPHIE A L'ACADÉMIE DU CANTON DE VAUD.

TOME SECOND.

LAUSANNE,

CHEZ GEORGES BRIDEL.

1849

LA

PHILOSOPHIE DE LA LIBERTÉ.

II.

LA PHILOSOPHIE

DE

LA LIBERTÉ.

COURS DE PHILOSOPHIE MORALE

FAIT A LAUSANNE

PAR CHARLES SECRÉTAN,

ANCIEN PROFESSEUR DE PHILOSOPHIE A L'ACADÉMIE DU CANTON DE VAUD.

TOME SECOND.

PARIS,

CHEZ L. HACHETTE ET Ce;

RUE PIERRE-SARRAZIN, 12.

LAUSANNE,

CHEZ GEORGES BRIDEL.

1849

LAUSANNE, IMPRIMERIE DELISLE.

LA PHILOSOPHIE

DE LA

LIBERTÉ.

PARTIE PROGRESSIVE.

DIX-HUITIÈME LEÇON.

IX. *Le Monde (la totalité des existences finies que nous connaissons par expérience) ne peut être considéré que comme l'effet d'une seule et même volonté, soit comme une seule et même manifestation de l'absolu.* Toutes les parties de l'univers sont en rapport les unes avec les autres, elles se supposent et se limitent réciproquement. L'univers ne saurait donc résulter de plusieurs actes absolus de volonté, car un seul d'entre eux impliquerait les autres. — Cette proposition explique la théorie de la connaissance qui repose sur l'identité du réel et de l'idéal. Le monde idéal et le monde réel, la pensée et son objet se correspondent, parce qu'ils expriment un seul et même acte.

X. *L'univers est la sphère où l'absolue liberté se manifeste comme telle.* Preuve : Si l'absolue liberté ne se manifestait pas comme telle dans l'univers, nous ne saurions l'y trouver, or nous l'y avons trouvée. — Dieu est l'auteur de notre raison ; la nécessité qui nous oblige à reconnaître dans la libre volonté l'essence du principe premier, résulte elle-même de cette libre volonté et nous montre que celle-ci a voulu se révéler à nous.

Remarque : Cette définition du Monde nous conduit à la définition de Dieu, c'est-à-dire de l'absolu dans son rapport avec le Monde. *Dieu est l'Être absolument libre, faisant acte d'absolue liberté.*

XI. *L'univers est le produit d'une création.* Le mot *création* désigne une production par laquelle rien n'est changé dans le producteur; or rien n'est changé en Dieu par la production de l'univers, puisqu'il s'y manifeste tel qu'il est dans son essence.

XII. *La création a un motif.* Une volonté sans motif serait sans intelligence et par conséquent elle ne serait pas libre.

XIII. *Le motif de la création réside dans la créature.* Preuve : L'absolu ne peut trouver en lui-même aucun motif d'action, car un motif fondé sur sa propre nature déterminerait nécessairement l'action et détruirait la liberté. Son motif de créer est donc hors de lui, dans ce qui n'est point, dans la créature possible. Remarque : Le motif de Dieu pour créer n'est pas le désir de se manifester; car le désir d'être manifesté impliquerait un besoin et contredirait l'idée d'absolue liberté.

XIV. *L'amour est le motif de la création.* La preuve est dans ce qui précède. Dieu veut l'être créé pour cet être lui-même, ce qui est le véritable sens du mot *amour*. L'amour suppose chez celui qui le conçoit l'absence de tout désir, de tout besoin, c'est-à-dire la plénitude de l'être ou l'absolue liberté; l'amour est donc l'acte par lequel l'absolue liberté se manifeste comme telle.

XV. *La créature a son but en elle-même.* Elle est voulue pour elle-même.

XVI. *La créature est libre.* Etant voulue pour elle-même, elle est voulue dans toute la réalité de l'être; or la réalité de l'être est la liberté.

Messieurs,

L'absolue liberté impliquant la parfaite intelligence, il est évident que tous les éléments qui, dans une sphère quelconque, se trouvent enchaînés entre eux par des rapports quelconques, toutes les choses qui influent en quelque manière les unes sur les autres, sont comprises dans une seule et même volonté de l'absolu; car l'une étant liée aux autres dans une parfaite intelligence comme dans la réalité, vouloir l'une c'est vouloir les autres.

Eh bien, le Monde, l'univers, l'ensemble des objets de notre expérience et de notre pensée, présente ce caractère de solidarité. Tous les éléments de cette pluralité infinie soutiennent entre eux des rapports plus ou moins étroits.

Et d'abord tout se ressemble. Tout est compris dans le temps et dans l'espace, tout est soumis aux mêmes lois. La même arithmétique, la même mécanique, la même logique ont régné de tout temps et s'appliquent à toutes les régions de l'étendue. *Deus omnia fecit numero, pondere et mensurâ.* L'identité de ces lois primordiales, ou des lois métaphysiques, comme on les appelle, est si évidente qu'il semble y avoir une certaine affectation à les relever. Cela s'entend de soi-même, dira-t-on. Je l'accorde : mais pourquoi? Parce que ces lois de l'univers sont aussi les lois de notre intelligence, qui en fait partie. Dire que notre intelligence fait partie de l'univers, c'est employer une expression bien vague, bien faible, mais pourtant juste. Les lois objectives de l'univers sont donc les lois subjectives de notre intelligence; nous ne pouvons en douter sans mettre en question toute vérité. Nous comprenons dès lors pourquoi il nous est impossible de concevoir ou même de supposer une dérogation à ces lois. Partout le carré de l'hypothénuse sera égal aux carrés des deux autres côtés du triangle rectangle. Partout les prémisses d'un syllogisme étant données, la conclusion en sortira.

L'universalité de l'empire des lois métaphysiques est quelque chose que nous supposons nécessairement *a priori* ou, comme je disais tout à l'heure, quelque chose qui s'entend de soi-même. L'expérience n'a pas cessé de confirmer cette supposition. Mais rien ne nous autorise à conclure de cette nécessité pour nous à une nécessité absolue, alors même que nous ne pouvons imaginer d'aucune façon comment d'autres lois seraient possibles. Tout ce qu'une saine critique nous permet d'affirmer, c'est leur universalité de fait.

Toutes choses se ressemblent donc, toutes choses sont identiques à leur base, l'intelligence et le monde obéissent aux mêmes lois.

Ce n'est pas tout : les choses de ce monde influent toutes les unes sur les autres ; elles soutiennent les unes avec les autres des rapports de causalité. Nous ne connaissons que la plus faible partie de ces rapports ; mais ils s'étendent à tout, la raison nous oblige de l'affirmer. Les mers, les montagnes, la distance du pôle, font les climats et les mœurs des hommes ; les hommes, à leur tour, diguent les mers, percent les montagnes et changent les climats. Ils détruisent les races des animaux et des végétaux pour leur en substituer d'autres. En un mot, l'homme agit sur la Nature, comme la Nature agit sur l'homme. L'influence de la Nature sur l'humanité n'est pas bornée à notre globe ; elle n'a pas de limites matérielles. Notre vie de chaque instant, toute l'histoire de notre race, sont réglées par le mouvement de la terre, qui obéit à l'attraction du soleil, déterminé lui-même dans sa marche et dans tout son être par les astres ignorés, compagnons de son existence. Les rayons de l'étoile la plus lointaine, éteinte peut-être depuis des milliers d'années, éclairent le chemin du voyageur et portent dans son âme de douces ou de graves pensées.

Dans tout ceci, je le soupçonne, vous ne verrez que des lieux communs pour éclaircir un autre lieu commun. Il est constant que le monde matériel, intellectuel et moral forme un tout par les rapports de chaque être particulier avec tous les autres. L'univers entier est donc compris dans l'unité rigoureuse d'un seul acte : l'univers, c'est-à-dire tout ce que nous savons et saurons jamais, car ce que nous saurons est nécessairement en rapport avec ce que nous savons et ce que nous sommes, tout ce que nous savons, tout ce que nous pouvons penser, tout cela n'est que dans cet acte et par cet acte. L'univers est cet acte : Une volonté de l'absolu — éternelle, immuable, absolue — car c'est une volonté.

Ceci nous fait comprendre, je l'ai déjà dit, la nécessité des choses et le caractère particulier qu'un examen attentif de nous-même nous fait trouver à cette nécessité. Les choses prises en détail sont nécessaires dans ce sens que le changement d'une seule les altérerait toutes. Mais le tout est-il nécessaire ? — Il est possible d'en douter, et le doute est déjà une réponse ! — L'univers ne serait donc qu'un seul fait, le fait où tout est compris, le fait qui résume la science, dont l'absolue liberté n'est proprement que la limite. Le besoin d'unité, qui fait l'essence de notre raison, trouve dans cette idée une satisfaction positive que l'idée transcendante de la liberté ne lui donnait pas encore.

L'absolue liberté n'est que l'unité en soi, pour ne pas dire l'égale puissance de l'unité et de la multiplicité ; en réalité nous ne savons pas ce qu'elle est, quoique nous soyons obligés de l'affirmer. Mais l'acte absolu qui pose le Monde est l'unité du Monde, l'unité réelle des choses ; cet acte est Dieu dans le Monde, c'est le Dieu du Monde. Ainsi le besoin de la pensée de trouver Dieu dans le Monde reçoit une légitime satisfaction. — La philosophie veut un principe des choses inhérent aux choses elles-mêmes, un principe immanent, comme on dit en Allemagne : elle a parfaitement raison; mais l'immanence véritable n'exclut point la transcendance; au contraire, ces deux idées s'appellent l'une l'autre et se complètent.

Le principe mobile, transcendant, supérieur au monde et par conséquent à la pensée, dont il forme la limite, c'est l'absolu en essence ou en puissance; mais le principe fixe, immanent, immuable, nécessaire, c'est le Dieu réel, tel qu'il est en fait pour nous, c'est notre Dieu, ou plus simplement c'est Dieu; car Dieu n'est pas une substance, une chose infinie, c'est un fait. De la nue jaillit un éclair, un éclair éternel. L'Absolu est la nue, Dieu est l'éclair, source de toute lumière. Cette lumière nous servira de flambeau dans la route qu'il nous reste à parcourir.

La doctrine de l'absolue liberté n'a guères dans notre système qu'une portée négative et critique; ce que nous cherchons, c'est l'intelligence de l'univers, c'est-à-dire l'unité de l'univers ou, d'après les explications qui précèdent, l'unité de la volonté absolue qui pose l'univers. Notre objet direct n'est donc pas Dieu dans le mystère de son essence; notre objet direct, c'est nous-mêmes et Dieu tel qu'il veut se manifester à nous, Dieu tel qu'il s'est révélé à nous et en nous.

Le principe absolu étant libre volonté, il peut, à son gré, vouloir ou ne pas vouloir, créer ou ne pas créer. Il est impossible d'annoncer *a priori* s'il créera ou s'il ne créera pas.

Mais il a créé, il a voulu, c'est un fait; nous chercherons donc l'unité, le sens de cette création que nous connaissons en fait, en mettant à profit dans ce but et les lumières de l'expérience et l'idée de la liberté absolue dont nous sommes en possession.

L'absolu étant liberté, nous ne pouvons en déduire *a priori* aucune connaissance relative à l'existence réelle, car tout ce qui existe n'existe que par son fait, parce qu'il le veut. Le monde dont nous cherchons l'explication n'est point nécessaire, ses lois universelles ne le sont pas davantage. Tout en lui est contingent, l'essence et l'existence. Cela résulte évidemment de l'absolue liberté. Le monde pourrait donc ne pas être. En fait nous savons qu'il est, nous en sommes assurés par le fait de notre propre existence, par l'expérience en général, qui se résume dans la conscience que nous avons de nous-mêmes. Toute perception se résout en conscience. Le monde, c'est nous-mêmes et l'ensemble de nos perceptions. Mais que celles-ci soient interprétées dans le sens de l'idéalisme, ou que la nécessité pratique d'agir, justifiant s'il en est besoin une conviction irrésistible, nous autorise à reconnaître la réalité des objets extérieurs, peu importe au but que nous poursuivons. L'idéalisme lui-même ne nous arrêterait pas. Nous sommes, nous le savons, et nous savons également que nous ne sommes point l'absolu, puisque tout en nous est limité. Il faut donc bien chercher ailleurs, dans l'absolu, le principe de notre être, et comme, d'après ce qui précède, rien ne saurait être que par le fait de la volonté absolue, nous sommes un produit de cette volonté dont nous exprimons l'essence.

C'est donc l'expérience, l'expérience seule, qui nous

apprend que le monde existe; mais nous en connaissons *a priori* la nature, dans sa plus grande généralité du moins; nous savons que le monde est une volonté de l'absolu.

Nous demandons maintenant, et c'est ici que commence la science proprement dite, en quoi cette volonté consiste?

La réponse est facile : La liberté est une puissance qui se traduit par un acte. Les volontés de l'absolu sont ses manifestations, les formes de son existence. Il peut, à son gré, se déployer ou s'envelopper d'un mystère insondable, rester puissance ou exister. Il revêt les formes qu'il lui plaît; à son gré il se dévoile ou se déguise, car il est ce qu'il veut. Eh bien! dans le monde que nous connaissons en fait, dans l'acte qui crée et conserve le monde, il veut être ce qu'il est. Nous définissons exactement le monde où nous sommes, en disant : « Le Monde est la sphère dans laquelle l'absolue liberté se manifeste comme telle. » Cette assertion arrive un peu brusquement, Messieurs; cependant en l'avançant nous n'allons pas au delà de notre droit. La thèse que nous proposons est comprise dans ce qui la précède. Comment en effet avons-nous été conduits à l'idée de la liberté absolue? En cherchant à concevoir un principe qui ne puisse être que le premier, un être qui soit forcément sa propre cause, c'est-à-dire en combinant les notions d'être et de cause, en suivant méthodiquement les données primitives de notre intelligence. Nous croyons à la liberté du principe premier, parce que nous croyons à notre intelligence. Mais sous quel jour nous apparait notre intelligence elle-même en partant d'un principe libre? Evidemment elle se présente à nous comme un effet de ce principe. Elle est ce que Dieu a voulu qu'elle fût ; ses lois sont des lois qu'elle a reçues pour arriver à des résultats prévus. Au point de vue de la liberté divine, la nécessité de notre pensée est une révélation. En un mot, si Dieu ne se manifestait pas comme libre dans le Monde et dans notre raison, qui en est la lumière, on ne pourrait pas trouver sa liberté dans notre raison ; or nous l'y avons trouvée.

L'absolue liberté fait donc acte d'absolue liberté, et le produit de cet acte est l'univers. Nous exprimons l'unité immuable de l'univers en le définissant par ces mots : L'univers est la sphère où l'absolue liberté se manifeste comme liberté absolue.

Par ce mouvement de la pensée nous entrons dans un ordre d'idées entièrement nouveau. Nous passons de la science négative du possible à la science positive du fait ; il ne s'agit plus de l'absolu dans son essence, mais de nous, et de l'absolu tel qu'il est relativement à nous. C'est içi proprement que, pour la première fois, nous avons le droit de prononcer le nom de Dieu ; car Dieu n'est pas l'absolu considéré en lui-même ; Dieu est l'absolu dans son rapport avec le Monde, tel qu'il veut être réellement vis-à-vis du Monde. Notre idée se détermine et par conséquent se limite en quelque sorte ; mais cette limitation n'est point un abaissement ; au contraire, on pourrait presque l'appeler un progrès. L'absolu, c'est la pure liberté, c'est-à-dire la pure puissance, la perfection de la puissance ; Dieu est la liberté se voulant elle-même, l'absolu se posant comme absolu. Ainsi nous quittons la métaphysique pour la théologie.

Notre métaphysique ne se compose que d'un seul travail : l'analyse de l'idée de l'Être. Nous nous sommes demandé :

comment faut-il concevoir l'Être pour que nous en comprenions la possibilité? et nous sommes arrivés à ce résultat : L'Être est volonté, le principe de l'Être est la puissance infinie de la volonté, la liberté pure. Il n'est pas possible que la nécessité de la pensée nous conduise plus loin; car cette nécessité de la pensée ne saurait être que l'expression d'une nécessité des choses, laquelle, si nous avons bien raisonné, n'existe pas. Nous pouvons dire *a priori* que si l'absolu veut, cette volonté est absolue, parce que cela est encore compris dans l'idée de la liberté parfaite. Mais cette liberté sort-elle effectivement de l'état de puissance et se traduit-elle en acte? L'absolu veut-il quelque chose, veut-il être quelque chose? Cela, nous ne saurions le conclure *a priori;* nous ne pouvons l'apprendre que de l'expérience, et cette intervention de l'expérience est l'origine d'un nouvel enchaînement de pensées, d'une science nouvelle.

Eh bien, l'expérience nous l'enseigne : Dieu a voulu, le monde existe, nous existons. Qu'a voulu Dieu? Que veut-il? Il veut être Dieu. L'absolue liberté veut se réaliser comme absolue liberté : elle crée un monde dans lequel elle se manifeste comme telle, elle crée une intelligence capable par son développement de la concevoir comme telle. Une seule réflexion fondée sur l'expérience nous donne à la fois l'idée du Monde et l'idée de Dieu; les deux termes de la science positive jaillissent à la fois de l'insondable unité. Dieu est l'absolue liberté se voulant comme telle — le Monde est la sphère où Dieu manifeste sa divinité. Il nous faut donc entreprendre une seconde analyse. Ici encore notre tâche consistera dans le développement d'une définition. Nous avons trouvé l'absolue liberté contenue dans l'idée de l'Être en soi ou du possible, il s'agit d'indiquer maintenant ce qui est impliqué dans l'idée du réel ou de l'absolue liberté se manifestant comme absolue liberté.

Et d'abord, Messieurs, cette idée est celle d'un acte, d'un acte absolu, d'un acte éternel.

Cet acte est une création; car par lui rien n'est changé dans l'Être absolu, puisqu'il s'y manifeste tel qu'il est; or le mot *création* exprime précisément l'idée d'une production qui n'apporte aucun changement à la condition de son auteur.

La Création est un vouloir libre et, par suite, un vouloir plein d'intelligence. Toute volonté intelligente et libre suppose un motif. Une volonté sans motif serait aveugle et se confondrait avec la fatalité. Peu importe que l'on considère ce qui existe comme résultant d'une fatalité absolue ou d'une volonté purement arbitraire. Ces deux points de vue contradictoires ne se distinguent en réalité que par une circonstance indifférente. Dans le premier cas, on suppose que ce qui existe en fait ne peut absolument pas être autrement qu'il n'est; dans le second, on suppose que ce qui existe pourrait être également bien de toute autre manière. Mais ces deux extrêmes se ressemblent en ceci, qu'ils n'expliquent réellement rien ni l'un ni l'autre. On peut les affirmer, on ne les comprend pas et ils ne donnent à la pensée aucune satisfaction.

La liberté agissant sans motif ne s'appelle plus la liberté, mais le hasard; le hasard n'est qu'un nom de l'ignorance. Si nous voulons sortir de l'ignorance, si nous voulons arriver à l'intelligence des choses, nous sommes donc obligés de nous demander quel est le motif de la Création.

Nous ne marchons pas tout à fait à l'aventure dans cette recherche. Puisque dans la Création l'absolue liberté se fait connaître pour telle, le motif de la Création pourra se comprendre chez un être absolument libre et ne se comprendra que chez lui. Si nous découvrons un motif qui remplisse cette dernière condition, nous serons assurés d'être dans le vrai. Nous trouvons ici une seconde application de la règle de méthode que nous avons posée en disant que l'idée du principe premier doit être telle que ses caractères intérieurs ne puissent convenir qu'à lui. Cette règle découle de l'idée de la science, qui doit apporter elle-même la preuve de sa vérité; autrement il n'y aurait que des hypothèses. La première fois nous avons appliqué la règle mentionnée à l'absolu en puissance ou négatif; maintenant il s'agit de l'étendre au Fait absolu, à l'absolu positif. La Création a donc un motif tel, qu'il ne peut être conçu que chez l'Être absolument libre.

L'examen préalable du problème nous enseigne de plus que le motif dont il s'agit doit être cherché dans la Création elle-même et non pas dans l'idée de l'absolu, précisément parce que cette idée est celle de la pure liberté. Si nous concevons des motifs d'action chez les hommes, c'est qu'ils ne sont pas absolument libres ou simplement libres comme le principe dont nous parlons. Ils possèdent deux choses que nous connaissons l'une et l'autre : la liberté et une nature. Ils sont libres, mais cette liberté s'exerce sur une nature déterminée soit en eux, soit au dehors. Êtres sensibles, ils ont comme tels des besoins. La satisfaction de ces besoins est un motif que nous pouvons attribuer *a priori* à la liberté humaine. Il y a plus : les hommes sont des êtres moraux; ils trouvent en eux-mêmes une obligation d'agir dans un sens déterminé, indépendamment de leurs besoins sensibles et de leurs volontés particulières. Ils peuvent obéir ou désobéir à la règle morale ; mais ils sont contraints de la reconnaître et ne sauraient en changer le caractère; ils peuvent faire le bien ou le mal; ils ne sauraient faire que le bien ne soit pas le bien, et le mal, le mal. Cette différence est au-dessus de leur liberté, elle limite leur liberté, elle constitue leur nature morale. — Nous comprenons parfaitement, Messieurs, que l'idée d'un besoin à satisfaire ou d'un bien à accomplir soit un motif d'action pour nous et pour nos semblables. Nous comprenons qu'il existe des motifs pour la liberté limitée, mais cette analogie ne nous fournit aucun secours lorsqu'il est question de l'absolue liberté.

Dans la satisfaction de nos besoins, dans l'accomplissement de nos devoirs, nous réalisons notre nature ; l'absolu n'a rien à réaliser, car il est parfaitement réel ; l'absolu n'a point de nature. Il n'est pour lui ni besoin ni devoir. Si la volonté purement libre revêt le caractère de ce que nous sommes obligés d'appeler le bien moral, c'est par son fait; elle ne possède pas ce caractère en vertu de son essence et par l'effet d'une nécessité. Il importe donc de bien s'entendre lorsque l'on dit que la perspective du bien à faire est pour l'absolu un motif d'agir. Il est possible qu'il en soit ainsi; mais si nous le savons, c'est après coup. Gardons-nous de supposer que la distinction du bien et du mal préexiste à l'absolue liberté. En croyant affermir l'ordre moral, nous en effacerions le trait le plus admirable. Comme l'intelligence est antérieure à toutes les idées, la volonté est supérieure à toutes les lois. Si l'ordre moral préexistait à Dieu, l'ordre moral serait Dieu; mais alors il n'y aurait plus de Dieu libre, plus de Dieu personnel et partant plus de Dieu moral. En effet on ne saurait penser, sans tomber dans un anthropomorphisme impardonnable, que la loi existant pour Dieu, celui-ci puisse lui désobéir: il faut donc reconnaître qu'il produit la loi et qu'il est l'auteur de tout bien, non-seulement dans ce sens qu'il l'effectue, mais dans ce sens qu'il fait que le bien est bien. Si l'on répugne à cet aveu, il faut dire alors qu'il *est* la loi, ce qui est une contradiction; car en faisant de l'ordre moral une intime nécessité des choses, on le prive de toute signification pour la pensée et pour le cœur. Sans une volonté qui l'institue, l'ordre moral n'est qu'une abstraction impossible à réaliser. Si la volonté source de la morale n'est pas libre, elle n'est pas morale, et nous ne pouvons plus (contradiction inouie!) appliquer au bien suprême le suprême idéal du bien; la morale se résout en métaphysique; on n'échappe au fatalisme qu'à force d'inconséquences, et l'idée de Dieu perd son intérêt pour la vie à mesure qu'elle gagne en clarté. — Tel n'est pas, nous l'espérons bien, l'inévitable sort de la philosophie.

Dieu ne crée donc point par obéissance au devoir, ou pour réaliser sa nature morale; à plus forte raison ne crée-t-il pas par l'effet d'un besoin. Rien n'est plus contraire à l'absolu que la notion du besoin. L'absolu se suffit à lui-même, il est complet, c'est pour cela qu'il est libre, et le sentiment de cette plénitude ou de cette liberté est la félicité dont il jouit.

Les idées de devoir et de besoin que nous avons empruntées à la sphère des choses humaines, représentent tous les motifs d'action inhérents à la nature de l'agent. Nous pouvons généraliser notre pensée en disant : Une cause qui agit par un motif inhérent à sa nature n'est pas libre. A la vérité, dans l'être fini, pétri de contradictions, l'expérience nous oblige à reconnaître la présence simultanée de la liberté et d'une nature. Nous voyons la nature : appétit, instinct, sentiment, devoir même, solliciter en lui la volonté sans toutefois la contraindre, et nous ne nous expliquons son activité que par cet inexplicable mélange de nature et de liberté. La liberté de l'être fini est la faculté de développer sa nature. Mais rien de pareil n'est compatible avec l'absolu, qui proprement n'a point de nature. Un motif inhérent à l'être absolu serait un motif absolu qui déterminerait l'action d'une manière irrésistible, ainsi l'idée de liberté s'évanouirait.

Dieu ne trouve donc en lui-même aucune raison de créer. La pure liberté nous conduit naturellement, tout comme la nécessité, à l'immobilité parfaite de l'essence éternelle. Si la création devait trouver sa raison d'être dans la nature de l'absolu, il n'y aurait point de création.

Il faut l'avouer, Messieurs, l'existence du Monde est irrationnelle; il n'y a rien de plus irrationnel que l'idée d'une chose ajoutée à la perfection. Le Monde est cette chose-là, et cependant le Monde existe, il faut en prendre notre parti. Partout l'événement dépasse nos calculs. Le réel n'est pas rationnel, il est supérieur à la raison. Si la raison parvient à le comprendre, c'est en se surpassant elle-même.

Quelqu'un me dira peut-être : « Vous vous forgez des difficultés chimériques en cherchant ce que vous avez déjà. L'absolu, dites-vous, se manifeste dans le Monde comme liberté ; vous pensez en posséder la preuve ; qu'est-il besoin d'un autre motif pour expliquer la Création ! L'Être absolu est accompli sans doute, il est parfaitement heureux, mais il n'est pas manifesté, il n'est pas connu, nul ne sait ce qu'il est. Le motif de la Création se trouve dans le désir de l'Être absolu d'être connu tel qu'il est ; c'est un dessein qu'il se propose librement, bien différent d'une nécessité métaphysique ou d'un besoin de nature à rabaisser l'idée que nous devons nous faire de l'Être suprême. Il ne cherche point dans la création un complément nécessaire à sa propre réalité ; ce qu'il veut, c'est d'entrer, dans la plénitude de sa réalité, en rapport avec une créature capable de le comprendre et de l'adorer. » — L'idée que Dieu crée afin d'être connu, en d'autres termes, l'idée que l'absolu se manifeste pour se manifester, n'est pas une opinion nouvelle. Elle a été soutenue par d'éminents théologiens. Je n'en méconnais pas la grandeur. Tout sort ainsi de l'absolu et tout s'y rapporte ; le but de la création, c'est que Dieu soit glorifié. Il y a certainement là quelque chose de juste. Toutefois, si j'ose le dire, il me semble que cette théorie ne met pas suffisamment en saillie le côté principal de la vérité. Elle a gardé une trace d'anthropomorphisme dont il importe de la purifier ; et comme un contraire en appelle un autre, le panthéisme se dégage de cet anthropomorphisme. Je ne suis point surpris de voir M. de Schelling s'approprier aujourd'hui cette vue. Elle est tout à fait dans l'esprit général de son nouveau système, que nous avons déjà caractérisé par le nom d'anthropomorphisme spéculatif. M. de Schelling comprend l'Absolu comme esprit dans le sens de l'esprit humain ; il essaye d'élever à l'infini l'idée de l'esprit humain sans en changer la nature. Je doute que la tentative puisse réussir, et ce doute devient très-pressant lorsqu'il s'applique à la doctrine que dans la création de l'univers l'Être absolu a pour motif sa propre gloire.

Assurément, Messieurs, le besoin d'être connues telles qu'elles sont est un besoin des nobles âmes (nous voyons autour de nous beaucoup plus de gens qui s'efforcent d'être pris pour ce qu'ils ne sont pas); mais enfin ce besoin si élevé est pourtant un besoin : l'absolu n'en comporte aucun. Convenez-en franchement: si l'Être absolu veut, *pour lui-même*, être connu, la plénitude de son être et sa félicité ne sont pas parfaites aussi longtemps qu'il ne l'est pas. Il y a donc en lui-même, dans sa nature, une incitation à créer. Eh bien! c'est là ce que nous ne voulons décidément pas admettre, car ce serait diminuer sa perfection, ce serait restreindre sa liberté et, pour un esprit conséquent, la détruire. Prise en elle-même, cette idée est anthropomorphique, en ce qu'elle admet en Dieu un désir; panthéiste, en ce qu'elle fait du Monde un complément de Dieu. Quant à nous, si nous l'adoptions, nous tomberions dans une contradiction flagrante. Le désir naturel de se manifester tel qu'il est ne peut pas être le motif qui porte l'Être absolument libre à créer, car l'être qui éprouverait un tel désir ne serait pas absolument libre. Que Dieu se fasse connaître dans le monde comme la pure liberté, c'est un fait, et ce fait nous sert de boussole; mais ce n'est pas là proprement son motif. Nous sommes donc obligés d'en revenir à notre thèse : l'Être accompli, parfaitement heureux, l'Être libre, en un mot, ne trouve en lui-même aucun motif d'action.

Est-ce à dire, Messieurs, qu'il soit absolument impossible

d'assigner une cause à la production du monde? Le rationalisme aimerait à le faire croire pour se rire de notre embarras; mais ce serait exagérer, par légèreté ou par malice, la portée des réflexions précédentes. Il n'est pas encore établi que le motif de la création se dérobe entièrement à nos recherches; seulement ce qui devient évident, c'est que pour le saisir, il faut, comme je l'ai fait voir, interroger la création elle-même.

Il y a plus : nous savons que Dieu a un motif de créer l'univers, nous savons qu'une idée domine l'univers et la résume; nous réussirons peut-être à dire quelle est cette idée; mais nous ne saurons jamais pourquoi cette idée a décidé la liberté divine. Rien dans notre science ne répond à ce *pourquoi*. La volonté créatrice est un fait et n'est qu'un fait : notre pensée reste enfermée dans ce fait. Si la théologie se fonde sur la métaphysique, dans un autre sens son commencement est absolument nouveau. Voilà les conséquences que j'avoue, d'abord parce qu'elles découlent effectivement de l'idée de la liberté, puis parce qu'elles sont fécondes et salutaires. J'espère vous le prouver bientôt.

En effet, Messieurs, nous nous sommes approchés beaucoup plus qu'il ne semble de la solution du problème que nous circonscrivons avec tant de soins. Vous pouvez déjà la deviner si vous avez présent à l'esprit le vieil axiome, que toute négation renferme une affirmation. Du reste, avant la logique un maître plus savant nous l'a dictée. — L'Être absolument libre ne trouve en lui-même aucune raison d'agir, et cependant il ne fait rien sans raison. S'il agit réellement, le motif de son action, le but de sa volonté est donc hors de lui. Mais au point où nous sommes, avant tout acte de l'Absolu, rien n'existe que lui; il faut donc chercher son motif dans ce qui n'est point encore. C'est bien là ce que demande l'idée de création. Une volonté relative à ce qui n'est point ne saurait être qu'une volonté créatrice. Que peut-on vouloir en effet à l'égard de ce qui n'est point, sinon qu'il soit? Pour laisser le néant dans son néant, nulle volonté n'est nécessaire. Dire que la volonté par laquelle l'absolue liberté se manifeste comme telle a son motif en dehors de l'Être absolu, c'est la désigner comme une volonté créatrice : elle veut un autre être, et par ce vouloir elle le fait être.

Ce n'est pas tout : non-seulement Dieu veut l'être qu'il crée, ce qui est trop évident pour insister, mais il le veut pour cet être lui-même. La créature est voulue pour elle-même, telle est l'idée essentielle de la création. Cela résulte de ce qui précède : si Dieu créait en vue de lui-même, il éprouverait un besoin, il ne serait donc pas absolument libre, ou du moins il ne se montrerait pas tel, il ne revêtirait pas la forme qui répond à la perfection de son essence. Il crée donc sans retour sur lui-même, en vue de la créature uniquement. Eh bien! Messieurs, cette espèce de volonté comprend son motif en elle-même. Nous la connaissons cette volonté, nous savons son nom : c'est la bienveillance, la grâce, la charité, l'amour. Voilà le mot de l'énigme du Monde. Mais je veux d'abord préciser le sens des termes : De tous les synonymes que je viens de prononcer, le dernier est le plus général, le plus fréquent dans le discours, le plus beau peut-être: nous le conserverons. Toutefois le mot *amour* offre deux sens bien distincts et qui, pour être liés par un intime rapport, n'appartiennent pas moins à deux degrés différents du développement de l'être. Dans le premier il désigne le rapport moral dont l'opposition des sexes offre à la fois le complément et le symbole naturel. C'est l'état, actif et passif en même temps, d'un être imparfait qui ne peut réaliser pleinement sa nature essentielle sans le concours d'un autre être. Il y a de l'égoïsme et du besoin jusque dans le sacrifice qu'inspire un pareil amour. Ce n'est pas de celui-là qu'il s'agit ici. Je parle de l'activité pure et pleine de celui qui, sans rien attendre de moi, veut mon bien et me fait du bien. Cet amour n'est pas une passion, mais un acte; ce n'est pas un sentiment, c'est un libre vouloir : la volonté énergique de répandre le bien, sans autre pensée que celle du bien à faire. Une telle disposition ne se conçoit que dans un être satisfait et serein, parce que son but propre est atteint, parce qu'il est en lui-même accompli, et par conséquent affranchi. A la prendre dans toute sa perfection, elle suppose la plénitude absolue de la liberté. L'amour est donc la liberté faisant acte de liberté. L'amour est la volonté déterminée dans laquelle la liberté se manifeste comme liberté. Il résout, et résout seul, la difficulté de savoir comment cette puissance infinie peut se réaliser sans s'altérer; car la puissance de la liberté subsiste tout entière dans l'amour.

L'amour est donc le principe de la Création ou, si l'on veut, son motif; ce qui revient à dire que celle-ci n'a point de motif *a priori* ou qu'elle est purement gratuite. Le monde n'existe que par grâce, la grâce est le fond de son être, la grâce est sa substance. J'entends par grâce quelque chose qui n'est point dû et qu'on ne saurait prévoir. En effet, quoique la création soit la seule manière dont nous concevions que l'absolue liberté se déploie dans une forme égale à son essence, nous ne pouvons rien supposer dans l'absolue liberté qui la pousse à cette réalisation; car la liberté est à la fois l'acte et la puissance, elle est la perfection de l'être avant tout vouloir. Au point de vue de l'absolu, les idées de grâce et de création se confondent l'une dans l'autre. Le mot *création* désigne une production réelle qui cependant n'apporte aucune modification chez son auteur. L'idée de création, pressée à la rigueur, implique donc en elle-même que la création n'a pas sa raison d'être dans l'agent, en d'autres termes qu'elle est gratuite; et si elle n'a pas sa raison d'être dans le Créateur, sans être toutefois dépourvue de motif, il faut chercher celui-ci dans la créature, c'est-à-dire que la Création est une œuvre d'amour. Ce sont des mystères sans doute, mais des mystères enchaînés, pour la philosophie aussi bien que pour la religion. Du moment où l'esprit est en possession de l'idée que l'être parfait est liberté et du fait d'une existence finie, il est amené nécessairement à toutes ces conséquences. En réalité la question se réduit à savoir si nous sommes obligés de partir de l'être parfait. Une fois que l'on admet l'existence éternelle de l'être parfait, il faut ou le condamner à l'immobilité absolue et nier toute production réelle, sauf à expliquer tant bien que mal la production apparente; ou bien il faut arriver aux idées chrétiennes de la création libre et de l'amour gratuit.

Cette réciprocité des idées de création et de grâce est pour nous d'une haute importance. Si l'on ne peut résoudre tous les problèmes, il faut du moins s'efforcer de les concentrer en un seul. Le secret des destinées doit donc se trouver tout entier dans la Création. Nous n'admettons pas un Dieu qui réforme ses projets, qui s'agite et qui délibère. S'il est vrai que Dieu soit amour, comme nous avons été conduits à le dire, tout doit s'expliquer par l'acte immuable, identique, éternel de l'Amour.

Nous venons de marquer, Messieurs, comment il faut entendre la Création relativement à son principe. Elle est purement gratuite. Dieu veut être amour, Dieu veut être Dieu, c'est un fait que l'on ne saurait découvrir que par ses conséquences; nous le constatons en réfléchissant aux données de notre raison, parce que notre raison est elle-même un fait qui résulte de celui-là. L'existence de Dieu est l'éternel miracle, fondement de notre science et de tout notre être. Voyons maintenant ce qu'est la Création relativement à son objet, ou ce que l'idée d'amour nous enseigne au sujet de la créature.

Quoique distincts, l'être créé et la volonté créatrice ne sauraient pourtant être séparés: ce sont les deux termes d'un rapport, les deux aspects d'un même fait. La créature n'a d'être que dans l'acte qui la pose. La conservation du monde est bien, comme le voulait Descartes, une création continuelle, car la volonté créatrice est une volonté absolue. Si l'idée cartésienne pousse au panthéisme, le panthéisme a raison sur ce point. Il aurait raison sur tous, il serait la vérité, si la volonté créatrice n'était pas une volonté libre. Il aurait raison, si l'Être n'était pas volonté.

Créer, c'est aimer, c'est vouloir l'être créé pour lui-même. L'être créé est donc voulu pour lui-même, il est voulu comme but, ce qui revient à dire, il est *voulu;* car les choses que l'on ne veut pas pour elles-mêmes et comme but ne sont proprement pas voulues.

L'être créé étant voulu comme but, il est son propre but, par la nécessité des choses; (la nécessité des choses n'est qu'un terme impropre pour désigner la volonté de Dieu). Dieu veut que la créature soit. Il le veut dans l'intérêt de la créature. Il veut son bien; or le bien c'est la réalité de l'être. Dans la sphère des relations et des existences finies, faire le bien de quelqu'un c'est faciliter le libre développement de son être; au sens absolu, faire le bien c'est donner l'être. L'amour créateur implique donc la réalité de la créature.

Mais, Messieurs, la réalité véritable ne se trouve que dans la liberté, nous l'avons démontré d'une manière universelle, sur laquelle il serait inutile de revenir. Les buts dans la Nature ne sont que des symboles; l'être libre seul est véritablement son propre but; l'être libre a seul le droit et la puissance de dire : « Je suis »; et si la créature ne pouvait pas dire : « je suis »; elle ne serait rien pour elle-même; elle ne pourrait donc pas, cela est trop évident, être voulue pour elle-même. Ainsi les réflexions par lesquelles nous obtenons l'intelligence de la volonté créatrice nous donnent en même temps l'idée essentielle de l'être créé : cette idée est encore la liberté. L'amour pris en lui-même est la liberté faisant acte de la liberté; considéré dans son effet, c'est la liberté posant la liberté.

L'amour créateur, la liberté créée : tels sont les éléments que nous devons poursuivre désormais dans leurs métamorphoses, les deux acteurs du drame universel.

DIX-NEUVIÈME LEÇON.

Le caractère absolu que nous attribuons aux actes de la volonté divine est le fondement de toutes nos déductions. Par cette proposition, nous ne voulons pas restreindre la liberté de Dieu : elle ne la restreint pas en effet lorsqu'on la prend, non pas comme une détermination de l'essence divine, mais comme l'expression d'une nécessité subjective de notre raison. Du fait de cette nécessité subjective, nous concluons seulement que Dieu veut être connu de nous comme un acte absolu, et par conséquent qu'il se fait connaître à nous dans un acte absolu.

Cet acte absolu est l'Amour. L'amour ne peut être que le fait d'une volonté libre ; on ne saurait l'envisager comme exprimant la nature de l'être, ou son essence, sans en contredire la définition. L'amour considéré comme motif de la création implique la liberté de la créature ; car la liberté est son bien. Dieu veut son bien, et par conséquent aussi son bonheur, qui est la conscience du bien. Mais le bien positif de la créature ne peut venir que du fait de sa propre liberté.

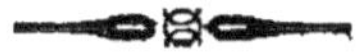

Messieurs,

Le nœud de notre philosophie se trouve dans l'idée que les actes de la volonté absolue sont des actes absolus. Sans cet intermédiaire nos solutions jureraient avec notre méthode, et le système se résoudrait en assertions incohérentes.

En effet l'analyse métaphysique nous conduit à la liberté, dont il est impossible de rien tirer *a priori*. Si le Monde naît d'un acte de pure liberté, l'expérience seule peut nous faire connaître quelque chose du Monde ; nous n'apercevons aucun moyen de saisir l'effet dans sa cause et de conserver à la science la forme de déduction rationnelle. Pourtant nous n'avons pas renoncé à cette forme sans laquelle il n'y a pas d'intelligence véritable. Il semble donc qu'il y ait contradiction entre la marche de notre philosophie et son contenu.

L'idée d'un acte absolu de volonté nous sort de cette position fâcheuse. Si le Monde pouvait être conçu comme le résultat de plusieurs vouloirs distincts, successifs, limités, tous les chemins seraient réellement fermés à la science *a priori*. Mais il n'en est point de même si les actes de la liberté primordiale sont absolus. Alors en effet, comme nous l'avons vu, notre propre pensée, avec tous les objets qu'elle peut atteindre, se trouve nécessairement comprise dans l'unité parfaite d'un acte divin. Il suffit, pour asseoir solidement la spéculation qui cherche l'explication positive des choses, de constater le caractère essentiel de cet acte de volonté. Ce trait fondamental de la volonté divine qui crée et maintient l'univers, nous ne pouvons le trouver que dans l'univers lui-même. Toute la science est empirique dans ce sens; la déduction n'est que la contre-épreuve de l'expérience.

Mais notre raison fait partie elle-même du monde de l'expérience qu'il s'agit d'interroger; la conscience que nous obtenons des lois de notre raison est une expérience véritable. Ces lois sont des faits intérieurs. On ne saurait nous contester le droit de les considérer comme des faits; car ce point de vue est le plus élémentaire, le plus modeste qui se puisse concevoir. Quelle que soit l'origine ne notre raison, quelle qu'en soit l'autorité, avant tout notre raison est un fait. Eh bien! en prenant notre raison comme un simple fait, nous en tirons immédiatement la solution cherchée. On demande comment l'absolu, qui est ce qu'il lui plaît, se manifeste dans le monde. Nous répondons : Il s'y manifeste comme absolu. La volonté qui produit le monde, c'est la volonté de l'Être absolument libre d'exister dans la forme d'absolue liberté.

Le trait distinctif de ce monde, c'est que l'absolu s'y fait connaître réellement tel qu'il est dans son essence, puisque notre raison, qui appartient à ce monde, arrive, en suivant ses propres lois, à reconnaître que le principe universel est la liberté absolue. Cette évolution s'est accomplie au sein de notre propre conscience par le travail de notre réflexion. Nous en sommes certains comme témoins et comme acteurs. Nous avons trouvé *a priori* que la liberté est l'essence absolue : nous sommes donc organisés de manière à arriver à ce résultat. Dieu se manifeste donc comme liberté dans notre raison, et par conséquent il se manifeste comme liberté dans le monde.

L'apparente subtilité de ce raisonnement n'en diminue point la force. Son tour a quelque chose d'inattendu, j'en conviens, pour qui n'a pas encore fait attention qu'au point de vue de l'absolue liberté les lois subjectives de la raison humaine sont simplement une manière dont Dieu se révèle; mais il suffit de réfléchir un moment à cette conséquence pour être obligé de l'accueillir. Toute pensée bien conduite rentre en elle-même et forme un cercle. Si tout est compris dans la volonté libre de Dieu, notre raison elle-même en procède; la nécessité subjective de la raison se résout donc en contingence au point de vue absolu. Une contingence suprême enveloppe et domine toutes les nécessités.

L'opinion que j'énonce sur la contingence des lois de la raison n'est pas une nouveauté philosophique. Descartes la partageait, nous l'avons rappelé[1]; il s'est efforcé de lui assurer sa part d'influence dans le plan de la philosophie en établissant deux critères distincts de la vérité, l'évidence et la véracité de Dieu. Mais Descartes n'apercevait pas lui-même toute la profondeur de sa pensée; son génie spéculatif luttait contre les difficultés d'une langue et d'une logique mal faites. De là résulte une sorte de gaucherie dans ses mouvements et parfois des contradictions apparentes dont on ne sait l'affranchir qu'en le mutilant, lors qu'il suffirait de le traduire. Ainsi Descartes juxtapose ses deux critères au lieu de les superposer. Il applique chacun d'eux à une partie de la vérité, tandis qu'il faudrait les appliquer tous deux à la vérité tout entière. La véracité divine lui sert essentiellement à légitimer la foi qu'il accorde au témoignage des sens relativement à l'existence du monde extérieur. Cette application fausse le principe en en rétrécissant la portée. La question du réalisme et de l'idéalisme n'a rien à faire avec la véracité de Dieu. Prétendre que l'idéalisme est vrai, c'est croire, comme nous l'avons dit[2], qu'un sage emploi de la raison corrige le préjugé des sens et témoigne en faveur de l'idéalisme. L'idéaliste aurait donc autant de droit que son adversaire à fonder son opinion sur la véracité de Dieu. La véracité de Dieu ne prouve rien ni pour ni contre; elle n'appuie aucune faculté dans ses querelles avec les autres; mais elle confirme également l'autorité de

[1] Voyez Tome Ier, p. 114.
[2] Voyez Tome Ier, p. 124.

toutes nos facultés[1]. Puis Descartes se contredit en inférant la véracité de Dieu de la perfection morale de son essence, tandis qu'ailleurs il place la liberté absolue au-dessus de l'opposition du bien et du mal. Cette faute vient de ce que la distinction essentielle au cartésianisme, mais généralement repoussée, entre l'absolu en puissance et l'absolu en acte, n'étant qu'en germe chez Descartes, il a pu facilement l'oublier. Mais l'irrégularité ne touche ici que l'expression. La véracité de Dieu n'étant autre chose que le caractère absolu de la volonté suprême, il y aurait eu moyen de l'atteindre en partant de l'absolu dans son abstraction, sans l'intervention des idées morales, qui n'est pas encore justifiée.

La même vérité prend des noms et des formes diverses selon la diversité des aspects sous lesquels elle se présente. Que l'on appelle le principe de la certitude : foi de l'homme dans sa raison, identité du subjectif et de l'objectif, véracité de Dieu, ou caractère absolu de la volonté absolue, toutes ces expressions ont un sens également juste, quoique le choix entre elles ne soit rien moins qu'indifférent. — Ce qui est évident d'abord, c'est qu'à la base de toute activité

[1] La distinction sur laquelle Descartes insiste, entre les vérités immédiatement évidentes, dont la certitude n'a pas besoin d'être fortifiée par la connaissance de la véracité de Dieu, et celles auxquelles nous ajoutons *foi* par le souvenir de l'évidence avec laquelle elles nous sont précédemment apparues, montre jusqu'à quel point ce grand homme était préoccupé d'écarter le reproche de prouver la véracité de Dieu par l'évidence et d'asseoir la certitude de l'évidence sur la véracité de Dieu. Ce cercle n'est pas moins au fond de sa philosophie. Loin de chercher à le dissimuler, il aurait dû s'en faire honneur. Le cercle n'est pas dans la démonstration, il est dans les choses.

intellectuelle se trouve un acte de foi, car on ne peut pas réfuter démonstrativement un scepticisme universel. On ne prouve pas qu'il y a une vérité, il faut le croire. Au point de vue subjectif, cette croyance est la foi en nous-mêmes; au point de vue objectif, elle est la foi dans l'identité des lois du monde réel et du monde idéal; au point de vue absolu, la foi dans la véracité divine. La forme subjective se présente à bon droit la première comme l'expression immédiate du fait psychologique : nous croyons à l'évidence rationnelle parce qu'il est impossible d'en douter. Mais qu'est-ce que croire à l'évidence rationnelle? C'est croire qu'une pensée bien conduite nous enseigne la vérité des choses; c'est croire que la pensée et les choses obéissent aux mêmes lois. La formule de Kant est comprise dans celle de Descartes; un esprit attentif l'y démêle aisément. Maintenant, à l'instar des successeurs de Kant, on peut s'arrêter à cette identité de l'idéal et du réel, c'est-à-dire l'expliquer par le panthéisme, ou bien l'on peut, avec Descartes, s'élever du Monde à Dieu et dire : La Nature et l'esprit ont des lois pareilles, parce que l'esprit est fait pour la Nature et la Nature pour l'esprit; la Nature et l'esprit sont la double expression d'un même fait, d'un même acte de la volonté absolue. Ainsi l'immuable unité du décret divin que nous découvrons par l'emploi de notre raison, nous explique la légitimité de cet emploi, et nous confirme à son égard dans notre confiance naturelle. Mais il vaut mieux ne pas s'appuyer encore directement sur les idées morales : c'est à la sphère morale qu'il s'agit précisément d'arriver; voilà pourquoi nous substituons à l'idée juste sans doute, mais prématurée, de la véracité, la notion plus métaphysique de l'unité indivisible des volontés divines. Cette dernière idée n'est point étrangère à la philosophie cartésienne. Un disciple peu novateur du cartésianisme, H. Régis, l'expose avec netteté, sans en mesurer peut-être toute la portée.

A nos yeux, l'unité absolue du décret divin est le fondement métaphysique de la science en général. Notre intelligence est l'œuvre de Dieu; croire à notre intelligence, c'est croire à la véracité de Dieu, ce qui revient à croire que Dieu veut ce qu'il veut, que l'Univers est un acte de sa volonté, dont l'identité se révèle dans les lois du monde réel comme dans celles de l'intelligence.

Dans un sens plus particulier, l'unité de ce décret est le fondement de la science *a priori*. Nous ne pouvons pas dicter à l'absolu ce qu'il faut qu'il soit: il est ce qu'il veut; mais une fois que nous savons en fait ce qu'il veut être, nous pouvons déduire en pleine confiance toutes les conséquences logiques de cette connaissance de fait. Dieu est fidèle, parce qu'il est immuable; il n'est pas un autre ici que là, aujourd'hui que demain et dans l'éternité; sa puissance absolue se déploie dans un acte absolu.

Si telle est l'importance de cette proposition, « les volontés de l'absolu sont elles-mêmes absolues », il convient d'en scruter de près la légitimité, car nous ne saurions mettre trop de soin à nous critiquer nous-mêmes. La thèse dont il s'agit s'est présentée à nous comme un corollaire de l'idée de l'absolu; nous l'avons avancée *a priori* sur la foi de l'évidence; en d'autres termes, c'est la nécessité de la pensée qui nous oblige à l'affirmer. Le dogmatisme n'est pas toujours aussi scrupuleux dans ses inférences. Celle-ci toutefois nous inquiète. Nous ne saurions concevoir dans l'absolu que des déterminations absolues, et par conséquent infinies, immuables, universelles, éternelles, ainsi que nous l'avons expliqué. Mais cette nécessité de notre pensée peut-elle être transportée à l'objet? n'y aurait-il pas de notre part quelque inconséquence à vouloir déterminer *a priori* quoi que ce soit relativement à la manière dont l'absolu se manifeste, même en s'en tenant à la forme, comme dans la proposition soumise à notre examen? — Il le semble. D'un côté nous ne saurions attribuer à l'absolu que des volontés absolues, de l'autre nous ne pouvons lui prescrire aucune loi. La position est embarrassante, mais cet embarras lui-même est instructif. Il fait voir que nous sommes arrivés sur les limites de la science; car, quoi qu'on en dise, la science des êtres finis a des limites, conformes au but de leur création. Nous pouvons arracher à l'oracle le secret de notre destinée, nous pouvons connaître notre Monde, c'est-à-dire nous-mêmes. Au delà règnent les ténèbres. Eh bien! nous sommes arrivés dans ces régions douteuses où la lumière vacille et pâlit. Pour avoir négligé la critique, dirait Kant, nous tombons dans les antinomies. Il faut donc l'appliquer, cette critique, et n'affirmer que ce qui est indispensable, n'affirmer que ce qui est prouvé. Nous disons que les volontés de l'Absolu sont absolues, parce qu'il nous est impossible de concevoir ce qui les limiterait; car toutes les restrictions que l'on imaginerait à la manière dont un but est voulu par l'être absolu, tombant pour ainsi dire au dedans de cet acte de volonté, ne seraient point de véritables restrictions. Ce jugement est donc un jugement identique ou de pure analyse, dont la légitimité ne saurait faire question.

Cependant nous ne devons pas prétendre que l'absolu ne puisse pas se manifester dans toutes les formes qu'il lui plaît. C'est ici le cas de faire voir que nous croyons sérieusement à Dieu et à la création, et que nous ne divinisons pas la raison humaine comme le fait le rationalisme. C'est le cas de nous souvenir que notre raison est un don proportionné à nos besoins et à notre destinée. De l'impossibilité réelle où nous nous trouvons de concevoir dans l'Être absolu autre chose que des volontés absolues, nous ne tirerons donc proprement aucune conséquence dogmatique touchant l'essence divine; mais, prenant ici encore la nécessité de notre pensée comme un simple fait, nous en inférerons seulement que l'absolu ne se manifeste à nous que par une volonté absolue, sans rien prononcer sur les lois qui règnent au delà de notre sphère. Il est vrai qu'une philosophie qui bannit de partout la nécessité logique, ne repose pas elle-même sur une pure nécessité logique. Les mailles de notre système sont aussi serrées que celles du rationalisme, mais nous ne disons pas que rien ne passe au travers. La nécessité de la pensée n'est à nos yeux qu'une méthode particulière servant à constater les faits. Comme tout dans l'univers repose sur la volonté, l'intelligence de l'univers dépend aussi d'une libre adhésion de l'esprit. Il suffit à notre ambition de présenter une théorie bien enchaînée, dont les résultats satisfassent les besoins de la conscience et de la raison : prétendre lui donner cette évidence coërcitive dont le rationalisme se targue avec si peu de fondement, serait de notre part une véritable inconséquence. Nous ne sommes pas exposé à ce danger, puisque la proposition qui sert de lien à nos doctrines les plus importantes ne comporte pas de démonstration rigoureuse, quoique, à vrai dire, tout parle en sa faveur ; car personne n'aurait songé à la mettre en doute si nous ne fussions allé nous-même au devant de la difficulté.

Il sera donc bien entendu, Messieurs, si vous me permettez l'emploi des distinctions kantiennes, que nous prenons cette proposition dans un sens régulatif et non pas constitutif. Nous n'affirmons rien sur l'essence divine, nous constatons seulement notre impuissance à concevoir dans l'absolu des volontés qui ne soient pas absolues. Nous en concluons que la volonté de Dieu à notre égard est absolue et par conséquent qu'elle est une et immuable; c'est le moins que nous puissions faire pour échapper au scepticisme dont, pour de bonnes raisons, nous ne voulons pas.

L'intimité de ce vouloir absolu nous est connue. Dans notre conscience et dans le monde dont la connaissance nous est ouverte, la liberté suprême se pose comme liberté. L'absolue liberté se manifestant comme telle dans une volonté déterminée est l'amour créateur : car l'amour exclut toute idée d'un retour du sujet sur lui-même; il exclut tout intérêt, tout besoin, toute nécessité; il suppose un parfait affranchissement; il ne peut être conçu, dans le sens où nous l'avons défini, que dans un être absolument libre.

Voilà, Messieurs, les points auxquels nous nous étions arrêtés. Vous me pardonnerez ce retour en arrière et l'aridité des discussions de forme et de méthode auxquelles je viens de consacrer la moitié d'une leçon : elles m'ont semblé nécessaires pour bien expliquer notre marche et pour prévenir les objections qui pourraient être dirigées contre elle. Au fond, nous n'en aurions pas eu besoin s'il ne s'agissait que de justifier une conviction personnelle. Dieu étant libre, il crée s'il lui plaît et par le motif qu'il lui plaît de choisir. Que l'amour soit ce motif, c'est à l'expérience à le prouver; aussi la démonstration que nous en avons tentée hier n'est-elle qu'une forme particulière donnée à la preuve d'expérience. Mais il n'y a de preuves vraiment satisfaisantes que les preuves universelles : pour que l'introduction de l'idée d'amour soit pleinement justifiée, il faut que le problème du Monde s'ouvre au moyen de cette clef. Jusque-là, permis à chacun d'y voir un commencement nouveau ou, comme on dit, une hypothèse, pourvu qu'on se souvienne bien toutefois qu'il n'y a d'amour possible que sur la base de la liberté.

Dieu est donc amour, c'est un fait, c'est l'expression de sa volonté. Ce n'est pas sa nature d'être amour; car nous ne pouvons absolument rien dire de sa nature, sinon qu'aux yeux de notre raison il n'en a point; mais il est amour néanmoins parce qu'il se fait amour. Cette volonté d'être amour est la grâce suprême qui comprend en elle toutes les grâces; c'est la face de Dieu tournée vers nous, c'est le côté lumineux, le côté adorable de l'Absolu, le côté divin si nous osons le dire : ainsi Dieu se fait et se proclame Dieu. Il est Dieu parce qu'il le veut. Il y a là un mystère sans doute, mais un mystère inévitable, un mystère excellent; c'est particulièrement à ce mystère que s'adresse la piété; c'est lui qui est l'objet propre de la religion. La prière des prières, cette prière sans mots qui est au fond de toutes les autres et qui en fait des prières, l'accord fondamental sur lequel repose l'harmonie de notre existence morale, la respiration de l'âme bien portante, si nous osions la traduire en paroles, ne pourrait-on pas l'exprimer ainsi : « Mon Dieu, quel que je sois, quoi qu'il arrive, au sein de la joie ou du martyre, je te rends grâce de ce que tu aimes, je te rends grâce de ce que tu es Dieu, éternellement, amen ! » Le cœur sent ces choses ; l'ignorant ne les sait ni plus mal ni mieux que le savant ; tous deux les savent s'ils les sentent, mais il est difficile de les formuler. Les perfections de Dieu sont en elles-mêmes l'objet de notre reconnaissance et de notre adoration ; or elles ne pourraient pas exciter de tels sentiments si elles n'exprimaient que l'intime nécessité des choses ; pour que le sentiment religieux s'explique et se justifie, il faut les considérer comme un produit de la volonté. Le sentiment religieux témoigne donc en faveur de notre point de vue.

Toutefois, Messieurs, on ne se décide pas sans quelque peine à faire tout reposer sur l'aiguille de la liberté. On n'écarte pas aisément l'idée d'une nature en Dieu une fois qu'elle s'est introduite dans l'esprit. Il faut donc la poursuivre jusque dans son dernier retranchement. Eh bien, ce dernier retranchement c'est l'amour lui-même, l'amour considéré comme exprimant la nature de Dieu, nature qu'il posséderait sans se l'être donnée, l'amour comme essence universelle et nécessité suprême. L'amour, dira-t-on, c'est la perfection, par conséquent Dieu est amour. L'amour est au-dessus de la liberté ; s'il faut choisir lequel des deux exprime l'essence divine, c'est l'amour que je choisirai. — Oui, s'il faut choisir ; mais ce choix est inutile ; bien plus, il est impossible. L'amour ne saurait être une nature, une nécessité, une essence. Il ne peut être qu'un fait, il ne peut fleurir que sur la tige de la liberté. L'idée que l'amour appartient à Dieu à titre d'essence, indépendamment du fait de sa libre détermination, impliquerait en Dieu la nécessité de créer un autre être pour en faire le bonheur. Ainsi l'existence et le bonheur de cet être seraient nécessaires à la pleine réalisation de l'essence divine, nécessaires à la félicité divine; doctrine qui nous ramènerait au panthéisme et qui contredirait l'idée d'amour. On ne peut donc pas, sans en altérer l'idée, considérer l'amour comme exprimant l'essence de l'Être. Pour être lui-même, l'amour doit être absolument gratuit; il exclut toute idée d'un besoin; or l'être dont l'amour serait l'essence aurait évidemment le besoin d'aimer, et cet amour, résultat d'un besoin, ne serait plus le véritable. Non, Dieu nous aime parce qu'il nous aime, voilà tout. On ne peut pas remonter plus haut. Comment se fait-il qu'il aime? c'est le miracle; mais Dieu n'est Dieu que parce qu'il nous aime; l'existence de Dieu est donc l'éternel miracle, et ce miracle est le fondement de tout ce que nous connaissons, de tout ce que nous sommes.

Dans notre système, la doctrine de la liberté absolue coupe court à toutes les questions sur Dieu considéré en lui-même. La science positive ne s'occupe que du Monde et de Dieu dans son rapport avec le Monde. Sans cette distinction, qui nous semble importante, il serait assez naturel, malgré les explications qui précèdent, de revendiquer l'amour comme l'attribut essentiel de la divinité indépendamment des choses finies et de la création. On pourrait dire que, selon nos propres aveux, l'idée de liberté n'est que la forme la plus élevée de l'essence ou de la puissance, mais qu'elle n'existe ou ne se réalise comme liberté que dans l'amour. Or, indépendamment de toute création, le sentiment et la pensée réclament pour Dieu l'existence. Si Dieu existe éternellement, il existe éternellement comme amour.

Le développement de ce point de vue ne conduit pas à envisager la Création comme éternelle et nécessaire, il conduit à la Trinité divine dans le sens de Richard de Saint-Victor. C'est dans la trinité de ses personnes que Dieu se manifeste lui-même à lui-même, qu'il s'aime lui-même, qu'il existe pour lui-même. Ainsi l'existence du monde ne serait point nécessaire à la réalisation de Dieu comme amour. Le monde s'expliquerait par la surabondance de l'amour et sa contingence en serait d'autant plus assurée. — Cette théorie dépasse le champ dans lequel nous nous sommes circonscrit, mais elle ne contredit pas nos principes. Si nous osions nous l'approprier, nous dirions : Dieu existe éternellement comme amour dans la trinité de ses personnes, mais, pour être éternelle, cette trinité de Dieu n'est pas moins contingente elle-même ; Dieu se réalise incessamment par sa libre volonté, et son œuvre dans le monde est l'image, la reproduction de l'œuvre suprême de sa propre réalisation. Même dans le sens d'absolu, Dieu *existe* s'il le veut ; son existence est un miracle impossible à prévoir, une chose qui, bien loin de s'entendre d'elle-même, doit réveiller en nous la surprise et l'admiration.

Ces ouvertures intéresseront peut-être les chrétiens attachés aux symboles de l'Eglise ou persuadés, par des raisons d'exégèse, que les passages de l'Evangile d'où l'on a tiré la doctrine de la Trinité se rapportent à l'essence divine et non pas à l'action de Dieu sur le monde. Nous nous garderons de rien prononcer sur ce point, notre système étant conçu en dehors de toute supposition dogmatique. Il nous suffit d'avoir indiqué comment son principe s'accommode à la diversité des opinions sur ce sujet et comment il réussirait peut-être à les concilier. Nous ne cherchons que la science des choses qui touchent directement à notre destinée, sans prétendre toutefois assigner à la pensée d'infranchissables limites. S'il faut un critère précis pour distinguer les questions accessibles à la raison des questions transcendantes (besoin trop méconnu des métaphysiciens français, incessamment ballottés entre le scepticisme et le dogmatisme), nous ne devons pourtant pas nous flatter qu'une critique préalable réussisse à toiser exactement les domaines de la vérité. L'esprit humain ne se meut pas dans un parc fermé d'une haute muraille, l'horison est libre autour de lui; mais la lumière qu'il projette ne s'étend pas aux bornes de cet horison; son flambeau ne brille pas toujours d'un éclat égal. Il faut nourrir la lampe divine, et la flamme de l'intelligence tire sa substance de la volonté. Dans l'ordre idéal, imparfaitement suivi sans doute, le progrès de l'intelligence se mesure au perfectionnement moral. Il y a donc une limite à l'essor de notre pensée, mais une limite mobile. — Je reviens à mon sujet.

L'amour est la réalisation de la liberté. Dieu se révèle dans notre pensée comme liberté. Pour nous et pour le monde où nous sommes placés, Dieu existe donc comme liberté, c'est-à-dire qu'il est amour. Notre Dieu est amour. Il crée par amour; il veut la créature pour elle-même, comme son propre but, et par ce vouloir il lui donne l'être. Puisqu'il veut, pour la créature elle-même, que la créature soit, il la veut aussi réelle que possible; puisqu'il la veut pour elle-même, il la veut telle, qu'elle ait son but en elle-même. Il veut que la créature soit dans toute l'énergie de l'être ; il veut lui donner toute la réalité compatible avec sa qualité de créature ; cela est compris dans l'idée d'amour. Mais, comme nous l'avons expliqué surabondamment, la pleine réalité ne se trouve que dans la liberté ; dès lors, si l'amour est le motif de la Création, il faut reconnaître dans la liberté le trait distinctif de la créature.

Je ne donne pas cet argument comme la preuve que la créature est effectivement libre. La preuve de sa liberté se tire de l'expérience, ou plutôt de la valeur absolue de la loi morale, qui suppose la liberté ; mais l'idée de l'amour créateur nous fait concevoir la raison d'être de cette liberté créée dont nous sommes certains en fait.

Nous pouvons rendre notre pensée un peu plus sensible en en modifiant l'expression : Le motif de la Création est l'amour de Dieu pour la créature. Dieu veut donc le bien de la créature, mais l'amour de Dieu est un amour parfait. Nous concevons cet amour, nous ne concevons pas ce qui pourrait le restreindre ; nous n'avons donc pas besoin de le restreindre et nous devons penser que Dieu veut à la créature tout le bien possible. Mais Dieu lui-même est le bien, l'essence divine est l'essence du bien. Vouloir le bien de la créature, c'est vouloir qu'elle soit semblable à Dieu : ces deux énoncés sont synonymes ; ainsi l'Écriture sainte nous marque le motif de la Création, en disant que Dieu fit l'homme à son image. Or, Messieurs, l'essence de Dieu, l'essence du bien, c'est la liberté. Dire que Dieu aime la créature, c'est dire que Dieu la veut semblable à lui, c'est dire qu'il la veut libre. Tout ceci est d'une évidence élémentaire. Le bien n'est autre chose que la réalité de l'être ; la réalité de l'être se trouve dans la liberté.

Je dis, Messieurs, que Dieu veut le bien de la créature ; je n'ai pas besoin de dire qu'il veut son bonheur. En effet le bonheur n'est rien par lui-même, et par conséquent, circonstance bien digne de remarque, il ne peut pas, sans désordre et sans inconséquence, être l'objet direct du vouloir. Le bonheur et le malheur naissent de la réflexion de l'être sur lui-même. Le bonheur est la conscience de la réalité, c'est-à-dire le sentiment de la liberté. Retour de l'intelligence sur l'harmonie et la plénitude de l'être, il suppose cette harmonie et cette plénitude. Le bonheur est le reflet du bien, dont la beauté paraît être la forme. Le bonheur est ce que l'être sent, le bien, ce qu'il est ou ce qu'il veut. Il ne faut donc pas dire que Dieu veut le bonheur de la créature, mais qu'il veut son bien ; il veut que la créature soit, c'est-à-dire qu'elle veuille ; le bonheur vient de lui-même. Ainsi Dieu veut certainement, mais accessoirement, le bonheur de la créature ; ce que proprement il veut, c'est son bien. Il la veut donc et la crée libre. Tout revient, en métaphysique, à bien comprendre la force des idées et à ne la restreindre que lorsqu'il y a, pour le faire, des raisons expresses. Dans la question qui nous occupe, il ne faut que prendre le mot « FIAT » dans toute son énergie. Dieu veut que le Monde soit. La liberté de la créature n'est que la réalité, le sérieux de cette volonté.

Il se présente ici une objection trop naturelle pour la passer sous silence : « Que Dieu veuille le bien de la créature, j'en suis assuré d'avance, nous dira-t-on, et j'admets avec vous que ce motif de créer est le seul qui se puisse imaginer chez un être absolument satisfait en lui-même. Mais la liberté n'est pas encore le bien, elle n'est que pure puissance, et, dans l'être créé du moins, elle est la puissance du bien et du mal. Le bien véritable, la réalité de la liberté, ne s'appelle plus liberté, vous nous l'avez dit, il s'appelle amour. Si Dieu crée par amour, s'il crée dans le but de répandre le bien, pourquoi ne crée-t-il pas une volonté déterminée, un être dont l'essence soit l'amour?» — Cette objection est plausible, aussi l'a-t-on souvent proposée; mais il ne saurait vous échapper, Messieurs, que nous y avons répondu d'avance. Si l'amour n'est pas l'essence de la créature, bien que nous trouvions en lui le motif de la création, c'est que l'amour ne peut pas être une essence; l'amour ne peut donc pas être créé; l'amour créé ne serait plus l'amour, ou, si vous répugnez à me suivre jusque-là, je dirai seulement que l'amour créé, déterminé dans le sujet par sa nature, ne vaudrait pas le libre amour. L'amour n'est pas l'essence de Dieu, mais le miracle éternel de sa volonté; il n'y a d'amour véritable que par la libre résolution de la volonté. La liberté est le bien en essence ou en puissance; elle ne saurait l'être sans devenir aussi, dans des circonstances déterminées, la puissance du mal. Ce bien en puissance est le seul susceptible d'être communiqué. L'être parfait est celui-là seul qui se donne à lui-même sa perfection. Si Dieu veut que la créature soit parfaite, il veut qu'elle se donne à elle-même sa perfection. Ainsi le vrai bien dans la création, c'est que la créature soit libre.

Exprimons la même idée en tirant parti du mot de la Genèse que nous venons de rappeler : L'homme est créé à l'image de Dieu : Dieu est liberté dans son essence et se revêt de l'amour par son fait. Il faut donc que l'homme soit aussi liberté dans son essence pour se revêtir de l'amour par son propre fait. Ici comme partout, un sentiment immédiat nous enseigne que cela seul a du prix dans un être et mérite positivement le nom de bien, qui naît de sa libre volonté.

La créature est donc faite libre, ainsi le veut l'idée de Dieu. Mais la liberté n'est qu'une puissance. Créer un être libre, c'est poser le problème des destinées. L'être libre n'est que ce qu'il se fait. Cela est vrai de la créature finie comme cela est vrai de l'absolu. Mais dans cette identité vous saisissez une profonde différence. La liberté absolue peut se manifester ou ne pas se manifester, selon qu'il lui plaît. La Créature, au contraire, étant faite libre, trouve dans la volonté qui la constitue l'obligation de se réaliser comme telle. Dieu veut que la créature soit, c'est-à-dire qu'elle soit libre ; il veut qu'elle existe comme libre ; or elle ne peut exister comme libre que par le fait de sa propre volonté. Il y a là une contradiction dont la solution embrasse les destinées de la créature. La sphère dans laquelle cette contradiction se résout est la sphère de la morale.

VINGTIÈME LEÇON.

XVII. *Par l'acte même de sa création, la créature libre est appelée à réaliser sa propre liberté.* Preuve : La liberté de la créature est voulue absolument, car elle constitue la perfection de l'être créé et par conséquent l'objet essentiel de la création ; il faut donc qu'elle se réalise ; mais elle ne peut se réaliser que par son propre acte, autrement elle ne serait pas liberté. Remarque : L'idée que nous venons de formuler est celle du devoir. La tâche proposée à la liberté créée constitue le problème de la morale.

XVIII. *La créature ne peut réaliser effectivement sa liberté qu'en aimant Dieu.* Preuve : Dieu veut la réalité de la créature. Il veut donc qu'elle ait le principe de son être en elle-même, qu'elle se fonde sur elle-même, qu'elle se veuille elle-même : réaliser sa liberté, c'est se vouloir elle-même. Cependant si la créature se fondait exclusivement sur elle-même, elle se séparerait de la volonté créatrice, qui fait la substance de son être, contradiction intérieure qui aboutit à l'anéantissement. Il faut donc que la créature se fonde à la fois en elle-même et en Dieu, qu'elle se veuille en voulant Dieu, c'est-à-dire qu'elle se veuille pour Dieu, qu'elle se donne à Dieu, qu'elle aime Dieu. Remarque : L'amour divin est pur fait, pure grâce. Il résout *en fait* la contradiction inhérente à l'idée de Dieu : Comment la liberté, puissance absolument indéterminée, peut-elle exister, c'est-à-dire revêtir une forme déterminée? — L'amour de la créature pour Dieu est un devoir. Il résout *en droit* la contradiction inhérente à l'idée du Monde : Comment ce qui n'est que par l'acte d'un autre peut-il être par soi-même ?

Messieurs,

On a trop souvent méconnu le principe générateur de la philosophie. Ce principe, que Descartes exprime avec la naïveté du génie, c'est le sentiment de la perfection. La raison humaine est théogonique et non panthéiste. Elle ne résout point sans effort l'énigme du Monde; mais elle affirme qu'en dehors de ce monde, en opposition à ce monde de faiblesse et de misère, il existe un Être parfait. Si son témoignage est fidèle, il faut confesser que l'Être parfait, réunissant en lui toute plénitude, se suffit à lui-même et n'a pas besoin de nous. Harmonieux ou discordant, l'assemblage des êtres finis où nous prenons une place, pourrait donc n'être point; il ne saurait être conçu que comme le produit d'une libre création. L'Être qui se suffit à lui-même ne trouve dans sa nature aucun motif de créer autre chose que lui; dès lors le motif de la création doit être cherché dans la créature elle-même, c'est-à-dire que l'acte qui la produit est une volonté d'amour.

Ainsi la raison, chose merveilleuse, nous contraint, sitôt qu'on l'écoute, à franchir les bornes de la raison. Il faut sortir de la raison pour s'expliquer l'existence du monde. Le monde est irrationnel. A quoi bon le monde! puisque l'absolu se suffit à lui-même? *A priori*, la création n'est point nécessaire, et pour certain nous ne l'eussions jamais imaginée! L'amour est irrationnel comme tout ce qui est sublime, et pourtant, d'un autre côté, il est tout ce qu'il y a de plus rationnel; car il est la perfection, que la raison réclame impérieusement. Telle est la constante loi de notre pensée; elle a besoin de la vérité sans réussir à la produire: toujours elle voudrait deviner, toujours elle a besoin d'être enseignée; mais quand elle a reçu la vérité, elle l'embrasse, elle se l'assimile, et le surnaturel devient naturel.

L'amour se manifeste par la création d'un être libre. Assigner l'amour comme motif à la création, c'est affirmer la liberté de la créature; car aimer, c'est vouloir la réalité de l'objet aimé; or la réalité de l'être est la liberté. Nous l'aurions prouvé s'il était besoin d'une preuve à l'appui de cette assertion, que la conscience confirme par un témoignage immédiat. Nous retrouvons ici, dans une forme plus précise, l'identité du rationnel et de l'irrationnel que nous avons signalée tout à l'heure. En effet, bien que fondée sur le raisonnement et sur l'évidence, il n'y a rien de plus difficile à concevoir que la création d'un être libre. Nulle contradiction n'est plus dure que l'existence d'une liberté en face de l'absolue liberté. La raison déclare que la puissance divine est infinie, et pourtant elle n'est pas infinie si je suis libre. On peut dire que Dieu a déployé son amour pour la créature en faisant pour elle tout ce qu'il y a de plus difficile, alors qu'il l'a rendue libre. En étendant ainsi le réel au delà des limites du possible, Dieu fait bien voir qu'il est Celui à qui rien n'est impossible, qu'il est l'absolue liberté. Il contraint la pensée à s'élargir, et son œuvre proclame sa gloire.

Mais avec l'œuvre immédiate de Dieu, la création n'est pas réellement achevée, précisément parce que la liberté créée est une contradiction. L'être libre est celui qui se fait lui-même ce qu'il est. Pour accomplir la loi de sa destinée, l'être libre du chef de Dieu doit se rendre libre de son propre chef. Puis, sa liberté met une limite à l'empire de Dieu, qui n'en souffre aucune. Dieu laisse à la créature le soin de concilier ces contradictions et d'assurer en l'achevant l'existence de son ouvrage. C'est l'œuvre de la liberté morale.

Ainsi les destins de l'univers sont suspendus à la liberté morale.

Nous voilà donc arrivés, Messieurs, au point vers lequel toutes nos recherches étaient dirigées; nous pouvons déterminer le problème de la morale au moyen des principes fournis par la métaphysique. La morale étant la loi de la liberté humaine, ce que réclame avant tout la morale scientifique, c'est une juste idée de la liberté humaine. La métaphysique nous a fait comprendre la liberté en général par la liberté absolue, dans laquelle nous avons reconnu le principe des principes, la source de toutes les possibilités. Par l'idée de Dieu, c'est-à-dire de l'amour, où l'absolue liberté se réalise comme telle, nous sommes arrivés à comprendre la Céation. Le trait fondamental de l'être créé, c'est l'image de Dieu empreinte en lui, c'est la liberté. Ici les résultats de la spéculation métaphysique se renouent à l'expérience intérieure. Nous nous retrouvons nous-mêmes, ou plutôt nous trouvons la notion dont nous avions besoin pour nous expliquer à nous-mêmes, je veux dire la notion de la liberté créée, car d'un côté le sentiment intime et la conscience morale nous attestent que nous sommes libres, de l'autre le sentiment intime et la conscience morale nous empêchent de nous confondre avec l'absolu.

Nous avions besoin de cette idée d'une liberté créée pour trouver la clef de notre existence. Je dis, Messieurs, que nous en avions besoin, car, n'en concevant pas la possibilité scientifique, nous ne la possédions réellement pas. Maintenant que nous savons d'où vient la liberté créée, maintenant que nous la savons possible et nécessaire parce que Dieu est amour, nous nous connaissons nous-mêmes dans notre principe. Mais nous n'avons encore de nous-mêmes qu'une idée abstraite et, comme toutes les abstractions, énigmatique. Nous savons qu'une créature libre est possible, car nous savons que la raison la réclame comme *correlatum* d'un Dieu qui se réalise en tant que Dieu, d'un Dieu créateur ou d'un Dieu d'amour. Mais nous ne savons pas encore comment une créature libre est possible. Cette possibilité certaine est un mystère et, je le répète, une contradiction. Nous ignorons donc en quoi consiste la liberté de la créature. Essayons d'en préciser, d'en éclaircir l'idée, de l'approfondir, s'il se peut, en nous fondant uniquement sur ce qui précède.

Nous trouvons un parallélisme remarquable, bien que nécessaire, entre l'idée du Créateur et celle de la créature. Je dis un parallélisme, Messieurs; ne confondez point avec une identité. La parole qui nous enseigne que l'homme fut créé à l'image de Dieu peut être prise dans un sens plus littéral qu'on ne pense : La perfection d'une image est d'être une image, ce n'est pas de remplacer l'original. Une eau tranquille, une glace polie donnent une image parfaite de celui qui s'y contemple, mais tous les traits sont renversés. Il n'en est pas autrement, Messieurs, de la liberté de la créature lorsqu'on la compare à la liberté absolue, ce qui est le seul moyen d'en éclaircir l'idée *a priori*.

La liberté absolue présente à la pensée une contradiction éternellement résolue par le fait. Elle est tout et elle n'est rien, car en tant que liberté elle n'est rien encore; elle pourrait ne pas se réaliser et demeurer mystère; mais en fait elle se réalise, elle se détermine sans cesser d'être absolue liberté, par l'acte éternel de l'amour.

La liberté de la créature est également une énigme, une contradiction, mais dans un sens tout différent. La créature est faite libre. Sa liberté est voulue par un décret absolu. Cependant l'être libre n'est tel que parce qu'il se fait lui-même ce qu'il est. La créature est donc appelée à se faire elle-même ce qu'elle doit être. La création d'un être libre est un appel. Par le fait même que la créature est libre, elle est mise en demeure d'agir ou de vouloir. Elle n'existera véritablement que lorsqu'elle aura voulu. La création d'un être libre est un engendrement, c'est-à-dire la production d'un germe destiné à se réaliser lui-même par son activité. Savoir que la créature est libre en vertu de son essence, libre en vertu de l'acte créateur, ce n'est donc pas encore savoir ce qu'elle est réellement. L'être libre par son essence n'est libre réellement que s'il se veut comme tel. Dire que Dieu crée un être libre revient à dire que Dieu crée un être capable d'être libre ou de ne pas l'être, par l'usage même qu'il fait de cette liberté primitive. Et l'expérience nous prouve que la liberté est effectivement un trésor qui se conserve, s'augmente ou se perd selon l'usage que l'on en fait. Le jeune homme qui, après avoir gaspillé son temps, son talent, sa fortune, se voit réduit à prendre la pioche ou le mousquet, était libre et il ne l'est plus; il est toujours libre dans son essence, mais il ne l'est plus réellement. Les ivrognes, les voluptueux, qui n'ont imposé aucun frein à leurs passions charnelles, étaient libres, ils ne le sont plus (et les passions charnelles ne sont pas seules à creuser le tombeau de la liberté). Je ne dis pas, Messieurs, que ces exemples aillent jusqu'au fond du sujet; je ne dis pas qu'ici-bas la liberté essentielle de l'individu puisse être jamais entièrement anéantie. Il reste à l'esclave et même au vicieux, qui est bien plus esclave, une suprême liberté, celle du suicide. Mais notre liberté primitive peut être tout au moins contredite, stérilisée, infiniment amoindrie en un mot, par l'emploi que nous en faisons. L'expérience de la vie nous la montre, hélas! toujours plus ou moins altérée, plus ou moins restreinte de cette manière. Cela suffit pour justifier notre pensée. Au fait, Messieurs, l'évidence logique parle en sa faveur. L'être nécessairement libre ne le serait pas véritablement, puisqu'il ne serait pas libre vis-à-vis de sa liberté.

Dans ces profondeurs gît la contradiction inhérente à la liberté de la créature.

Puisqu'elle est libre par son essence, elle est capable de se maintenir libre, c'est-à-dire de confirmer, de réaliser sa liberté ou de la prodiguer et de la détruire. Voilà l'un des côtés.

L'autre est que sa liberté est voulue d'une manière absolue. Le principe de la Création est l'amour dont l'absolu revêt son essence ou mieux dont il fait son essence. Le motif de la création est la volonté de répandre le bien; le but de la création est le bien, le bien positif, le bien réel de la créature; ce n'est donc pas seulement sa liberté virtuelle ou possible, mais l'accomplissement de sa liberté. *Il faut* que la créature soit libre. Il le faut, puisque c'est le sens et le tout de la création; il le faut, puisque c'est la volonté de l'absolu.

La contradiction est manifeste; elle est profonde. Précisons-là :

La liberté de la créature est à la fois conditionnelle et

absolue, purement virtuelle et pleinement réelle. Sa réalité dépend et ne dépend pas d'elle-même.

Elle est à la fois inaliénable et aliénable, parce qu'elle est liberté. Telle est la contradiction inhérente à l'idée de la créature.

La contradiction inhérente à l'idée de l'absolu s'est présentée à nous dans les termes suivants : L'absolu est réel, c'est-à-dire déterminé, car il existe; en même temps il n'est pas réel; car il est indéterminé, puisqu'il n'est que liberté; or la liberté est l'indétermination elle-même; la liberté n'est pas une réalité, elle n'est pas un acte, mais une puissance, ou plutôt la puissance par excellence. La liberté n'existe pas en tant que liberté, elle n'existe qu'en s'aliénant, en cessant d'être puissance pour revêtir une existence étrangère à sa nature en devenant une volonté déterminée, au lieu de rester la possibilité de tous les vouloirs. Cette contradiction insoluble à la raison est résolue par l'irrationnel, par le miracle, par le fait. Dieu est amour, il veut effectivement quelque chose, il se réalise dans une volonté déterminée, mais dans une volonté telle, qu'elle laisse paraître entièrement son essence éternelle; car c'est une volonté impossible à tout autre qu'à celui qui est liberté. Le mot de l'énigme de l'absolu est donc le miracle, c'est-à-dire le fait qui n'est que fait, qui ne peut être ni prévu, ni compris. Il est impossible de concevoir en effet comment l'absolu peut aimer, c'est-à-dire vouloir autre chose que l'absolu, autre chose que tout, car il est tout, puisqu'on ne saurait par la pensée ajouter à sa réalité. Il est impossible d'entendre comment il peut vouloir l'existence d'un autre être libre, d'une autre volonté que la sienne, c'est-à-dire se limiter, se rabaisser. Et pourtant il faut bien qu'il se restreigne et se fasse petit pour laisser place à nos caprices, à notre orgueil, à notre méchanceté. Il faut qu'il soit patient, il faut qu'il souffre, puisqu'il veut le bien et voit le mal. Il faut qu'il soit patient, c'est-à-dire qu'il soit petit. Mais c'est alors qu'il est le plus grand, car alors il fait l'impossible. L'absolu existant comme amour, l'absolu se restreignant lui-même, voilà certes l'impossible; mais cet impossible est la source vivante de toutes les possibilités réelles; l'amour est le mystère, mais ce mystère est le commencement de toute explication véritable. Le nœud suprême n'est donc pas délié, il est tranché : Dieu est un miracle. La liberté, qui ne saurait exister, existe cependant dans l'amour. Telle est la contradiction de l'absolu : elle ne se lève que par le fait.

La contradiction inhérente à la liberté créée ne se résout pas non plus par la simple intelligence ou par l'analyse logique des termes. Cependant la conciliation n'est pas miraculeuse dans le sens de la première. Ce n'est pas un fait pur et simple, ce n'est pas non plus une idée, une nécessité des choses; c'est une loi, ou plutôt, Messieurs, c'est *la loi*, c'est le devoir. La liberté de la créature est à la fois aliénable et inaliénable, disons-nous, absolument voulue et dépendant d'elle-même. Qu'est-ce que cela signifie, Messieurs, sinon que la liberté de la créature renferme en elle-même une loi, la loi de veiller à sa propre conservation, de travailler à sa propre réalisation? Nous assistons à la naissance de l'idée du devoir, qui a l'amour avant lui et au-dessus de lui, qui n'est rien sinon par l'amour et dans l'amour, et que l'amour seul rend intelligible. Sans la contradiction de l'amour, où l'infini se limite en s'exaltant, point de créature libre ; sans créature libre, point de devoir. Mais du moment où nous avons une créature libre, nous avons aussi le devoir. La naissance de la créature libre est l'avénement du devoir et de l'ordre moral. L'unité, le secret, l'idée de l'univers créé, se trouvent dans l'ordre moral.

Avec l'idée du devoir, la distinction du fait et du droit s'introduit dans la pensée. Le droit, en effet, à le prendre dans toute sa généralité, n'est autre chose que ce qui doit être réalisé par l'activité des êtres libres, c'est-à-dire le devoir considéré sous un point de vue objectif. On exprime donc avec justesse l'idée de la Création, en disant qu'elle est la sphère du droit et du devoir. Tout le reste est accessoire, tout le reste ne peut être envisagé que comme moyen ou comme instrument. Telle est, par exemple, la signification de ce que nous appelons matière.

Ainsi, Messieurs, comme la contradiction de l'infini est surmontée en fait par l'amour, qui est un fait supérieur à toute espèce de droit, et sur lequel il n'existe aucun droit, la contradiction du fini est conciliée en droit par le devoir, qui subsiste éternellement en droit, lors même qu'il ne serait réalisé par aucun fait.

La liberté de la créature est à la fois aliénable et inaliénable ; aliénable, parce qu'elle dépend d'elle-même ; inaliénable, parce qu'elle est absolument voulue. Elle est donc aliénable en fait et inaliénable en droit. La créature libre se trouve, par le fait même de sa création, assujettie au devoir ; elle devient sujet du devoir. L'acte qui lui confère l'existence et la liberté, lui impose le devoir de conserver, c'est-à-dire de réaliser la liberté qu'elle a reçue. La contradiction signalée disparaît du moment qu'on lui applique la distinction du fait et du droit; mais cette distinction n'était pas possible jusqu'ici; elle ne reçoit de signification qu'avec les idées de devoir et de morale.

Ainsi, Messieurs, l'énigme de l'absolu se résout réellement dans l'amour; l'énigme de la création se résout idéalement dans la morale. De la réalité suprême découle tout idéal. La morale naît du miracle.

Les résultats de l'examen auquel nous venons de nous livrer ont une importance qui ne saurait vous échapper. Par l'intermédiaire des idées d'absolu, d'amour et de liberté créée, nous sommes parvenus à comprendre la morale d'une manière déjà concrète. Dès l'entrée, nous avons entendu sous le nom de morale la loi de la liberté. Il n'était besoin d'aucune recherche philosophique pour nous assurer de la justesse de cette définition; mais elle ne nous donnait aucune connaissance réelle du sujet. Loin de connaître la règle de la liberté, nous ne comprenions pas même qu'une telle règle fût possible.

Avec l'idée d'une créature libre nous avons acquis celle d'une loi de la liberté. Il existe effectivement une loi inhérente à la liberté créée, sans laquelle la liberté créée se dissoudrait en contradictions et ne saurait être conçue. Nous voyons maintenant en quoi cette loi consiste. La loi de la liberté créée est de se confirmer, de se réaliser, de se rendre inaliénable de fait, comme elle est inaliénable de droit ou dans la volonté créatrice. La loi morale est la loi suprême de la Création dont toutes les lois naturelles sont les symboles ou les images; c'est la formule de tous les développements, la loi des lois, la norme universelle : Réalise ton essence; fais-toi réellement ce que tu es en principe, en substance, ou virtuellement : DEVIENS CE QUE TU ES.

Tous les principes de morale mis en avant jusqu'ici : l'idéal et l'obéissance, le devoir et le bonheur, paraissent combinés dans notre formule lorsqu'on l'interprète par l'enchaînement des idées qui l'ont produite. Dans son universalité souveraine elle concilie les maximes des sages et les commandements des législateurs inspirés. « Suis la Nature, » nous dit le stoïcisme païen. « Observe les commandements de Dieu, » nous dit Moïse. L'esprit de la Grèce et l'esprit hébreu se retrouvent unis et transformés dans la pensée chrétienne. Pour la pensée chrétienne en effet, le commandement de Dieu n'est point un ordre accidentel et arbitraire; il est écrit dans l'intimité de notre véritable nature, et la substance de notre être n'est que la volonté de Dieu.

La science morale sera donc le développement de la loi qui ordonne à l'être créé de réaliser son essence, et le problème de la morale se posera dans les termes suivants :

Comment la créature libre doit-elle user de sa liberté pour la conserver? ou mieux :

Comment la créature, libre du fait de son auteur, doit-elle agir pour devenir libre de son propre fait?

Une haute analogie nous fait déjà pressentir la réponse à cette question capitale. A vrai dire, la réponse que nous cherchons est écrite dans tous les cœurs; sur un tel sujet je n'ai rien à vous apprendre; et certes, Messieurs, il serait à plaindre celui qui se piquerait de présenter quelque nouveauté lorsqu'on lui demande où est le bien! Je ne me flatte pas même d'imposer une forme originale à la vérité commune. Mais si nous n'avons pas reculé devant le paradoxe, nous ne reculerons pas non plus devant le lieu commun. La distance qui sépare l'un de l'autre est moindre qu'on ne se l'imagine. En changeant l'on oublie, et les lieux communs de la veille seront peut-être les paradoxes du lendemain.

Pour nous, Messieurs, nous ne rougissons point des vieilles croyances et des vieilles mœurs; mais nous ne désavouons pas non plus l'esprit d'examen, produit des temps nouveaux, et nous nous efforçons d'asseoir nos convictions sur la base de la science. La sincérité d'un tel dessein peut donner quelque prix même à l'exposition des doctrines les plus connues.

Si l'on nous demandait ce que l'absolue liberté doit faire pour se réaliser, cette question nous jetterait dans un certain embarras.

A la vérité nous avons reconnu *a priori* que l'absolue liberté s'accomplit comme telle dans l'amour, mais nous avons reconnu en même temps que nous n'avons pas le droit de conclure de la nécessité subjective de notre pensée à la nécessité objective du fait. Nous avons reconnu que l'amour créateur est un miracle, puisque c'est la production d'une volonté distincte de l'absolu, une relation que l'absolu contracte, une restriction qu'il s'impose à lui-même. Il n'y a pas de droit contre Dieu.

En droit l'absolu est ce qu'il veut, et quoi qu'il veuille il n'en demeure pas moins l'absolu.

En fait il est notre Dieu, il nous aime, mais ce n'est jamais là qu'un fait, et de quelque manière que nous venions à le constater, nous n'y parvenons que parce que Dieu a voulu nous le permettre. Cette connaissance n'est jamais que révélation. Il ne nous est donc pas permis de dire que l'absolu ne peut se réaliser qu'en devenant amour; mais seulement que nous le voyons se réaliser dans l'amour. Arrivés à l'absolue liberté nous sommes perdus; nous ne pourrions plus redescendre de cette cime si Dieu ne nous prenait par la main. Nous ne pouvons plus avoir, à partir de là, qu'une connaissance historique et révélée, sous quelque forme que nous en obtenions la communication. En un mot, de l'absolue liberté on ne saurait proprement rien déduire.

Il n'en est pas de même de la liberté créée. L'idée même d'une créature libre implique qu'elle est soumise à une loi. Pour déterminer le contenu de sa loi, il ne nous faut pas la considérer seulement comme être libre, mais comme créature. Il faut nous reporter par la pensée à l'acte de la création et mesurer le degré de réalité que possède la créature par l'effet seul de cet acte, tel que nous pouvons le concevoir:

Créer, c'est vouloir. Par le seul effet de la création, l'être créé, qui n'a point encore agi lui-même, est réel, dans ce sens qu'il est voulu. En effet le trait saillant de la volonté créatrice est la substantialité de son objet. Ce que Dieu veut, c'est une créature qui possède en elle-même le principe de son être, puisqu'il la veut libre. Or la créature ne possède point, avant toute action propre, le principe de son être en elle-même. Le principe de son être est en Dieu; elle n'est réellement que la volonté de Dieu; elle est absolument liée à Dieu, il n'y a entre elle et Dieu aucune solution de continuité, je dis plus, aucune distinction effective.

Cependant une distinction est nécessaire. L'idée de la créature libre exige qu'elle existe par sa propre volonté, par sa propre action. La créature voulue n'existe donc pas encore par le simple fait de sa création; nous n'en avons, Dieu n'en possède encore que la possibilité. Dire qu'elle est créée libre, c'est dire que sa création n'a pour résultat immédiat que l'établissement d'une possibilité. Quelle que soit, dans cet instant idéal, l'existence effective de l'être fini que nous ne comprenons point, je l'avoue, et que sans doute nous ne comprendrons jamais, car un nuage épais dérobe à tous les regards le mystère des origines; ce qui est certain pour la pensée, c'est qu'il n'a pas atteint sa destination et que son existence voulue est encore une possibilité seulement. Il n'existe que par l'acte de Dieu, il n'est encore que Dieu, dirions-nous presque. Son idée exige qu'il soit lui-même et qu'il existe par son propre acte. Ainsi, pour que la créature accomplisse sa destination, il faut qu'elle se pose elle-même.

Par là elle se distinguera nécessairement du Créateur, elle s'en éloignera, pour ainsi dire, elle établira elle-même cette solution de continuité que l'exécution du plan divin réclame. Primitivement elle n'est que par la grâce de Dieu et ne relève que de Dieu. Mais cette union purement naturelle, toute passive du côté de la créature, cette union-là n'est pas le but. Il faut que la créature se prononce, qu'elle existe par sa propre grâce, qu'elle relève non-seulement de Dieu, ce qui est la condition générale de toute existence, mais aussi d'elle-même, ce qui est la condition de la liberté.

L'acte par lequel la créature se pose ou se réalise elle-même en se distinguant de Dieu, n'est donc pas un pur accident, un miracle impossible à prévoir et à comprendre, comme l'acte par lequel se réalise Celui qui est avant tout acte la souveraine perfection; il est impliqué dans la volonté créatrice; complément de la création, il est prédéterminé sans être nécessaire. Absolument voulu et complétement remis à la liberté de la créature, cet acte est un devoir, la source et le fond de tous les devoirs.

Tel est le point où nous nous étions arrêtés; cherchons à l'approfondir :

Libre dans son essence, la Créature doit s'approprier sa liberté par l'action.

Il semble d'abord que toute action quelconque satisfasse à cette loi. Tout vouloir atteste la liberté. Puisque ce que Dieu demande, c'est que nous prenions possession de nous-mêmes, quels que soient la nature et l'objet de notre volonté, en voulant nous accomplirons la loi de notre être, nous obéirons au commandement.

Telle est la première apparence; mais cette illusion se dissipera bientôt par un examen plus attentif du problème.

La créature ne doit pas seulement manifester sa liberté, mais, en la manifestant, la maintenir. Il y a plusieurs manières de la manifester, il n'y en a qu'une de la maintenir. L'état de l'être auquel la question s'adresse est l'innocence, que nous ne comprenons plus depuis que nous l'avons perdue. La question est celle du bien et du mal.

La créature est appelée à réaliser sa liberté essentielle; elle doit se rendre le principe de ses propres actions, son propre centre, son propre but, apprendre à dire *moi*, se distinguer de son auteur; et, pour résumer toutes ces idées, elle est appelée à devenir personnelle. Reproduisons cette crise en nous-mêmes pour en apprécier les conséquences :

Ce que la créature doit faire, elle le fait. Elle se distingue de Dieu complétement, c'est-à-dire qu'elle s'en sépare. Elle dit : Je suis mon centre et mon principe, je suis ma règle, je suis mon but. Le dire, le penser ou le faire est tout un, car elle est libre. Tout être libre est créateur en quelque sens dans les limites de sa liberté, il est créateur de lui-même. Il est ce qu'il veut. La créature libre veut se prendre pour son propre centre, elle est donc son propre centre. Mais n'est-il pas clair, Messieurs, qu'elle a restreint par là l'empire de la liberté divine, c'est-à-dire qu'elle a restreint la réalité divine? En se faisant son propre centre elle s'est rendue impénétrable à la volonté de Dieu. Il y a désormais un domaine dans lequel la volonté divine ne peut plus se déployer. Ainsi la volonté divine cesse d'être absolue, puisqu'elle rencontre quelque part une limite qu'elle ne s'est pas donnée, mais qui lui est imposée par un autre. « Tu peux, ô Roi! tu peux ravager la nature et briser ma vie. Tu peux m'anéantir, mais tu ne saurais incliner mon cœur, tu ne saurais me faire vouloir. Là sont les bornes de ton empire. Je suis impénétrable même à Dieu! » Ainsi parle l'impie, et l'impie a raison. Rien n'est impénétrable, sinon la volonté. L'impénétrabilité des substances corporelles, cette impénétrabilité qui en fait à nos yeux des substances, est un symbole de la volonté, et sans doute son principe n'est que la volonté elle-même. La créature s'enferme donc dans une forteresse : « Il n'importe, » dit-elle, « que ma liberté vienne primitivement de Dieu ; elle vient aussi de moi-même, du moment où je l'accepte. Je la crée, puisque je la veux. Le Dieu qui m'a fait, s'il est un Dieu, ne peut pas tout, car il ne peut me faire vouloir. Y prétend-il, n'y prétend-il point? je l'ignore; mais il le tenterait qu'il ne le pourrait pas; car s'il me faisait vouloir, il anéantirait l'identité de mon être : ce n'est plus moi qui aurais voulu. »

En se constituant libre de cette manière; en proclamant son indépendance absolue, la créature met sa propre existence en contradiction avec la volonté divine et partant avec l'être de Dieu; elle tend pour sa part à nier Dieu.

— Mais, dira-t-on, vous vous trompez. La créature, en se posant comme son propre centre, pour remplir seule sa propre sphère, ne refoule pas Dieu hors d'un espace qu'il occupait auparavant. Elle ne fait que remplir un vide que Dieu laisse en se retirant. Dieu lui-même consent à n'être pas tout; il veut n'être pas tout, puisqu'il crée et qu'il crée un être libre. L'autonomie de la créature a pour condition la limitation que Dieu s'impose à lui-même. En prétendant qu'il ne se l'est pas donnée, vous commettez une grave erreur. Non! la créature devient en effet impénétrable à Dieu, mais c'est parce que Dieu l'a voulu. Il reste donc ce qu'il veut, et vous avez tort de prétendre qu'en proclamant son indépendance, la créature nie Dieu. Elle le nie en ce qui dépend d'elle, cela est vrai, mais elle ne lui apporte aucun dommage, elle ne diminue en rien sa grandeur. Il n'y a rien là que Dieu n'ait voulu.

— L'erreur et la vérité se touchent de bien près dans cette objection. Il est vrai que Dieu se limitant en quelque sorte par la liberté qu'il accorde à la créature, l'usage qu'elle fait de ce don ne saurait altérer la suprême majesté du Donateur; mais il n'est pas vrai que la créature ait reçu la liberté pour s'en servir comme nous venons de le dire. Cela n'est pas vrai, Messieurs, parce que cela est impossible. Il faut donc qu'il y ait pour la créature une autre manière encore de réaliser sa liberté.

En vain la créature prétend se séparer de Dieu, en vain prétend-elle que Dieu soit pour elle comme s'il n'était point. Peu importe à Dieu; il lui suffit d'être ce qu'il veut, je l'accorde. Mais examinez les conséquences d'une telle séparation relativement à la créature elle-même, et vous voyez éclater la contradiction. Nous connaissons le dessein de Dieu sur la créature, et nous savons que sa volonté est absolue, immuable, éternelle. Dieu veut la réalité de la créature, il veut son être, il veut son bien; mais, nous le savons, la volonté est la substance, la racine de l'être; la créature séparée de Dieu par sa propre volonté serait donc séparée de lui dans sa substance, dans la racine de son être, et c'est là ce que nous ne pouvons concevoir.

L'être de la créature consiste dans la volonté qui la produit et qui la pose incessamment. Si Dieu cessait de vouloir le Monde, par cela même il n'y aurait plus de Monde. Comment la volonté d'un être peut-elle devenir un second être, une personne, et soutenir avec celui dont elle procède des rapports de personne à personne? C'est un mystère assurément, c'est le mystère qui renferme tous les autres, le mystère de la Création; mais l'extrême effort que cette doctrine impose à la pensée n'est pas un motif suffisant de la condamner, car nous ne pourrions la rejeter sans nier ou l'infini ou la réalité du moi, prémisses de toute pensée.

Il n'y a donc autre chose au fond dans la créature que la volonté créatrice. Ainsi la volonté de la créature est, dans sa substance, identique à la volonté créatrice. La créature qui veut se séparer de Dieu veut donc se séparer d'elle-même, elle s'acharne contre elle-même, elle s'arrache à l'être et fait effort pour s'élancer dans le néant. Voilà où gît la contradiction profonde. Ce n'est pas Dieu que la créature nie et qu'elle va détruire dans son blasphème impuissant, c'est elle-même. Il n'y a pas de contradiction plus forte que de supposer qu'une créature, c'est-à-dire un être qui n'existe que par l'acte constant de la volonté divine, puisse se constituer et subsister en dehors de cette volonté. L'inévitable conséquence de l'acte par lequel la créature réussirait à se séparer de Dieu pour devenir son propre centre, serait l'anéantissement. Mais la créature ne peut pas s'anéantir, puisqu'elle est voulue. Elle ne peut pas s'anéantir, non; mais la contradiction la dévore. Elle se fatigue à rompre la chaîne qui l'attache à l'être. Un impuissant effort pour atteindre le vide, telle serait son existence, telle serait la destinée que l'Amour aurait su lui préparer!

Et pourtant, Messieurs, la logique est impitoyable. Si la créature ne sort pas de son état primitif, si elle ne se détermine pas elle-même, si elle ne prend pas possession d'elle-même, elle ne sera pas ce que Dieu veut qu'elle soit, elle ne sera pas un être réel, elle ne sera pas une personnalité libre. Étrange liberté et bien stérile qui ne se conserverait qu'à condition de n'en point user! Il y a quelque chose de meilleur que l'innocence, c'est la vertu; aussi l'innocence ne se conserve point sans se transformer en vertu. L'être libre ne saurait demeurer dans sa condition primitive que par son vouloir, en se prononçant. Y rester ce serait encore en sortir. Et réellement il faut en sortir. Il faut que la créature soit, et soit libre, puisque Dieu veut son être et que l'être c'est la liberté. Il faut qu'elle soit libre, qu'elle se veuille libre; mais ici la contradiction atteint son apogée : Être libre, c'est être en soi, c'est se vouloir soi-même, c'est sortir de Dieu; être, c'est être en Dieu; sortir de Dieu, c'est sortir de l'être. Ces propositions sont évidentes à qui comprend le sens de leurs termes. Cependant l'œuvre divine ne saurait aboutir à la contradiction. Il faut donc qu'il y ait pour la créature une manière de réaliser sa liberté que nous n'avons point encore aperçue. Puisque se fonder en elle-même, c'est se séparer de Dieu, il faut qu'elle ait un moyen de rentrer en Lui en même temps qu'elle en sort. Pour accomplir la loi de sa destinée, pour arriver à la véritable liberté, il faut qu'elle se fonde à la fois et par un même acte et en Dieu et en elle-même.

La chose est nécessaire, elle est donc possible. Un examen attentif nous fera bien découvrir comment :

Il faut que la créature se pose elle-même et par conséquent se distingue de Dieu. Il faut qu'elle reconnaisse ces deux termes, elle et Dieu, comme deux termes, comme deux êtres distincts, et cela non-seulement dans sa pensée, mais par un acte de volonté, car il faut qu'elle se veuille elle-même. Toutefois il faut qu'elle le fasse sans se séparer de Dieu, sans exclure Dieu. Il faut qu'elle se veuille elle-même, mais il faut qu'en même temps elle veuille Dieu.

Se distinguer nettement de Dieu, tout en s'unissant fortement à lui, se constituer comme moi, comme son propre centre, tout en faisant de Dieu son principe et son centre, tel est le problème. S'il ne trouvait pas de solution, la création n'aurait point de sens, car le but de la création, le bien positif de la créature, serait un but impossible. C'est un bien d'être libre, c'est un bien d'être pour soi, car c'est ressembler à Dieu; mais le bien ne saurait consister à se trouver hors de Dieu, à être sans Dieu. Se distinguer de Dieu et se séparer de lui sont deux choses différentes. La seule manière de s'en distinguer n'est pas de s'en séparer; on peut s'en distinguer pour s'unir à lui, et même il est indispensable de s'en distinguer pour s'unir à lui. Il n'y a d'union véritable que par l'intermédiaire de la distinction.

Nous sommes arrivés graduellement au nœud du problème; pour le résoudre il n'y a plus à prononcer qu'un mot, qui est déjà sur vos lèvres. Qu'est-ce, Messieurs, que se distinguer d'un être sans s'en séparer? qu'est-ce que se distinguer d'un être en s'unissant à lui par sa volonté? C'est vouloir qu'il soit. Pour vouloir soi-même un être, il faut être soi-même, il faut avoir une volonté et par conséquent il faut se vouloir soi-même, il faut posséder sa volonté. Vouloir que Dieu soit, vouloir Dieu, se vouloir soi-même, mais pour Dieu, c'est l'aimer.

Ainsi, Messieurs, la loi que nous cherchons, la manière dont la créature peut conserver sa liberté tout en la manifestant, c'est l'amour de Dieu. Dieu nous aime parce qu'il nous aime; notre essence à nous c'est de l'aimer. Dieu est notre modèle. La loi suprême est un reflet du fait suprême. L'amour est la formule des formules, la clef de toutes les portes. L'amour est la magie, l'amour est la morale. Obéir à Dieu, imiter Dieu, réaliser notre liberté, toutes ces expressions désignent une même chose, qui est l'amour. L'acte par lequel la créature doit se distinguer du Créateur, se constituer elle-même en s'affranchissant, achever la création et fermer l'abîme, est un acte d'amour. Dieu lui dit : Sois libre, tu le peux. Mais comme elle est déjà libre, elle est aussi intelligente, car la liberté ne se conçoit pas sans l'intelligence, qui est son reflet. Elle connaît donc, au plutôt elle sent, encore instinctivement, quel est son rapport avec Dieu, elle sent qu'elle vit en Dieu, qu'elle est soutenue et portée par la volonté de Dieu. Elle répond donc : Oui, Seigneur ! Je suis libre et je veux l'être, mais pour t'aimer et pour te servir !

Dans l'amour, les deux termes, le sujet et l'objet de l'amour, sont parfaitement distincts, bien qu'ils se pénètrent mutuellement. En aimant Dieu la créature se constitue donc dans sa personnalité, comme l'idée de la liberté l'exige. Aimer Dieu, Messieurs, ce n'est pas se perdre, c'est se trouver. Si nous nous perdions en Dieu nous ne pourrions plus l'aimer. Ainsi la créature se reconnaît, s'affirme et se distingue ; mais cette distinction n'est qu'idéale, elle ne se sépare pas un instant de Dieu, qui est sa substance et sa vie. Elle se possède elle-même par sa volonté, mais elle ne veut se posséder que pour se donner. Avant tout acte de sa part elle ne se possédait pas, et l'on ne donne que ce que l'on possède.

VINGT-UNIÈME LEÇON.

XIX. *L'acte par lequel la créature réalise sa liberté constitue sa personnalité :* Le nom de personne désigne un être libre qui se pose et se reconnaît comme tel. Remarque : Cette définition s'applique à la personnalité divine. La personnalité n'est pas nécessairement relative. Si l'on en jugeait autrement, on pourrait dire néanmoins que Dieu se constitue comme personne par l'acte de la création.

XX. *La créature, en aimant Dieu, l'affranchit de la limitation qu'il s'impose en créant.* — Ainsi l'absolu en essence existe comme absolu ; toutes les contradictions sont levées, tous les problèmes résolus. Remarque : L'amour de Dieu, qui, en principe, constitue le devoir, perdrait en fait le caractère d'obligation du moment où il existerait dans sa pureté ; parce que la créature, trouvant en lui la réalisation de son essence, la satisfaction de tous ses besoins, ne pourrait pas en être détournée.

Messieurs,

Dans la leçon dernière nous avons atteint un résultat fort important ; nous avons déduit de l'idée de la liberté créée la loi de cette liberté. Nous avons trouvé dans l'amour de Dieu le but absolu des choses, le sommaire de la morale, le souverain bien. Le moment paraît bien choisi pour nous reposer un peu et pour nous rendre compte, s'il est possible, de ce que nous avons fait jusqu'ici.

Nous cherchons dans la science des choses l'explication du devoir. Nous avons pris pour guide la conscience morale, et comme interprètes de la conscience, la logique et l'observation.

Afin d'obtenir cette connaissance des effets par leurs causes que réclame notre pensée, nous nous sommes efforcés d'abord de conquérir l'idée du principe universel et absolu, et, partant de l'unité de l'Être, que tout le monde accorde sous une forme ou sous une autre, parce que c'est une conviction innée en nous, nous avons dit : Le principe universel doit posséder en lui toutes les conditions de l'existence; pour le comprendre, il faut comprendre un être qui ne puisse exister que par lui-même; un tel être serait absolument libre, mais l'être absolument libre n'est que la liberté, donc la liberté est l'essence même de l'être. Il serait inutile de reproduire aujourd'hui les développements de la preuve dialectique sur laquelle nous avons essayé d'asseoir cette proposition paradoxale. Mais, comme aux destinées de ce paradoxe sont liées celles d'un système qui donnerait peut-être quelque repos à la pensée, quelque aliment au cœur et quelque secours à la vertu, je voudrais, avant de passer de la philosophie pure à l'Histoire, en étayer la principale doctrine par des considérations un peu moins abstraites. La dialectique n'est et ne peut être que la forme de la philosophie. Quand même il serait établi que nos intermédiaires sont insuffisants, quand même on ne reconnaîtrait pas la nécessité logique qui nous fait passer de l'existence à la substance, de la substance à la vie, de la vie à l'esprit et de l'esprit à l'absolue liberté, la base de nos convictions ne serait pas encore sapée.

Le fondement de notre système est celui de tout spiritualisme. Il se résume en trois propositions : Le principe de l'être est spirituel ; l'élément substantiel de l'esprit est la volonté ; la volonté est libre dans son essence.

Le dernier point repose sur l'évidence psychologique et sur les exigeances de la morale. Quant à la seconde thèse, elle n'est guère plus contestable, quoiqu'elle ait été souvent mise en oubli. La substance de l'esprit ne peut être qu'un acte ; en chercher une autre serait prouver qu'on ne sait pas ce que le mot *esprit* signifie. L'esprit n'est pas une chose, mais une force ; or la force n'a d'autre substance que son activité, la puissance n'est que le minimum de l'acte. Maintenant quel est l'acte premier, l'acte fondamental de l'esprit, celui qui est compris dans tous les autres et qui est la condition de tous les autres ? Il est impossible de l'observer directement dans sa simplicité élémentaire et abstraite ; mais d'après les lois logiques de tout développement, il doit se retrouver dans l'acte suprême qui a tous les autres pour condition, dans lequel tous les autres sont impliqués et qui imprime son cachet à la vie. Or cet acte suprême est évidemment la volonté réfléchie, le plein exercice de la liberté, qui suppose la sensibilité, la mémoire, l'imagination, l'intelligence, toutes nos facultés, en un mot. L'esprit se traduit et s'exprime dans ce qu'il veut. La valeur réelle de l'homme s'estime selon sa conduite, selon sa volonté, parce qu'effectivement c'est là qu'est l'homme. La volonté pleinement réalisée est le fruit de l'esprit. La volonté dans son principe est donc la semence, le germe de l'esprit ; les facultés proprement dites sont les organes qui servent au développement de la volonté, à la transformation du germe en fruit, de la volonté élémentaire en volonté réelle et réfléchie. La volonté est le centre de l'esprit ou du moi, et dès lors en disant que la volonté est l'essence universelle, nous ne faisons que donner une forme plus concrète à l'idée générale du spiritualisme[1].

Le spiritualisme, à son tour, est fondé sur la théorie de la connaissance. Les sensations sont superficielles. La raison seule peut connaître le principe des choses; l'intuition intérieure nous donne seule l'idée de l'être. Pour notre esprit, pour ce qui dit en nous, je suis, il n'y a d'être que celui qui dit aussi, je suis, ou tout au moins qui le sent; il n'y a d'être réel que l'être existant pour lui-même, le sujet. Ainsi l'être réel est le sujet : le sujet réel, c'est la volonté. Voilà au fond tout notre système. Il se résume en termes bien simples, comme on voit; il peut se défendre sur le terrain de la psychologie, il a ses raisons d'être dans la conscience.

Le motif de la Création ne saurait se trouver dans la nature même du principe, car un motif inhérent à la nature de l'absolu détruirait sa liberté. Il faut donc le chercher hors de lui, et par conséquent dans l'idée de la création possible. Ainsi Dieu veut la créature pour elle-même, sans aucun retour. Nous trouvons dans cette idée, qui est celle de l'amour, la seule raison qui puisse engager un être parfait à créer. La puissance, la sagesse et la bonté de Dieu se déploient dans la Création, qui est un hymne à sa gloire;

[1] Je n'oppose pas le spiritualisme au matérialisme seulement, mais aussi au dualisme. Cette acception est seule conforme à l'analogie universelle de la langue.

mais il ne crée pas dans l'intention de manifester sa puissance, sa sagesse et sa bonté; son motif n'est pas d'augmenter sa gloire, ce qui est impossible, mais de faire le bien d'un autre être; et s'il veut que ses perfections soient connues et célébrées, c'est que le plus grand bien de cet être consiste précisément à les connaître et à les adorer. Dans ce sens, mais dans ce sens seulement, nous disons que Dieu veut sa propre gloire. Tout revient à lui sans qu'il y ait en lui d'égoïsme, parce qu'il est l'accomplissement du bien. Il veut sa gloire, mais par amour. L'objet direct de son vouloir est le bien de la créature. La perfection de ce bien, c'est d'aimer Dieu; la condition de ce bien, c'est la liberté.

Ainsi la créature est primitivement libre. Elle est donc primitivement indéterminée; elle est appelée à composer sa destinée, à produire sa propre nature ou, ce qui revient au même, à fixer son rapport avec Dieu; car sa nature, sa destinée, ne sauraient dépendre que de son rapport avec Dieu. Elle est indéterminée, et toutefois son indétermination n'est pas absolue, puisque sa création n'est pas sans but. Libre, elle sera ce qu'elle voudra; mais comme elle doit être libre, elle doit vouloir sa liberté; sa liberté implique en elle-même une loi : la créature qui naît de l'amour est une créature morale.

L'acte de volonté que nous demandons constitue la personnalité de la créature. La personne en effet est l'être libre qui se pose et se reconnaît comme tel. Nulle personne n'est telle que par son fait. La personnalité n'est pas l'attribut d'une chose, mais l'acte d'une force. Au fond tous les attributs réels des êtres sont des actes.

Une controverse assez vive s'est élevée de nos jours sur la question de savoir si la personnalité implique une limitation ou si l'Être absolu peut être personnel. Les partisans de la première opinion la soutiennent en disant que l'être ne peut pas se reconnaître lui-même et se poser en qualité de *moi* sans se distinguer par là d'autres êtres et sans entrer en rapport avec eux.

Nous pourrions accorder qu'il en est ainsi, tout en repoussant la conséquence qu'on en tire contre la personnalité divine. Nous n'avons pas enseigné que Dieu soit personnel de sa nature; nous avons enseigné que sa nature est un insondable mystère, parce qu'il est la liberté. Comme la personnalité humaine, la personnalité divine ne peut être qu'un fait. La doctrine catholique de la Trinité nous fait comprendre comment l'être parfait distingue éternellement en lui-même une pluralité de personnes. Nous avons évité de nous prononcer sur ce sujet sublime, parce qu'à nos yeux la science humaine n'atteint Dieu que dans ses rapports avec le monde et que nous sommes loin de donner pour bornes à la réalité les limites de la science humaine. Si l'on tient à faire de la personnalité de Dieu une proposition philosophique expresse, sans abandonner le point de vue d'ailleurs assez contestable d'après lequel la personnalité est nécessairement relative, on pourrait dire encore, abstraction faite de la Trinité, que Dieu se constitue comme personne par l'acte même de la Création. Ceux qui nient la personnalité divine nient aussi la création, cela va sans dire; aussi n'ai-je point la prétention de les réfuter par cette remarque; je veux seulement montrer que leur analyse de l'idée de personne n'ébranle pas le système chrétien.

Dieu n'est pas une personne dans le sens humain, une personne qui délibère, qui change d'avis, en qui se succèdent en un mot une infinité de modifications limitées. Dieu est un acte immuable, éternel; mais cet acte, qui est l'Amour, suppose derrière lui l'intelligence et la liberté, éléments constitutifs de la personnalité; et dans la parfaite unité de cet acte nous verrons plus tard se produire des distinctions, des oppositions même, qui amènent la pensée à reconnaître en lui plusieurs personnes. Je me borne à ces rapides indications sur la personnalité divine.

Quant à la créature, l'acte par lequel elle prend possession de la liberté qu'elle a reçue est l'acte constitutif de sa personnalité. Cet acte décisif peut s'accomplir de plusieurs manières, mais le but ne peut être atteint que d'une seule; ce but, c'est qu'en prenant possession de sa liberté, l'être créé la confirme et la maintienne.

Ce but est la volonté de Dieu. Dieu veut le bien de la créature; il veut que la créature veuille son bien, parce qu'il n'y a pas d'autre bien pour elle que celui qu'elle veut, et son bien c'est de s'unir à Dieu. La pénétration réciproque des deux volontés peut seule faire de la volonté finie une volonté pleine et féconde; séparée de Dieu, elle s'abîme dans le néant de la contradiction. Pour être et pour être elle-même, la créature doit se distinguer de Dieu par un acte qui l'unisse à lui. Aimer est le nom d'un tel acte. La liberté posant la liberté, telle est la forme : l'amour attendant l'amour, tel est le sens de la création.

En aimant Dieu, la créature se plonge incessamment dans

la source de l'être et boit les flots d'une jeunesse éternelle. Elle se veut elle-même, mais non pour elle-même. Elle se veut, afin que Dieu soit réalisé en elle. Elle ne se veut pas comme but, mais comme moyen. Elle s'offre à Dieu comme organe pour accomplir ses desseins. Elle devient transparente pour Dieu, elle est traversée et pénétrée tout entière par le souffle de Dieu. C'est ainsi, car il est beau qu'il en soit ainsi; c'est par la libre volonté de la créature que l'absolu reste l'absolu, malgré les restrictions qu'il s'impose en créant, parce qu'il franchit toutes ces restrictions. Le cœur de l'être libre est l'objet du triomphe de Dieu. La victoire que Dieu remporte est la seule vraie victoire, car la liberté est la seule vraie puissance. Ce qui fait l'éclat de sa couronne, c'est qu'Il incline les cœurs.

Par l'amour de la créature pour son auteur, tous les problèmes de la pensée sont résolus. L'œuvre de la Création est achevée. Dieu s'est enrichi, s'étant donné la seule chose qui possède une valeur réelle. Lui, l'absolu, qui de son essence est tout, s'abaisse, en créant, à la sphère des relations; il consent à n'être pas tout, pour redevenir tout par le fait de la créature. Il consent à devoir quelque chose à la créature, et, merveille ineffable, il y réussit, car l'amour a toujours du prix.

Dieu dans le mystère de son essence éternelle, Dieu se limitant lui-même pour donner place à l'existence, à la liberté finie, et contredisant ainsi sa nature, parce qu'il est plus grand que sa nature, Dieu se rétablissant dans l'absolu, sans toutefois absorber la créature, à la fois tout et Seigneur de tout, tels sont les trois termes que l'amour unit incessamment. Trinité du Monde parfait, bien distincte de l'absolue Trinité, dont peut-être elle procède, et que l'histoire de la réalité nous montrera sous des aspects nouveaux. L'idée de Hegel, l'affirmation, la négation et la négation de la négation; l'harmonie se réalisant par le contraste, ce type logique admirable de tout développement, de toute histoire et de toute vie, n'est qu'un pâle reflet de ce rapport qui dans sa réalité substantielle est un rapport de volonté, et qui repose tout entier non sur la nécessité de l'essence absolue, mais sur une libre résolution. L'infinité éternelle du fait se confondant avec la nécessité des choses, est l'origine de l'abstraction du rationalisme. Ainsi s'explique et se confirme peut-être cet étrange paradoxe de Descartes, que la logique elle-même est contingente et dépend du libre arbitre de Dieu. La logique universelle est une effluve de l'amour.

Dans l'amour de la créature pour son Dieu, le but de la création est atteint. L'Univers s'explique comme une réalité morale. Tout se résout en rapports de volonté. L'esprit est satisfait. On sent qu'il n'y a plus rien à demander. La métaphysique est achevée. La morale en un sens l'est aussi. Il n'y a plus rien à déduire de l'idée de la créature libre telle que nous la concevons *a priori*. La morale purement spéculative se résume en un seul précepte : Aimez Dieu. Nous ne disons pas : Aimez Dieu et faites ce que vous voudrez; car nous n'imaginerions pas ce que la créature pourrait vouloir encore, une fois qu'elle a Dieu dans son cœur. Nous disons seulement : Aimez Dieu. En ces deux mots la science morale est accomplie, du moins telle que nous pouvons la concevoir au moyen de nos données actuelles.

La morale est accomplie, et, chose singulière, en s'accomplissant, elle s'évanouit. Dans la pleine réalisation du bien universel il n'y a plus de morale, car il n'y a plus de devoir. L'idée du devoir est celle d'une volonté conforme à notre nature essentielle, c'est-à-dire à la volonté absolue qui nous fait être, mais d'une volonté que nous pouvons réellement accomplir ou ne pas accomplir. Le devoir ou l'obéissance suppose la possibilité réelle de ne pas obéir, et par conséquent la présence de plusieurs motifs d'action différents. Si tout absolument parle en nous dans le sens de l'obéissance, elle va sans dire et cesse proprement d'être de l'obéissance. Ainsi pour que l'amour de Dieu soit un devoir, il faut qu'il y ait dans la créature quelque chose qui l'en détourne. Nous trouvons cet élément dans la créature avant toute espèce de détermination de sa part, mais nous ne le trouvons plus en elle lorsqu'elle aime Dieu. Justifions successivement ces deux assertions :

Avant toute détermination il y a, dans la créature, telle que la pure pensée nous la fait connaître, une puissance qui la détourne de l'amour de Dieu, à côté de la puissance qui l'y sollicite. En effet dans cet état fugitif de l'innocence, nous ne pouvons pas attribuer à la créature une conscience réfléchie d'elle-même et des conséquences de la décision qu'elle est appelée à prendre. Son intelligence est encore virtuelle comme sa volonté, elle a la faculté de se comprendre, mais proprement elle ne se comprend pas. Elle se sent libre, elle est heureuse et fière de la puissance qui palpite en son sein, mais elle n'aperçoit pas la contradiction à laquelle est attaché l'exercice de cette puissance. Ignorant les périls de la liberté, elle croit n'avoir qu'à se poser comme libre, comme reine de la création, comme créatrice elle-même. Le sentiment de la dignité qui réside en elle l'incite à se vouloir d'une manière absolue, à se prendre elle-même pour but, à se poser comme le but universel. Telle est la séduction qui la détourne de Dieu.

Cependant nous ne pouvons pas admettre qu'elle n'ait primitivement aucune conscience du lien qui l'unit à son auteur; nous n'admettons point cette idée, non pas à cause des conséquences terribles que nous apercevons déjà, mais parce que l'analyse sincère du sujet nous en détourne. L'intelligence créée, qui n'existe que par l'acte et dans l'acte de Dieu, n'est pas sans conscience quelconque de son rapport avec Dieu; mais cette conscience est substantielle et non pas formelle, spontanée et non pas réfléchie. En un mot l'âme innocente sent Dieu, mais elle ne le comprend pas.

Il y avait donc dans la créature un instinct, une voix qui lui disait : Ne t'éloigne pas de Dieu, regarde à Dieu; c'était le sentiment de son origine. Il y avait un instinct, une voix qui lui disait : Règne, sois libre, jouis de toi-même, adore-toi toi-même; c'était le sentiment de sa force, le sentiment de sa liberté. Quant à la signification profonde de ces deux instincts contraires, quant aux conséquences du choix intérieur qu'elle allait faire entre eux, la créature ne les connaissait pas : elle était donc précisément dans les conditions qui assuraient le caractère moral de sa décision : d'un côté l'intérêt apparent, de l'autre la voix intérieure de la conscience.

Mais supposons que celle-ci ait été écoutée, supposons que la créature aime Dieu, alors la lumière se fait, l'illusion s'évanouit et nous ne trouvons plus de puissance capable de détourner l'âme d'aimer toujours. Elle trouve dans l'amour de Dieu son but, son accomplissement, la réalité de son être. Et puis l'amour de la créature pour son Dieu n'est pas comme l'amour de Dieu pour elle, un amour de pure grâce, mais un sentiment de reconnaissance. Nous aimons Dieu parce qu'il nous a aimés le premier. L'aimer, le vouloir tel qu'il est, c'est le vouloir tel qu'il nous aime; l'aimer, c'est le sentir, c'est le voir, c'est l'entendre, c'est se pénétrer, c'est s'abreuver de son amour. D'où pourrait venir la pensée d'interrompre une telle relation lorsqu'elle est comprise? et cette relation, notez-le bien, ne peut pas exister sans être comprise. La créature qui aime Dieu se fonde incessamment en Dieu, elle renouvelle incessamment elle-même la merveille de sa création. Elle renaît toujours jeune et toujours belle, car elle trouve en Dieu la vérité de son être, et la beauté, c'est la vérité; si la beauté nous apparaît ici-bas comme un mensonge, c'est que ce monde est lui-même un mensonge. L'âme respire en Dieu l'air et non pas le vide. Dieu est son élément, son milieu, sa patrie. Ce n'est qu'en le possédant qu'elle se possède, puisque la réalité de son être est tout entière dans l'amour qui la produit. En l'aimant, elle s'aime, car elle sait qu'elle est encore lui; comme en l'aimant, Dieu s'aime lui-même, sachant qu'elle est encore lui, non pas tant parce qu'il la fait être que parce qu'elle l'aime. L'amour est la profondeur et la force, la source inépuisable de la force et de la profondeur. On peut le dire même de l'amour terrestre, symbole impuissant de l'amour véritable. Il y a plus de réalité, plus de force et plus de lumière dans un sourire et dans une larme que dans tous les systèmes des sages. Comment un devient-il deux? comment deux ne font-ils qu'un? ces énigmes, qui confondent la logique et qu'il faudrait déchiffrer pourtant si l'on veut s'expliquer le Monde, le premier ignorant venu en a le mot lorsqu'il aime. Il sait par cœur tous les mystères, il les sait si bien qu'il joue avec eux, et le jeu lui-même est un mystère que les philosophes n'expliqueront pas de sitôt. Dans tous les jeux il y a quelque chose de l'amour. L'amour est la seule chose sérieuse, mais il joue parce qu'il est heureux; il est heureux parce qu'il est libre, parce qu'il est la liberté. Pour qu'il devienne un esclavage comme nous le voyons, il faut le renversement de tous les rapports. Aimer, c'est vivre, aimer, c'est se sentir vivre, aimer, c'est se posséder, aimer, c'est se donner, aimer, c'est se doubler. Aimer Dieu, ce n'est pas se doubler seulement, c'est affranchir son être, au sens le plus vrai, des limites de l'existence finie, c'est se donner la plus haute réalité possible, c'est s'élever soi-même à la puissance de l'infini.

Et si, comme nous l'avons dit, le sentiment n'est que l'écho du fond de notre existence, si le bonheur n'est que la conscience de la force, de l'harmonie et de la vérité, comme le malheur est la conscience du désaccord intérieur, du mensonge et du néant, il est impossible que l'amour de Dieu, perfection du bien, perfection de notre être, ne soit pas aussi la plénitude du bonheur.

Ainsi l'âme qui aime Dieu est riche, libre, heureuse; elle aussi se trouve satisfaite et n'éprouve plus aucun besoin. Qu'est-ce donc qui pourrait l'arracher à cette condition? Ce n'est pas l'ennui; car l'ennui est le sentiment de la disproportion entre le principe de notre activité et l'objet dont elle est occupée. Si l'ennui nous atteint au sein de nos joies, c'est que nos joies sont le mensonge du bonheur. Celui qu' est heureux n'a pas besoin d'être diverti ; ainsi l'amour de Dieu ne laisserait pas de place au désir du changement ; rien ne peut en détourner l'âme qui l'a réellement goûté.

Dès lors, comme nous l'avons marqué, l'idée du devoir ne s'applique à l'amour de Dieu que dans un sens transitoire. Du moment où il s'est produit, cet amour est un fait, il est la vie de la créature ; il n'est plus un devoir, puisque la possibilité de le négliger, subsistant toujours idéalement, n'est pourtant plus une possibilité réelle. La morale se perd dans l'amour. Avec l'accomplissement de la loi morale, toutes les diversités de l'existence et de la pensée viennent se fondre dans le pur élément de l'amour.

Nous avons ainsi épuisé, Messieurs, je ne dis pas la science *a priori*, nous savons que proprement il n'en existe pas de telle, mais les conséquences de la première vérité expérimentale, la certitude que Dieu a créé.

En somme, nous avons vu que les destinées de l'univers sont remises à la liberté de la créature et que, pour que le but positif de l'univers soit atteint, il faut que la créature libre se décide à aimer Dieu.

Maintenant, pour arriver à l'intelligence du monde réel, dont la pensée a besoin et sans laquelle il est impossible d'asseoir solidement aucune règle pratique, nous devons nécessairement nous demander quelle a été la détermination de la créature libre, ou quelle est la situation de la créature libre relativement au problème inhérent à sa nature. Ici le raisonnement ne peut plus rien nous apprendre, car il s'agit d'un fait positif, d'un acte de liberté. Pour résoudre la question que nous venons de poser, il faut nécessairement recourir de nouveau à l'expérience, il faut consulter la Nature, l'Histoire et notre propre cœur.

C'est l'existence de fait du monde et de notre raison qui a fourni la base de nos déductions précédentes. C'est du monde où nous vivons que nous croyons avoir prouvé qu'il est l'œuvre de l'amour de Dieu; c'est de l'homme, seule créature libre que nous connaissions, que nous croyons avoir prouvé qu'il est fait pour aimer Dieu. La créature, avons-nous dit, est voulue pour elle-même; or l'être libre est seul susceptible d'être voulu pour lui-même, parce qu'il possède seul les qualités nécessaires pour servir de but. Dans l'univers, c'est donc nous qui sommes la chose voulue : le reste n'existe que pour nous ou pour les êtres moraux comme nous. Si nos déductions sont exactes, nous sommes appelés à déterminer nous-mêmes ce que nous voulons être; nous sommes ce que nous voulons être. Chacun de nous est ce qu'il veut être.

Et maintenant que sommes-nous? Voilà la question, la question pressante, inévitable, la question constamment posée à tout homme. Au fond, Messieurs, c'est la seule question. Elle ouvre à nos regards un champ d'investigations tout nouveau. J'espère que vous consentirez à m'y suivre.

PHILOSOPHIE DE L'HISTOIRE.

VINGT-DEUXIÈME LEÇON.

XXI. *La créature libre, appelée à constituer sa personnalité par l'amour de Dieu, est virtuellement* UNE; *son état effectif dépend de la détermination qu'elle doit se donner elle-même.* Son unité virtuelle résulte de la Création, que nous considérons *a priori* comme l'expression d'une volonté absolue. Du reste comme elle est appelée à fixer elle-même sa condition, nous ne pouvons pas nous faire l'idée de son état primitif avant tout acte de sa part.

XXII. *La créature libre peut :* a) *Vouloir rester dans son état primitif d'indétermination;* b) *se constituer en Dieu par l'amour de Dieu;* c) *chercher à se constituer en elle-même indépendamment de Dieu;* d) *chercher à se constituer en elle-même contre Dieu.* Ces possibilités résultent *a priori* de l'idée d'une détermination à prendre. Une proposition étant faite, on peut toujours ne pas répondre, accepter, refuser ou faire le contraire de ce qui est proposé.

XXIII. *La condition de l'humanité résulte de l'adoption d'*UN *des partis indiqués à l'exclusion des autres.* Ne comprenant pas la nature de la créature primitive, nous ne pouvons pas affirmer *a priori* qu'il y ait lieu pour elle à un choix exclusif et qu'elle ne se divise pas intérieurement à l'occasion de la question posée; mais nous savons par l'expérience et par la conscience intime que l'humanité historique est *une* dans son essence; nous savons par l'idée de la liberté que la nature des êtres libres dépend de leur acte; d'où résulte nécessairement la conclusion énoncée.

XXIV. *La condition actuelle de l'humanité résulte de l'acte par lequel la créature primitive a voulu se constituer indépendamment de Dieu.*

Preuve : Nous sommes détournés de l'amour de Dieu par nos dispositions naturelles et par le milieu naturel et social dans lequel nous

vivons. Cette restriction de notre liberté individuelle, qui nous empêche d'atteindre le but de la création, ne peut être conciliée avec l'amour créateur qu'en l'expliquant comme l'effet d'un acte de notre liberté primitive et substantielle. Remarque : Les trois autres possibilités indiquées offriraient un moyen d'expliquer l'origine de la nature inconsciente, celle des anges et celle des démons.

Messieurs,

Nous cherchons le secret de notre propre destinée en partant des idées de Dieu et de la Création, dont nous avons justifié l'emploi. Nous sommes nous-mêmes l'être dans lequel l'absolue liberté se manifeste comme telle, puisqu'en suivant les lois de la raison qu'elle nous a donnée, nous trouvons que le principe de toutes choses est la liberté. Nous sommes donc l'œuvre de l'amour, c'est nous qui sommes la créature appelée à fixer, par un libre choix, sa propre nature et son propre sort. Ainsi la conséquence logique exige que nous remontions à ce choix pour expliquer notre existence actuelle.

L'étude que nous abordons a pour objet l'anthropologie ; elle embrasse les sommités de l'histoire, car l'homme actuel est le produit de l'histoire. Nous sommes autorisés à suivre dans cette recherche une marche purement déductive, la liberté de la créature et la permanence de l'amour divin nous servant de principes *a priori*.

Nous rappellerons quelles alternatives s'offrent au choix de la créature ; nous essayerons de les poser aussi complétement qu'il est possible. Nous devrions poursuivre ensuite les conséquences qu'entraînerait leur réalisation, et rechercher comment l'amour divin atteindrait son but en chacune d'elles. L'exécution fidèle de ce programme nous conduirait certainement au résultat désiré. Comment ne pas arriver au réel, en épuisant le possible? et nous pouvons l'épuiser, car ici le nombre des possibilités est nécessairement limité, puisqu'il ne s'agit plus de la liberté absolue, mais de la liberté relative de l'être créé, et de la manière dont il établit son rapport avec Dieu. Nous découvrirons donc le sentier où notre vie est engagée, si nous battons tous les chemins.

Cependant ce n'est pas sans effroi que j'envisage la perspective d'un semblable travail. Je ne doute pas de mes principes, mais je doute de mes forces. Les plans, les aspects, les problèmes se multiplient à l'infini. Cette richesse m'embarrasse et me trouble. Je ne me piquerai donc point, Messieurs, de suivre la méthode partout où elle nous conduirait. Si nous voulons arriver, il faut prendre au plus court et laisser sans réponse une foule de questions importantes qui surgiront inévitablement dans votre esprit. Ne vous en mettez pas trop en peine; la plupart ne seront qu'ajournées, leur solution viendra en son temps, je puis vous le promettre du moins pour toutes celles qui intéressent le problème moral. Quant à celles qui nous conduiraient dans d'autres champs d'étude, nous éviterons de nous y engager. S'il est impossible de traiter les sujets qui nous occupent sans toucher à tous les sujets, il ne le serait pas moins, vous le comprenez, de les approfondir tous maintenant. Or il vaut mieux réserver les matières qu'on ne peut pas approfondir.

Nous sommes obligés, Messieurs, de revenir à la crise qui doit s'accomplir dans l'être moral pour donner à la création son caractère définitif. Pour s'en faire une idée précise et complète, il faudrait se représenter exactement l'état primitif de la créature. Mais ce problème est insoluble; comment fixer le tableau d'un état qui n'a jamais été fixé?

Jusqu'ici nous nous sommes exprimés comme si la Créature était une au début de son histoire. Ce point de doctrine a besoin d'éclaircissement, car il en préjuge un autre dont l'importance est capitale; je veux dire l'unité essentielle de l'humanité.

L'unité de la créature morale, et par conséquent de tout l'univers créé, nous semble formellement prouvée par l'unité de la volonté créatrice, qui résulte, avons-nous vu, du caractère absolu sans lequel nous ne saurions la concevoir. Tout ce qui se lie dans la pensée n'est au fond qu'un dans la réalité. Pour l'esprit philosophique qui vit de l'infini, cette proposition est un axiome, c'est une donnée élémentaire, qu'il ne s'agit pas de révoquer en doute, mais d'expliquer, et de subordonner par cette explication au système de la liberté divine, en l'arrachant au panthéisme, dont elle fait le crédit, parce qu'elle en est la vérité. Outre cette preuve directe *a priori*, l'unité primitive de la créature libre ressort encore de ceci, que la thèse opposée n'aurait pas de sens. Le nombre, à lui seul, ne fait pas richesse. Il n'y a de pluralité véritable dans l'ordre spirituel que par la différence des êtres; or les différences entre les êtres libres ne peuvent naître que de leur liberté. Avant toute détermination de leur part, les distinctions seraient arbitraires, c'est-à-dire impossibles.

Tout en justifiant notre principe, la considération que je viens de présenter en limite la portée. Si l'idée morale est partout l'idée suprême, il faut que la question du nombre elle-même soit subordonnée à la question morale, c'est-à-dire à la décision de la volonté. Dès lors, avant tout acte de sa part, nous ne pouvons attribuer l'unité à la créature que dans un sens négatif : elle ne possède pas encore l'unité réelle, l'unité parfaite, puisque l'unité parfaite est l'unité personnelle du vouloir et de la conscience. Ainsi l'acte constitutif de sa personnalité est aussi l'acte par lequel elle se confirme et s'accomplit dans l'unité; par conséquent elle ne possède avant cet acte qu'une unité virtuelle, puissance indéterminée de l'unité et de la pluralité.

Toutefois, si la logique nous pousse à tenir ce langage, il faut avouer, pour rester francs, que nous ne l'entendons pas très-bien. Comme la clef de l'enfer, si l'on en croit la chanson bretonne, la clef des origines est perdue. Tous les commencements sont insaisissables, celui de l'histoire non moins que celui de la métaphysique. Le regard de la pensée ne s'étend pas au delà de l'espace éclairé par la lumière de la conscience. Il n'y a pas d'analogie entre l'état primiti de la créature et le nôtre, et sans analogie il n'y a pas d'intuition. Au vrai nous n'avons aucune notion distincte de ce que pouvait être la créature au point de départ, quoique nous soyons obligés de supposer son existence pour arriver une fois à la nôtre. Nous ne saurions donc nous faire qu'une idée très-imparfaite de la situation où elle se trouvait vis-à-vis de la question posée.

Il s'agissait pour elle de se constituer en Dieu, d'accepter librement son rapport naturel avec Dieu et par là de le transformer, en répondant par son amour à l'amour de Dieu.

Lorsque, dans une circonstance quelconque, un être libre est sollicité d'agir, il peut d'abord ou négliger l'occasion de se prononcer ou bien écouter la question ; dans ce dernier cas, il peut encore se refuser à tout changement, répondre à l'appel ou enfin se déterminer en sens contraire. Telles sont à peu près les alternatives qui se reproduisent partout où une décision de fait doit être prise.

Du reste, cette division abstraite n'a rien de bien rigoureux. Le nombre et le genre des possibilités réelles dépendent de la nature du sujet et du problème. Ici nous n'apercevons pas de différence bien sensible entre le cas où la créature serait demeurée sourde à l'appel qui lui est adressé et celui où, tout en s'en rendant compte, elle aurait évité de se prononcer. En revanche, la décision négative paraît comporter des nuances plus ou moins tranchées d'hostilité. La créature libre appelée à déterminer sa position, peut, semble-t-il, se constituer en dehors de Dieu, ou contre Dieu. Selon qu'elle aperçoit plus ou moins distinctement la place que Dieu devrait occuper en elle, elle fera simplement abstraction de lui pour ce qui la concerne, en aspirant à l'indépendance ; ou bien elle s'efforcera d'usurper expressément la place de Dieu et de le refouler dans le néant. Mais il convient de ne pas trop préciser et de laisser dans l'obscurité ce qui est réellement obscur, afin d'éviter l'arbitraire. En réalité nous manquons, je le répète, des données nécessaires pour énumérer exactement les possibilités qui s'ouvrent au choix de la créature. Nous savons seulement que si l'idée de liberté relative a quelque valeur, il existe de telles possibilités.

Nous ignorons également si la crise qui doit s'opérer est proprement un choix, ou si ce n'est pas plutôt le moment où les tendances diverses qui sommeillent dans le sein de la force créée, vont se reconnaître et s'opposer les unes aux autres ; en d'autres termes, nous ne savons pas si la réalisation d'une possibilité exclut dans l'être moral encore indéterminé la réalisation des autres, ou si plusieurs d'entre elles, si toutes peut-être ne se réaliseront pas à la fois. La question ne peut guère être résolue *a priori*, à cause du vague dans lequel reste nécessairement l'idée de la créature primitive. L'expérience ne nous fournit pas non plus les éléments requis pour asseoir une induction, car la crise dont il s'agit s'opère au delà de toute expérience. Certaines analogies nous feraient pencher vers la seconde alternative, qui offre à la pensée un moyen d'embrasser dans une unité fort élevée toutes les sphères de l'existence créée, avec lesquelles la vie naturelle et la religion nous mettent en rapport. Cependant je ne prononce rien là-dessus.

Tout ce que je me crois autorisé à poser en principe, c'est que la condition de l'humanité terrestre provient de la réalisation d'une seule des possibilités dont nous avons imparfaitement tracé le cercle. Dans le doute nous devrions commencer par cette supposition et la poursuivre jusqu'à ce que nous fussions convaincus de son impuissance à rendre compte des faits. Mais ce doute n'existe pas à mes yeux. Je place l'origine de l'histoire dans *une* détermination de l'être créé, parce que l'humanité me paraît une dans son essence, dans la conscience qu'elle a d'elle-même, dans l'obscure tradition de son berceau, enfin et surtout dans son but.

Le premier trait qui nous frappe, lorsque nous portons nos regards sur la foule des hommes, est la solidarité de leurs destinées extérieures aussi bien que de leur développement moral. Les peuples apparaissent successivement sur le théâtre de l'histoire, pour remplir une mission qui importe au bien ou au mal de tous les autres. Les liens qui les unissent se resserrent de plus en plus. On sent que l'humanité travaille à l'accomplissement d'une tâche commune. Le commerce, les conquêtes, la civilisation, le prosélytisme rapprochent les hommes les uns des autres et rendent toujours plus manifeste la solidarité de leur avenir. On peut varier encore dans la détermination du but général de l'humanité, on ne saurait douter qu'il n'existe un tel but. Mais le but de tout être consiste nécessairement dans la réalisation de son essence ou de son germe originel.

Cependant, Messieurs, mon dessein n'est pas de trancher un nœud qui veut être délié. Trop longtemps deux systèmes rivaux ont partagé les esprits.

Pour l'un, l'humanité n'est qu'un seul être, les individus sont des accidents.

Selon l'autre, les individus seuls sont réels, l'humanité n'est qu'une multitude, l'espèce, une abstraction.

Ces deux systèmes sont organisés, ils ont chacun leur métaphysique et leur morale. Le premier se fonde sur la réalité des idées générales enseignée aux Grecs par Platon, qu'ont suivi les réalistes du moyen âge et les idéalistes modernes. En politique, il sacrifie les individus à l'autorité de l'État. Il place le souverain bien moral dans le développement collectif de l'humanité, dont il formule un idéal assez vague. C'est le *socialisme.*

Le second admet, avec le nominalisme du moyen âge et avec le sensualisme de tous les temps, que le seul être réel est l'être concret et que l'être concret est individuel. Ne comprenant guère que le fini, il incline involontairement vers l'anthropomorphisme en théologie, du moins lorsqu'il possède une théologie. Il envisage l'Etat et l'Eglise comme de simples moyens servant au développement des individus; sa politique est libérale; il trouve le but absolu de l'activité des êtres finis dans les individus considérés isolément, soit qu'il le restreigne à leur bien-être temporel, soit qu'il le place dans leur perfection morale et dans leur éternelle félicité. C'est l'*individualisme.*

L'insuffisance de ces deux points de vue se trahit par une contradiction remarquable entre leurs prémisses et leurs conclusions. Le fondement philosophique du socialisme se trouve dans la raison, seule faculté capable de reconnaître la réalité de l'universel; mais lorsqu'il s'agit d'assigner un but final à l'humanité, le socialisme ne réussit point à s'élever au-dessus du bien-être, qu'il prétend assurer à tous les individus par les perfectionnements politiques et économiques dont il se flatte d'avoir le secret. Ainsi le socialisme, spiritualiste dans la théorie, se voit condamné au matérialisme dans l'application. Il part d'une logique rationaliste et aboutit à la morale sensualiste. — Les convictions les plus élevées de l'humanité, la foi dans la valeur absolue de la vertu, dans la vie à venir et dans la justice éternelle, se sont réfugiées dans l'individualisme. La liberté morale ne se trouve et ne se comprend, nous dit-il (et je suis forcé de l'accorder), que dans les individus [1]; les individus seuls ont donc une valeur positive, les individus seuls sont immortels. Notre sort éternel est indépendant de celui de nos semblables. La loi de solidarité qui régit l'histoire humaine, s'arrêtant aux limites de l'existence terrestre, n'est au fond qu'une illusion passagère. Le rapport direct entre chaque âme individuelle et son Dieu est seul durable, et partant seul vrai; les rapports qui unissent les âmes, soit entre elles, soit aux autres ordres d'existence, n'entrent point en ligne de compte. Il y a donc autant de mondes qu'il y a d'âmes, l'unité du monde n'existe pas. Telle est la doctrine du spiritualisme moderne, je parle du spiritualisme sincère et sérieux. Mais si vous l'obligez (difficile entreprise) à formuler nettement ses principes et à compter avec la science, vous reconnaîtrez bientôt qu'il part de l'idée que rien ne peut être admis par la raison si l'imagination ne réussit pas à nous le représenter. Cette idée est la racine la plus profonde du sensualisme, dont elle explique la popularité. Aussi, pour faire de l'âme une substance distincte, l'école dont nous parlons n'est pas moins sensualiste à son insu dans sa logique, dans sa théorie de la connaissance, enfin dans toutes les questions où la morale et la religion ne sont pas manifestement intéressées. C'est ainsi que de nos jours, pour ne citer qu'un seul exemple, nous avons vu un littérateur excellent, défenseur à jamais regrettable des vérités les plus élevées, parler sérieusement du langage comme d'une convention. Ainsi le spiritualisme religieux se

[1] Je ne crains pas le parti qu'on pourrait tirer de cet aveu contre ce qui suivra, persuadé qu'en philosophie la nécessité logique et la nécessité morale obligent quelquefois d'affirmer sans comprendre.

fonde sur le sensualisme logique, comme le rationalisme métaphysique de l'école opposée aboutit au matérialisme moral. Ajoutons qu'il est impossible à l'individualisme d'expliquer l'histoire et de se mettre d'accord avec la foi qu'il respecte; tandis que le socialisme moderne est incapable de rester socialiste jusqu'au bout; car il ne saurait, en dernière analyse, proposer à notre activité que des buts individuels.

Il faut le reconnaître, Messieurs, et le reconnaître avec joie, l'esprit de notre siècle est trop mûr pour accueillir les prétentions exclusives du socialisme ou de l'individualisme. Que la question lui soit posée sur le terrain de la philosophie abstraite, de la politique, de la morale ou de la religion, il ne saurait se ranger sous aucune des deux bannières, parce qu'à défaut d'une intelligence claire, il a du moins le sentiment très-vif que la vérité se trouve dans les deux camps.

Cet instinct est déjà beaucoup, cependant il ne suffit pas. Pour concilier le socialisme et l'individualisme, il faut plus que de vagues promesses, plus que ces généralités sonores sous lesquelles le scepticisme aime à cacher sa frivolité. Le problème de la destinée humaine réclame une solution. Il n'est permis de se résigner à l'ignorance qu'après avoir tout fait pour en sortir.

L'esprit de notre siècle réclame un système qui donne une base scientifique aux convictions inhérentes à la conscience humaine, nécessaires au bonheur social, que l'individualisme a prises aujourd'hui sous sa garde : la liberté humaine, le devoir, l'immortalité personnelle, la justice à venir. Mais il réclame non moins impérieusement l'unité du monde et de la pensée. Il réclame un système qui donne à l'histoire un sens positif et qui justifie aux yeux de l'intelligence la sainte loi de la charité. Le mot de fraternité, ce beau mot, qu'on ne réussit point à souiller, exprime un sens profond sous une figure. Que les hommes descendent d'un seul couple ou que, pour trouver leur commune origine, il faille remonter jusqu'à Dieu, peu importe à la fraternité véritable. L'objet de la croyance instinctive que ce nom désigne n'est pas le rapport extérieur de la famille, mais l'unité substantielle de l'humanité. Si la loi morale exige que nous changions de nature, elle prouve par là que notre nature est accidentellement altérée; mais, en dépouillant le vieil homme, nous tendons à réaliser l'homme éternel. Ainsi la loi morale, en nous commandant de nous unir, atteste qu'au fond et dans notre origine nous sommes *un*. Cette unité, dont témoignent la tradition et la marche de l'histoire, le cri de nos entrailles et le pur idéal de la raison, nous montrerons plus tard comment elle s'accorde avec la valeur absolue de l'individualité; mais pour commencer, nous la proclamons, et puisque, d'après nos principes, tout être vient de l'acte, puisque tout résulte des décisions de la liberté, nous faisons découler l'unité humaine d'une fixation du principe indéterminé de l'existence finie, en d'autres termes, d'une résolution libre de la créature primitive. Il nous reste à saisir, s'il est possible, le caractère de cette détermination.

Et d'abord, est-il besoin d'une détermination positive, d'un changement? La première créature n'est-elle pas restée ce qu'elle était?

— Si l'auteur mystérieux de nos destinées était demeuré dans l'innocence primitive, nous nous y trouverions encore. Notre religion serait tout instinctive, si du moins il est permis de supposer une religion chez un être qui ne l'aurait point acceptée et reconnue. Nous-mêmes nous serions des êtres d'instinct, notre vie morale ne serait encore qu'un germe ignoré, nous ne connaîtrions ni l'enthousiasme du sacrifice, ni la voix plaintive du remords. — Si l'on n'admet pas la rigueur de ces conséquences, du moins faudra-t-il avouer que la vie morale commencerait en chacun de nous d'une manière absolue : notre liberté de choix serait entière, chacun de nous sortirait d'un état d'innocence parfaite et non pas relative. Nous ne trouverions pas en nous des penchants, hors de nous des relations, des nécessités qui font incliner la balance dans un sens ou dans l'autre, qui influent activement sur notre condition morale, qui se présentent, en un mot, comme des puissances dans la vie morale, quoique nous ne puissions pas reconnaître en elles des produits de notre propre liberté. Mais comme au contraire la liberté de chaque individu se trouve, au moment où il se reconnaît lui-même, limitée par un certain naturel qui lui sert de base et enveloppée par une atmosphère morale dont l'influence est irrésistible, il faut, pour concilier les faits avec nos prémisses métaphysiques et, ce qui importe davantage, avec la vérité de l'ordre moral, admettre une détermination morale, c'est-à-dire libre, antérieure à la première manifestation de la volonté dans chaque individu.

Je pourrais multiplier les preuves, je pourrais rappeler ici le genre de nos rapports avec la Nature, l'influence que la Nature exerce sur nous, peut-être la condition de cette

Nature elle-même. Il me suffit d'avoir indiqué l'idée la plus importante.

L'état de l'humanité depuis le commencement de son histoire, ne s'explique donc pas par la supposition que la créature primitivement indéterminée ait persisté dans son indétermination, de quelque manière qu'on veuille l'entendre.

Je n'entrerai pas dans l'obscure question de savoir si l'état d'innocence ou d'imperfection primitive pouvait réellement se prolonger. Seulement je n'admets pas que la fixation de cet état par l'absence de tout acte de la part de la créature, fût le but voulu. La créature devait réagir. Sans bien comprendre son inaction, nous voyons qu'elle eût été déjà une sorte de déclin.

Dès lors si, partant de l'idée un peu aventureuse d'une crise où plusieurs possibilités se réaliseraient simultanément, nous admettions que l'état primitif de la créature ait pu se fixer, et qu'il se soit fixé en effet dans quelque sphère de l'existence, cette supposition nous fournirait peut-être les moyens de concilier avec l'universalité de notre spiritualisme l'existence d'une Nature inconsciente et sans liberté. Elle est sans conscience, dirait-on, parce qu'elle ne s'est jamais recueillie ; sans liberté, parce qu'elle n'a jamais voulu ; mais elle n'est pas complétement étrangère à l'intelligence et à la volonté. Nous retrouverions ainsi, dès les premiers pas dans la voie déductive, l'idée mixte ou moyenne de la force naturelle, à laquelle la philosophie moderne met avec raison tant de prix ; nous conserverions à la fois l'unité spirituelle de l'Univers et l'unité de la Nature elle-même. On expliquerait ensuite comment cette Nature, déchue en quelque sorte de la dignité spirituelle pour s'être refusée au progrès, se trouve plus tard entraînée dans le progrès et poussée à fournir à l'Esprit des organes; suggestion d'où résulteraient en elle de nouvelles crises, volontaires encore jusqu'à un certain point, et dans lesquelles nous trouverions l'idée positive, soit des règnes de la Nature, soit dans chaque règne, des grands types et des ordres principaux. Il est clair, Messieurs, que la philosophie de la liberté faillirait à sa mission, si elle n'offrait aucun moyen d'arriver à l'intelligence de la Nature. Je doute cependant qu'il soit aisé d'éviter tout arbitraire dans les premières idées que l'on se fait sur ce sujet. Rien n'empêche, semble-t-il, d'admettre la création primitive d'une Nature inconsciente, destinée à servir d'instrument à l'activité de l'être moral, et par conséquent à recevoir de lui son caractère définitif. Dans cette hypothèse, la Nature, appelée à soutenir des rapports avec l'esprit, serait au fond une avec lui, comme dans la précédente. L'état de la Nature dépendrait toujours de son rapport avec l'esprit, lequel, à son tour, dépend de la condition de l'esprit créé, soit en lui-même, soit vis-à-vis de Dieu[1].

Avant de river l'anneau qui doit unir la philosophie de la Nature à la philosophie morale et à la théologie, il faut

[1] Quelques auteurs placent après la chute, l'origine de la Nature sensible et la considèrent essentiellement comme un moyen de restauration. Que la Nature serve à la restauration, que les premières phases de l'œuvre graduelle de la restauration s'accomplissent dans la sphère de la Nature, c'est ce que l'examen attentif des faits nous paraît établir d'une manière incontestable, mais il ne faut pas exagérer les conséquences de cette idée.

que la Nature ait été beaucoup étudiée en elle-même, dans un esprit spéculatif, étude encore inachevée, quoiqu'elle ait déjà conduit à d'admirables résultats, et qui sans doute est infinie. Je n'affirme donc rien sur cette matière, j'ignore même s'il est possible de rien affirmer. Nous serons satisfaits si nous parvenons à trouver la trace de notre propre destinée.

Nous voyons que celle-ci résulte d'un acte positif. Le principe virtuellement libre s'est déterminé. Dans quel sens? Est-ce dans le sens de l'amour de Dieu? La Créature s'est-elle constituée en Dieu?

Pour en juger, Messieurs, revenons une fois encore, bien que la chose puisse sembler superflue, sur l'acte auquel elle était conviée; essayons d'en exprimer avec précision la signification logique ou métaphysique.

Un tel acte serait le complément de la création, sa confirmation positive. La créature veut être ce que Dieu veut qu'elle soit. Elle accepte expressément sa liberté, puisqu'elle en use, mais en même temps elle la rend à Dieu. Elle assure l'efficacité de sa volonté propre en l'identifiant à celle de Dieu, car la volonté de Dieu est seule efficace, et comme la volonté de l'être est sa substance, elle assure la réalité de sa substance, elle s'identifie à Dieu en se faisant organe de Dieu. L'amour est la solution d'une contradiction logique. Par l'amour deux sont un, tout en restant deux. Par l'amour Dieu est tout, quoique la créature soit réelle. Par un seul et même acte, la créature s'unit à Dieu et s'en sépare : Elle se sépare de Dieu formellement, *par sa pensée*, idéalement ; car elle reconnaît qu'elle est quelque chose pour elle-même, puisqu'elle reconnaît qu'elle est libre, tout en reconnaissant qu'elle n'est pas Dieu, puisqu'en même temps elle aperçoit Dieu. — Mais elle s'unit à Dieu réellement, par sa substance, par le fond de son être, par sa volonté; car elle fait usage de sa volonté pour aimer Dieu, pour vouloir l'empire absolu de Dieu, pour vouloir ce que Dieu veut. Par là-même elle devient organe de Dieu. C'est une volonté formellement distincte de la volonté divine, mais dont l'objet est invariablement le même que celui de la volonté divine, un être formellement distinct de Dieu, mais qui n'a d'autre substance que Dieu et qui n'en est pas moins pleinement réel.

Ce rapport existe effectivement, du moment où il est voulu. La conscience de cet état doit être la conscience de la plénitude de l'être, mais sans aucun désir de l'accaparer exclusivement ou de s'en enorgueillir. Au contraire, la créature pleinement confirmée dans son être éprouve incessamment le besoin de le rendre, de s'en dépouiller; elle s'en dépouille en effet et devient plus riche à mesure qu'elle se dépouille. L'être créé sent sa gloire et son prix, mais il ne veut rien être; c'est à la fois une félicité éternelle et un sacrifice éternel.

Nous ne ressemblons guère à cette image. Si les anges dont parle la Bible doivent être conçus comme des personnalités concrètes, nous aurions plutôt défini la nature de l'ange, et si toutes les différences dans les sphères de l'être qui soutiennent entre elles quelques relations, tiennent aux crises premières de la création, nous comprendrions que le côté de la créature primitive qui s'est confirmé dans l'être dans le sens de l'intention divine, fût devenu l'armée des anges. Cette idée aura quelque intérêt pour celui qui, sur la foi des traditions, croit à l'intervention des anges dans l'histoire humaine. Je ne la donne pas comme philosophique. La science ne prouve ni qu'il y ait des anges, ni qu'ils occupent cette place. Elle permet seulement de la leur assigner. La science rigoureuse n'a d'autre objet que l'explication des faits certains; mais l'analogie conduit nos pensées dans les champs du possible. Elle unit sans effort le surnaturel au naturel. Pour la philosophie positive, tout est naturel, et tout miraculeux. Miraculeux, parce que tout ce qui est résulte du vouloir exprès d'un Dieu libre; naturel, parce que ce vouloir n'étant qu'un, tout est soumis aux mêmes lois. L'idée que la créature a confirmé sa liberté par l'amour expliquera donc si l'on veut la nature angélique; elle n'explique assurément pas l'humanité.

En effet si l'on pouvait assigner un tel commencement à notre histoire, cet amour serait devenu pour nous une habitude, il serait devenu notre nature; la nature, on l'a dit fort bien, n'est qu'une première habitude. La connaissance de Dieu serait en nous substantielle, nous le contemplerions au dedans de nous, comme nous voyons la Nature hors de nous, et la diversité des religions serait impossible, ainsi que l'incrédulité. L'unité de l'espèce humaine ne serait pas seulement substantielle ou virtuelle, elle serait réelle, c'est-à-dire qu'elle serait comprise et voulue. Les hommes (si l'on accorde ici une pluralité numérique qu'il faudrait expliquer) les hommes s'aimeraient les uns les autres comme ils aimeraient Dieu. Enfin la liberté de l'homme serait réelle aussi; là où il a le vouloir, il aurait la force. Organe de Dieu, esprit de la création, il la gouvernerait du dedans et non pas du dehors, péniblement et d'une manière imparfaite. La Nature, qui est réellement son corps, puisque notre corps, identique à la Nature extérieure, en sort incessamment et y retourne incessamment, la Nature lui serait soumise, tandis qu'elle nous est rebelle, tandis qu'aujourd'hui nous ne sommes pas maîtres de ce lambeau de la Nature que nous appelons particulièrement notre corps. La foi, si nous avions la foi, si notre volonté était substantiellement unie à celle de Dieu, la foi transporterait les montagnes.

Peut-être, Messieurs, ne sommes-nous pas assez avancés dans notre étude pour rendre ces conséquences aussi évidentes qu'elles sont justes. Mais si vous hésitez encore, si vous n'avez pas encore compris que pour la pensée *a priori* c'est l'unité de la créature qui est le point fixe, et le particularisme des individus, la succession des générations, l'accidentel et le mystérieux; si, prenant le fractionnement de l'être moral comme une donnée invariable, sans en demander la raison, vous voulez, pour assurer la liberté des individus, que la crise première se reproduise complétement en chacun d'eux, du moins serez-vous obligés d'accorder que si la détermination initiale eût été la confirmation de la liberté par l'amour, le milieu dans lequel les individus viennent éclore les porterait à s'associer à cet amour et qu'ils ne trouveraient rien d'antérieur à leur volonté qui les en détourne; tandis que nous voyons l'ignorance, les préjugés, les passions de l'espèce, comme les besoins de l'existence matérielle, sans parler des dispositions innées, s'emparer de notre âme dès le réveil de la conscience, pour la détourner et pour la troubler.

Il ne reste donc plus qu'une alternative, c'est que par l'acte constitutif de sa nature, l'homme primitif, l'homme universel se soit séparé de Dieu.

Cette alternative, faut-il l'embrasser? L'analogie des faits, la lumière de la conscience morale, nous amènent-elles à dire avec la tradition que le commencement de l'histoire est une *chute*?

Il n'est que trop vrai.

Sans doute, Messieurs, si nous laissons subsister dans notre pensée tout ce qui, sans être précisément la volonté morale, ne peut s'expliquer que par cette volonté, la même nature extérieure, la même influence du langage, de l'éducation, les mêmes rapports de sexes, de famille, les mêmes diversités naturelles, les mêmes besoins, que sais-je? la même société peut-être? nous serons conduits irrésistiblement à reconnaître qu'une affection morale quelconque doit devenir contagieuse, du moment où elle se sera développée en quelques âmes. Ainsi pour rendre raison de l'état moral de l'humanité présente, il suffirait d'admettre avec l'expérience la liberté des individus, sans recourir aux doctrines décriées de l'unité et de la chute primitives; mais les judicieux penseurs que satisferait une solution si simple et si lumineuse oublient que les circonstances extérieures dont nous parlons, ainsi que tous les rapports des êtres moraux entre eux, sont précisément ce qui réclame une explication. Que l'influence de l'opinion, de l'exemple et du besoin constitue en fait une puissance presque irrésistible, je m'empresse de le reconnaître; mais ce qu'il faut justifier avant tout, c'est cette nécessité. L'influence de l'opinion, de l'exemple et du besoin modifie les conditions de la liberté.

La philosophie qui attribue une valeur absolue à la liberté morale, doit dire qu'une telle influence, s'exerçant sur l'individu pour le détourner du bien, est un mal; dès lors elle doit chercher la source de ce mal-là. Il ne suffit pas de répondre, que dans le monde où nous vivons, un tel mal est inévitable; la question est le pourquoi du monde. A ne considérer que l'individu, une telle influence serait une injustice, et l'on ne saurait admettre cette injustice sans contredire notre principe, que la vérité morale est absolue ou que Dieu lui-même, en créant l'univers, s'est assujetti aux lois morales qu'il a écrites au fond de notre cœur et que l'amour résume toutes.

La nécessité de subir l'influence du mal ne s'explique pas comme un effet de l'amour du créateur pour l'être individuel qui subit cette influence, il y a donc nécessairement d'autres puissances, d'autres principes que l'amour de Dieu qui déterminent la condition de cet être individuel. Cette condition n'est donc pas la condition primitive de l'être créé dans une intention d'amour, par conséquent il n'est pas demeuré dans cette condition primitive et ne s'est point confirmé en elle par son propre amour, mais au contraire il a renoncé lui-même à cette condition.

Tel est, ce nous semble, le fondement rigoureux de la doctrine de la Chute : l'homme souffre ici-bas d'un mal qu'il n'a pas commis; qu'il n'a pas commis du moins, comme individu, dans son existence actuelle. Ce mal est moins, à mes yeux, la faiblesse, le besoin, la souffrance, qui l'assaillent à son berceau, avant toute faute commise, que la prédisposition à commettre le mal :

Prédisposition intérieure, prédisposition extérieure.

La dernière, bien que la plus importante en quelque sens, ne fournit pas l'argument le plus décisif. Tout homme qui s'interroge lui-même avec sincérité, se trouve disposé au mal plutôt qu'au bien, car naturellement il se prend lui-même pour but. Telle est ma conviction personnelle, mais il est difficile de la justifier rigoureusement. Ceci est une affaire d'expérience. Personne ne peut parler que pour soi. Nous ne pouvons pas interroger tout le monde, et tous ceux que nous interrogerons ne conviendront pas du fait. On n'aime guère à en convenir, aussi longtemps qu'on en sent la portée. Notre expérience personnelle ne légitime donc pas une conclusion générale; peut-être ne prouve-t-elle pas, même relativement à nous, le point qu'il s'agit d'établir. En effet nous agissons avant de réfléchir, nous sommes déjà entrés dans la vie morale lorsque pour la première fois nous nous formons une idée distincte du bien et du mal; nous ne pouvons donc pas apprendre par expérience si notre liberté est altérée dans son principe ou si la disposition au mal que nous trouvons en nous au moment où nous commençons à sonder notre conscience, n'est pas entièrement notre propre fait, le résultat de notre conduite dans la vie présente.

La prédisposition intérieure au mal peut donc bien produire en nous une intime persuasion de la Chute; logiquement elle n'en est pas la plus forte preuve. Mais la prédisposition extérieure, l'influence corruptrice du milieu naturel et social dans lequel nous vivons, est un fait non moins évident; celui-ci, chacun s'empresse de le reconnaître, car il y voit, non sans quelque raison peut-être, un allégement au fardeau de sa propre responsabilité. Un état où le mal moral devient presque une fatalité, ne peut pas être l'effet direct d'une création qui a pour but le bien moral et qui a établi la liberté comme un moyen d'arriver au bien moral. La création primitive est donc altérée au moment de notre naissance; or elle ne peut l'être que par l'effet de la liberté de la créature, à moins que Dieu ne soit pas tout-puissant ou que la perfection morale ne soit pas son but. Ces deux suppositions sont également inadmissibles, mais la dernière seule mérite un instant d'attention.

Dire que le but du Monde n'est pas un but moral, c'est-à-dire un but d'amour, revient à nier la valeur absolue du bien moral pour notre raison, ce qui blesse à la fois et la conscience et la raison elle-même. Je dis, Messieurs, la raison. En effet, l'amour étant le seul principe d'action que nous ayions trouvé compatible avec la nature de l'absolu, si l'on dit que l'amour n'est pas la cause finale du Monde, l'on est obligé, ou bien de supposer à la Création un but incompréhensible, ce qui revient à considérer Dieu comme une puissance arbitraire, ou bien d'avouer que le Monde n'a pas de but, qu'il n'est pas le produit d'un acte libre, mais le résultat d'une nécessité. Le premier point de vue nous conduit droit au scepticisme : si nous ignorons la signification du Monde, nous ne pouvons connaître la signification de quoi que ce soit. La seconde alternative est le panthéisme, le fatalisme.

Il le faut donc avouer, et l'histoire nous le démontre, le seul moyen, pour un esprit conséquent, d'écarter l'importune doctrine de la Chute sans renoncer à la science, c'est d'embrasser le panthéisme. Tout optimisme sérieux est panthéiste. Le rationalisme vulgaire, qui prétend expliquer le Monde comme l'œuvre d'un Dieu personnel créant dans une fin morale, et qui cependant nie la Chute, ne soutient pas l'examen. Je n'en veux point contester l'utilité pratique dans tel ou tel état moral de la société, et je ne méconnais point le talent que les ministres sociniens et les professeurs des colléges mettent à le développer; mais il ne s'agit ici ni de dialectique, ni d'éloquence, ni même de bonnes intentions et de bons services; il s'agit de philosophie. Ce qu'on demande à la philosophie, c'est d'expliquer les faits. Pour cela il faudrait d'abord les discerner. La théorie pure est une théorie vide. Si la profondeur d'un système consiste à comprendre l'expérience, c'est à la conscience qu'il appartient de lui fournir ses matériaux. Eh bien, la conscience proteste contre ce théisme superficiel. Une négation complète la froisserait moins cruellement. Non, Messieurs, il est faux que le Monde, tel qu'il nous accueille quand nous sortons en criant du sein maternel, témoigne de la bonté de Dieu; l'évidence des faits effacerait de nos cœurs cette croyance de la raison, si l'idée de la Chute ne nous offrait un refuge contre le blasphème. Triste refuge, et pourtant le seul qui nous reste ouvert. — *A priori*, nous ne pouvons concevoir que la bonté de Dieu. Au regard de la réalité, nous ne pouvons la sauver que par la Chute.

La créature, appelée à déterminer sa nature en fixant son rapport avec Dieu, s'est donc constituée hors de lui. Se constituer hors de Dieu, c'est vouloir être soi-même pour soi-même, et non pas pour Dieu. C'est aussi une manière de réaliser sa liberté, car c'est une manière d'en faire usage qui décide, comme la précédente, du caractère essentiel de l'être.

La créature se veut libre purement et simplement ; elle se veut libre comme si Dieu n'existait pas. Elle ne tient pas compte de Dieu dans la manière dont elle s'affirme, elle veut donc être libre, dans un sens absolu, et par là elle usurpe en quelque sorte la place de Dieu. C'est une manière de distinguer et d'unir diamétralement opposée à la précédente.

L'amour est, de son essence, distinction idéale, union réelle, distinction dans la conscience, union dans la volonté. Ici, au contraire, il y a confusion idéale, confusion dans la conscience. La liberté créée ne se distingue pas de la liberté créatrice. Elle ne tient pas compte des différences. Se sentant libre, c'est-à-dire capable de créer, lui aussi, l'être fini se prend pour le Créateur; il y a donc dans la pensée union de ce qui devrait être séparé; il y a confusion. — En revanche, il y a séparation dans la volonté, car la créature ne veut pas Dieu, puisqu'elle ne l'aperçoit pas; elle se concentre en elle-même, et par là se sépare de la volonté de Dieu. La séparation naît ici de la confusion, au lieu que la distinction produit l'union dans l'amour. Pour la créature, se réaliser, s'affirmer, c'est toujours se distinguer de Dieu en s'unissant à lui; mais il y a deux manières de le faire, la différence gît dans l'intimité de l'intention.

Quant à la nuance que nous avons cru trouver entre se poser hors de Dieu et se poser contre Dieu, elle dépend du degré de conscience avec lequel la séparation s'accomplit. Nous sommes obligés d'accorder primitivement à la créature un certain degré de conscience d'elle-même et de ses actes, car cela est impliqué dans l'idée de liberté; nous ne pouvons pas lui accorder avant toute activité une conscience pleine et parfaite, parce que l'activité réfléchie en suppose nécessairement une autre avant elle; il peut donc y avoir du plus et du moins, et cette différence en entraîne une seconde. La créature peut chercher à s'affranchir intérieurement du lien qui l'attache à Dieu, uniquement pour être libre, sans penser, pour ainsi dire, au Dieu qu'elle aperçoit confusément; elle peut aussi le faire en haine de ce lien, dans l'intention de se substituer à Dieu.

Ce dernier trait, inutile à la pensée qui cherche à remonter à la cause de l'état présent de l'humanité, servirait à fixer l'idée, à trouver la place des mauvais esprits, du génie du mal. « Dieu n'est pas, car je suis, » est le cri de l'enfer; mais lorsque le Tentateur s'adressa au premier couple des hommes, il leur dit : « Vous serez pareils à Dieu. »

VINGT-TROISIÈME LEÇON.

XXV. Définitions : ***Le* BIEN *est l'union de la volonté créée et de la volonté divine. Le* MAL *est la séparation de la volonté créée et de la volonté divine.*** **Le bien consiste à se vouloir comme créature, à se vouloir en Dieu, à aimer Dieu. Le mal consiste à se vouloir dans le sens d'un but absolu. L'essence du mal est donc l'égoïsme, la recherche de soi-même.**

La possibilité du mal réside dans l'imperfection naturelle à l'intelligence de la créature avant qu'elle ait agi. Cette imperfection primitive est un bien, car elle est une condition de la liberté de la créature. La réalisation du mal ne résulte pas de cette imperfection seulement, mais d'une détermination positive de la liberté.

Remarque : La théorie qui prend le bien comme synonyme d'*être* et le mal de *non-être*, ne suffit point pour expliquer le caractère propre de la sphère morale. En expliquant le mal moral comme une conséquence nécessaire de la limitation des êtres particuliers, elle froisse la conscience et rend insoluble le problème de la Théodicée.

Messieurs,

Avec la liberté créée naissent la loi, le droit, le bien et le mal. Nous avons exprimé la nature intime du bien et du mal moral en les prenant à leur origine.

Le bien est l'union de la volonté créée et de la volonté divine. Le bien consiste à se vouloir comme créature, à vouloir par un acte identique Dieu et soi-même, à vouloir que Dieu soit notre Dieu, en un mot, à aimer Dieu.

Le mal consiste dans la séparation de la volonté créée et de la volonté divine. Le mal est de se vouloir dans un sens exclusif et absolu. Le principe du mal est donc l'égoïsme, la recherche de soi-même. Dans toutes les variétés de nos maladies morales, la recherche de soi-même apparaît comme le trait générique et fondamental.

Les idées du bien et du mal ont été transportées de cette sphère nettement circonscrite et qui est la leur, dans la sphère plus vaste des notions métaphysiques. L'on a dit : le bien est l'être, le mal, le non-être ou la négation de l'être. Ainsi le bien et le mal sont les deux genres les plus élevés possibles, et les notions des genres se retrouvent dans toutes les espèces. Partout le bien est un accroissement, une plénitude, une perfection de la réalité; partout le mal est un vide, une faiblesse, une absence de réalité positive. Telle est la formule des scolastiques, de Spinosa, de Leibnitz et de leurs innombrables copistes.

L'extension donnée aux idées de bien et de mal était inévitable; nous ne nous en plaindrons pas. Je ne contesterai pas non plus les conséquences que l'on a tirées de ces deux notions générales; mais je ne saurais y voir ni un système, ni le principe générateur d'un système sur la nature du mal. Que le bien soit être et le mal non-être, je l'accorde; et comment ne pas l'accorder, lorsque l'on croit en Dieu, lorsque l'on a le sentiment de l'infini? Si l'on affirme absolument l'être de Dieu, il est évident que l'on ne peut pas attribuer l'être au mal dans un sens absolu. Dans le sens où Dieu est, le mal n'est pas. Autrement il y aurait deux principes également absolus, deux principes coéternels, deux Dieu. Ce système n'a jamais eu grand succès; je ne crois pas même qu'il ait jamais été proposé dans toute sa rigueur, ni comme dogme de religion, ni comme théorie scientifique. Il est inutile de discuter une doctrine qui contredit absolument le besoin d'unité inhérent à notre raison. Si les deux principes sont également absolus, ils ont un droit égal à l'être, et dès lors nous ne saurions appeler l'un des deux bon, ni l'autre mauvais, qu'en nous plaçant dans un point de vue tout à fait subjectif, intéressé, partial. Il y aurait donc deux principes opposés, je le veux, deux principes dont la guerre constante produirait les phénomènes de l'univers; mais il n'y aurait point de bien ni de mal. Un tel dualisme revient donc à la négation du mal.

Au fond, Messieurs, la négation du mal est l'unique solution possible, mais ce n'est pas une solution positive, précisément parce qu'elle est l'unique. En enseignant que le mal est un non-être, le rationalisme ne nous apprend rien; il exprime, selon sa coutume, une vérité qui va sans dire; mais il ne fournit aucune lumière sur ce qu'il importe de savoir. Entre cette abstraction métaphysique et les questions qui troublent le cœur humain et qui l'accablent, il y a un abîme. L'affaire est de le franchir. Le rationalisme essaie de raccourcir la distance, mais il n'y réussit pas. Vaine tentative, condamnée par la vraie méthode, que d'expliquer l'espèce par le genre, le concret par l'abstrait! c'est au contraire dans les faits les plus compliqués, les plus riches, mais aussi les plus élevés, qu'il faut saisir les lois universelles. La vie n'est pas une logique appliquée; la logique est une empreinte de la vie. Pour saisir le rythme, il faut écouter la chanson.

Voyons, Messieurs, dans quels sens divers on peut prendre la négation du mal :

Le mal est, dit-on, le défaut d'être, la privation ; il est cependant quelque chose, puisqu'on en parle, mais il n'a pas de réalité véritable. C'est au moyen de cette donnée qu'il s'agit d'expliquer le mal moral. On pourrait d'abord l'entendre subjectivement : le mal n'est pas l'être ; c'est-à-dire le mal est une illusion. Tout est bien, car les lois sont partout observées ; si nous croyons voir du mal dans l'univers et dans notre propre conduite, la faute en est à notre intelligence. Le mal dans le monde est une privation de lumière dans notre esprit. Voilà, Messieurs, l'optimisme tout cru, sans apprêt et sans ambages : tout est également nécessaire, donc tout est également bon.

Les autres formules sont des variations sur le même thème. Selon la plus célèbre, le mal moral est un non-être dans le sens objectif, non-être dans celui qui commet le mal, non pas dans celui qui le voit. En d'autres termes, le mal est toujours une imperfection, une faiblesse ; on veut toujours le bien, mais, par défaut de lumière ou de force, on fait le mal. Ainsi, dans le langage religieux, le péché consiste proprement dans la désobéissance aux ordres de Dieu, mais la faiblesse est la cause de cette désobéissance. Une théodicée très-populaire, recommandée par de très-grands noms, se fonde sur l'idée que nous venons d'énoncer. Saint Augustin l'a prise chez les Grecs et l'a revêtue de formes chrétiennes. Saint Thomas d'Aquin l'a empruntée à saint Augustin, et Leibnitz à saint Thomas.

Dans ce système, dont nous avons déjà parlé, la perfection du monde, envisagé dans sa totalité, consiste à renfermer tous les degrés possibles de l'être. De l'ange à l'homme, de l'homme à la brute, de la brute à l'inerte matière, tous les intermédiaires sont réalisés. Le mal moral trouve sa place dans cette série : il y a moins de réalité dans l'homme vicieux que dans l'homme bon, dans le damné que dans l'élu, mais ils sont également nécessaires à la perfection de l'ensemble. Le méchant, le damné, contient toujours plus d'être, plus de réalité, plus de bien, que l'animal et que la plante ; il a sujet, dans son enfer, de bénir Dieu pour la perfection qu'il a reçue de sa main. Il fallait que Dieu manifestât sa grâce et sa justice ; il manifeste sa grâce dans le salut des élus, et sa justice dans la punition des damnés. Il fallait donc des élus et des damnés, et Dieu créa les élus pour la béatitude et les damnés pour le supplice.

Je n'essayerai point d'apprécier cette célèbre théologie ; elle est trop évidemment condamnée par le critère de la vérité auquel nous nous sommes soumis dès l'entrée, en examinant à quelles conditions la science morale est possible. Le temps de cette controverse est d'ailleurs passé ; les partisans du système d'Augustin ont abandonné le terrain scientifique. Le nombre est petit de ceux qui adoptent cette doctrine franchement et dans toute la rigueur de ses conséquences ; plus rares encore sont ceux qui se font une idée précise des tempéraments par lesquels ils espèrent l'adoucir ; mais le crédit dont jouissent encore ces opinions, l'influence décisive qu'elles ont exercée depuis plus de trois siècles sur les mouvements religieux les plus considérables, montre combien c'est une œuvre immense d'amener la pensée chrétienne à reproduire fidèlement le contenu de la foi.

Je m'attache à l'idée du mal moral sur laquelle est fondé le système dont il s'agit, bien que de nos jours on le trouve souvent séparé de cette base.

Immédiatement appliquée à la vie morale, l'idée que le mal est privatif contredit l'expérience. Il y a toujours peut-être de la faiblesse, du non-être dans le péché; mais si l'on ne voit autre chose dans le mal moral qu'un degré de réalité inférieur au bien, autant vaudrait n'y rien voir du tout. L'insuffisance de la vérité qu'on possède en fait une grave erreur, qui se traduit par les plus absurdes conséquences. Il faudra dire qu'il y a moins de réalité, partant, moins d'intelligence, moins de volonté, moins de force, dans le scélérat habile qui fascine les peuples et fait peser sur eux le poids fatal de son génie, que dans un homme bon, borné et faible, que dis-je? que dans l'enfant au berceau; ou bien il faudra dire que le scélérat est meilleur que l'enfant.

En un mot, cette théorie aveugle et brutale effaçant les différences essentielles, absorbant la qualité dans la quantité, détruit, sans même l'avoir aperçu, le sujet du problème, je veux dire l'élément moral.

Que le mal moral soit un non-être, à la bonne heure; mais c'est un non-être d'une espèce particulière, c'est un non-être qui suppose le plus haut degré de l'être, la liberté. Le bien et le mal moral ne peuvent être que des déterminations de la libre volonté; ces mots n'ont de sens que dans la sphère de la liberté; pour atteindre les choses qu'ils expriment, il ne faut donc pas partir des abstractions de l'être et du non-être, mais de l'idée substantielle de la volonté.

Cela même ne suffit pas. Il n'y a de bien positif que par

opposition avec le mal; le bien suppose la possibilité, ou tout au moins l'idée du mal. Mais le bien ne gît pas dans l'intensité du vouloir, ni le mal dans sa faiblesse; le mal n'est pas non-être dans le sens d'un défaut, d'une absence; il est non-être dans le sens d'une contradiction; le mal est une volonté qui poursuit un but dont la réalisation positive est impossible, et qui arrive au contraire de ce qu'elle cherche. Le mal est la volonté de donner l'être au non-être: il n'y réussit point; mais s'il pouvait se consommer parfaitement, il aurait détruit l'être. Telle est, Messieurs, ce nous semble, la vraie notion métaphysique du mal. Il y a dès lors au moins beaucoup de négligence à le confondre avec la simple privation, et l'idée du mal métaphysique vulgarisée par Leibnitz aurait besoin d'une révision sévère. L'introduction d'une locution pareille n'est rien moins qu'une grande pétition de principe.

On a beau dire ensuite : Le mal métaphysique n'est pas un mal, il est un bien au contraire, car il est la condition de l'existence finie, qui est un bien. On ne fait par là qu'enfoncer l'erreur plus avant et la rendre plus dangereuse. L'imperfection inhérente au fini n'est pas un mal, dites-vous, bien que vous l'appeliez mal métaphysique; elle n'est pas un mal, et cependant elle est la raison suffisante et la cause réelle de tous les maux physiques et spirituels qui débordent sur la terre et qui la dévastent. Le mal métaphysique n'est pas un mal, mais il implique le mal moral. Donc le mal moral n'est pas un mal non plus. Voilà la conséquence inévitable de ce système. Eh bien! la conscience proteste contre cette conséquence et la réprouve.

La vraie question se plaide entre la nécessité et la liberté.

Il s'agit de savoir si l'imperfection inhérente au fini rend le mal moral nécessaire ou seulement possible. La première alternative conduit les philosophes au panthéisme et les théistes au blasphème. Selon la seconde, le mal métaphysique ou la limitation du fini n'est pas la raison suffisante du mal moral : pour en expliquer l'origine, il faut tenir compte, d'un côté, de cette limitation naturelle de l'être créé, de l'autre, de sa liberté.

Ainsi, comme nous l'avons expliqué, l'occasion du mal se trouve en ceci : que la créature est appelée, par l'idée même de sa liberté, à se vouloir elle-même, mais non pas pour elle-même.

La créature peut s'y tromper, son erreur s'explique par le sentiment immédiat de sa liberté essentielle, par l'imperfection d'une intelligence qui ne s'est point encore exercée et recueillie; mais il y a aussi chez elle un sentiment qui tend à la préserver, en lui révélant son origine; par conséquent sa décision est libre et doit déployer son plein effet.

On peut donc, sans manquer à l'exactitude, dire que le Mal provient de l'Erreur, et que la possibilité du mal gît dans la possibilité de cette erreur — dans la limitation du fini — dans le mal métaphysique, lequel, sans être proprement un bien, n'est cependant pas un mal; mais ce n'est là qu'un côté du problème, le moindre côté. La liberté est le pivot sur lequel tout roule, et qui ne s'appuie sur rien; la possibilité réelle du mal moral réside dans la liberté de la créature, au plus vif de l'être par conséquent, et non pas dans le non-être, non dans le mal métaphysique, mais dans le bien métaphysique, et c'est dans ce sens d'affirmation rigoureuse et suprême qu'il faut dire que la possibilité du mal est un bien.

Voilà comment le mal, non-être au sein de l'être, a sa source à la fois dans l'être et le non-être. Ces idées abstraites ont leur justesse; mais, loin d'expliquer le monde moral, elles ne deviennent intelligibles que par l'expérience morale.

Le mal, ce triste fruit de l'erreur et de la liberté, conserve dans l'intimité de son essence la dualité de son origine. Il est, nous le répétons, l'effort du néant vers l'existence et de l'être vers le néant. En effet la créature qui cherche sa liberté dans l'émancipation et non pas dans l'obéissance, tend à nier Dieu, car elle agit comme si Dieu n'était pas. Impuissante à l'égard de Dieu, qui a voulu lui-même laisser la créature faire de sa volonté l'emploi qu'il lui plairait, cette négation est décisive pour la créature, au sein de laquelle elle jette la contradiction. La créature a nécessairement ses racines dans la volonté de Dieu; vouloir être hors de la volonté de Dieu, c'est vouloir être hors des conditions de l'être, c'est vouloir s'anéantir. La créature qui aspire à l'existence absolue tend proprement à s'anéantir. Cependant elle n'arrive pas jusque-là, parce qu'elle est immuablement voulue. Elle n'atteint ni le but illusoire de son désir, ni le terme fatal de son aveugle effort; mais elle se frappe de stérilité, elle rend impossible la véritable réalisation de son être; car, sans détruire sa liberté essentielle, ce qui est au-dessus de ses forces, elle paralyse sa liberté effective et se consume dans la contradiction.

Nous avons besoin de ces idées, Messieurs, pour expliquer notre expérience intérieure. En rapportant le mal au non-être, on ne fait qu'écarter la chance d'une méprise très-improbable, mais proprement on n'éclaircit rien, et celui qui croirait, dans une indication si vague, posséder une définition, s'égarerait infailliblement. Le *genre prochain* du mal moral, pour employer l'expression technique, n'est pas le non-être, mais la contradiction. Le mal moral est la contradiction par excellence, car c'est la contradiction dans l'être par excellence, la contradiction dans la volonté. Toute contradiction se rattache de près ou de loin à cette contradiction-là, dont la solution est l'œuvre infinie où toute histoire est comprise, le mystère éblouissant de grâce et de gloire. Pris dans la sphère où les termes de bien et de mal ont leur valeur propre, le mal est une contradiction comme le bien est une harmonie; ainsi le mal et le bien supposent l'un et l'autre une dualité de principes, parce que le bien et le mal appartiennent au Monde, où tout repose sur une telle dualité. La pure essence divine, type du bien, surpasse le bien lui-même; c'est le miracle, que l'intelligence effleure sans le sonder. La dualité que l'analyse antique a signalée dans l'intelligence elle-même, se retrouve dans tous les objets qu'elle embrasse. Le bien est l'harmonie de la volonté créée et de la volonté divine; le mal est le divorce de la volonté créée et de la volonté divine, contradiction suprême, qui implique la contradiction de la volonté créée en elle-même, et qui amène par contre-coup une opposition plus merveilleuse encore. La suite de ces réflexions nous y conduira.

L'idée psychologique qui semble le mieux répondre à cette déduction spéculative, est celle de l'égoïsme ou de la recherche de soi-même. Nous sommes donc autorisés à désigner l'égoïsme comme l'essence du mal moral, comme l'intention première qui donne à toute espèce de faute le caractère de la culpabilité.

Ce résultat me semble confirmé par l'expérience, je veux dire par l'intimité de la conscience. Une étude psychologique attentive nous ferait, je le crois, trouver dans l'égoïsme le principe de tous les genres d'actes coupables et l'esprit qui rend la volonté coupable. Mais cette étude exigerait des développements fort étendus. En essayant la réfutation des opinions contraires, je m'engagerais dans un chemin sans issue. Quelle que soit l'idée mise en avant pour expliquer la nature du mal, il sera toujours facile de la rendre plausible, et même de donner à la vue adoptée une apparence de profondeur, parce que les éléments dont se compose la réalité de la vie rentrent les uns dans les autres.

J'aurais donc beaucoup de peine à convaincre d'erreur les théologiens et les moralistes qui voient l'essence du péché dans d'autres affections, dans l'orgueil, par exemple, ou dans la haine, ou enfin dans la volupté. (Parmi les passions coupables, ce sont là les plus générales, et qui se présentent naturellement à l'esprit occupé du problème sur lequel nous méditons.) J'aurais de la peine à convaincre d'erreur ces théologiens et ces moralistes, parce que sans doute ils ne sont pas dans l'erreur; l'orgueil, la haine et la volupté s'allient vraisemblablement à tous les mouvements coupables de notre âme. Mais l'idée à laquelle je me rattache est plus générale, et cette observation suffit, sinon pour justifier mon choix, du moins pour marquer la manière dont cette justification pourrait être tentée.

Ainsi l'orgueil est évidemment une forme de l'égoïsme;

l'orgueilleux n'est pas coupable en raison de la dignité qu'il croit posséder sans sujet, mais en raison de celle qu'il veut s'arroger injustement, car l'essence du mal ne saurait consister dans une erreur de l'intelligence. La racine corrompue dans l'orgueil est donc la volonté d'être le premier, la volonté d'être tout; son vrai nom c'est l'ambition, qui s'épanouit dans l'orgueil quand elle se croit satisfaite, et, dans le cas opposé, se contracte dans l'envie; mais au fond de l'envie, de l'ambition et de l'orgueil vous apercevez aisément la recherche de soi-même, l'égoïsme, qui se prend pour but exclusif.

La haine est également une forme de l'égoïsme, savoir la forme extrême, l'exclusisme d'une volonté qui se prend pour absolue, ne souffre rien à ses côtés et s'efforce de détruire tout ce qui prétend partager l'existence avec elle. Mais sans la fausse affirmation de l'égoïsme, la négativité de la haine manquerait de base et ne saurait se concevoir.

Reste la volupté, c'est-à-dire la soif de jouissances; car le plaisir en lui-même, comme simple sentiment, abstraction faite de la volonté qui en fait son but, n'a pas de caractère moral. Eh bien, Messieurs, que l'amour du plaisir, dans la signification la plus large de ce mot, soit identique à l'amour de soi-même, c'est ce qui vraiment n'a pas besoin d'être démontré. Aussi n'est-ce pas là proprement ce qu'on entend lorsqu'on fait de la volupté le principe d'une théorie particulière du mal moral; on veut parler de la volupté sensible, des plaisirs qui résultent de notre organisation nerveuse, ou, selon l'expression théologique, de la chair. — Vous remarquerez d'abord que les considérations précédentes ne perdent rien de leur valeur en s'appliquant à cette idée plus restreinte. Cette observation n'est pas sans importance, cependant elle ne suffit pas à trancher la question. Le sens de la théorie qui nous occupe, c'est que l'organisation sensible de l'homme est une source d'affections naturelles, d'instincts plus ou moins irrésistibles, dont l'attrait balance l'influence du sentiment moral et peut-être devrait tôt ou tard finir par l'emporter. Directement ou indirectement, la satisfaction des appétits naturels est, selon l'opinion dont il s'agit, l'origine des passions et des actes auxquels la conscience attache le caractère du mal. Cette manière de voir, qu'il paraît inutile de développer davantage, offre quelque chose de plausible à l'esprit qui accepte l'organisme corporel et la nature extérieure comme une donnée immuable, dont il est inutile et impossible de rechercher l'explication. Mais si nous avons eu raison de considérer la lumière morale comme le critère absolu des choses, nous devons nous demander le pourquoi, la cause finale de la Nature et du corps au point de vue moral. En d'autres termes, nous devons nous demander comment l'existence d'une telle nature se concilie avec le but d'amour de Dieu à notre égard. Et si nous ne trouvons pas de réponse à cette question, si nous sommes obligés, au contraire, de reconnaître que cette nature sensible, où nous trouvons si souvent l'occasion du péché, porte elle-même la trace du péché, nous en conclurons sans doute que c'est l'état présent de la Nature qui doit s'expliquer par le mal moral, et non pas le fait du mal moral par l'état présent de la Nature. — D'ailleurs le système qui fait des besoins et des attraits matériels le foyer le plus intime des perturbations de l'âme, ne rend pas également raison de tous les faits. La foule des sensuels est innombrable, mais il y a des exceptions, des exceptions très-importantes, et les propositions philosophiques ne sont point de ces règles qui se confirment par les exceptions. Çà et là l'histoire et la vie nous présentent des hommes qui ont complétement assujetti leur corps à un service qui n'est point celui de la vertu. La vengeance, l'ambition, une gloire toute humaine remplissent des âmes singulièrement détachées des sens. Il y a des personnes qui semblent mettre leur plaisir à nuire; celles-là sont généralement indifférentes aux vulgaires plaisirs. Puis, Messieurs, si l'habitude de la volupté finit par dépraver tous les instincts en brisant tous les ressorts, on observe pourtant assez volontiers, au début de leur carrière, chez les hommes que la richesse de leur organisation rend plus sensibles aux séductions de l'existence, quelque chose de généreux et de franc qui exclut l'idée d'une profonde perversité. Les fautes des sens paraissent plutôt former un ordre inférieur comme leur principe : n'étant pas l'expression suprême du mal, elles ne sauraient en manifester clairement la primitive essence; mais pour la laisser quelque temps voilée, elles n'offrent que plus de danger.

Ces remarques ont été souvent présentées; je n'y veux point abonder, Messieurs, faute des lumières qu'il faudrait pour les relever, et je résume cette discussion à peine engagée en répétant que, de toutes les idées morales par lesquelles on pourrait essayer d'expliquer la nature du mal, celle de la recherche de soi-même, où nous conduit la pensée *a priori*, paraît être la plus générale et la plus compréhensive. C'est bien là, je pense, la condition qu'elle doit remplir pour mériter la place que nous lui assignons.

Il resterait peut-être à nous expliquer sur une définition du bien et du mal toute formelle, mais qui paraît à peu près inévitable au point de vue de la religion. Aux yeux du simple fidèle, le bien et le mal ne sont évidemment que l'obéissance et la désobéissance aux commandements de Dieu. Si Dieu est le législateur du monde, la justesse de ces définitions ne saurait être mise en doute; il ne s'agit pas pour nous de les écarter, mais d'établir leur accord avec les nôtres.

Pour reconnaître en Dieu le suprême législateur, la philosophie n'a pas besoin de faire intervenir l'idée d'un commandement particulier. Créer, conserver, gouverner le Monde, sont pour elle un seul et même acte de la divinité. La loi primitive, à laquelle toutes les autres se rapportent, résulte de la position faite à la créature libre, et constitue sa nature essentielle. Cette loi lui dit d'aimer Dieu. L'amour, principe et perfection de l'obéissance, est la source de toute obéissance véritable, comme l'égoïsme est au fond de toutes les rebellions. En effet l'obéissance qui ne serait obtenue que par la crainte du châtiment, n'en serait au fond pas une; car l'intention de celui qui obéirait ainsi serait la même que celle de celui qui, croyant pouvoir échapper à la peine, s'affranchirait de la loi. Soumis au commandement extérieur dans son activité extérieure, l'esclave égoïste reste insoumis dans l'intimité de son être, et sa docilité n'est qu'une révolte étouffée. Obéir à Dieu, c'est vouloir que Dieu règne; lui désobéir, c'est vouloir qu'il ne règne pas. Ainsi l'amour est l'obéissance foncière et substantielle, et partout où l'obéissance a ce caractère elle mérite le nom d'amour, lors même qu'elle n'aurait pas encore atteint la plénitude et la joie; tout comme l'égoïsme est la désobéissance foncière et substantielle, alors même qu'elle n'éclate pas au dehors.

Vous voyez, Messieurs, par ces incomplètes ouvertures, dans quel sens bien circonscrit nous pouvons nous approprier l'idée que le mal est un non-être. Le mal n'est pas une substance, mais un état de la substance ou de la force, une direction de la liberté créée. La volonté mauvaise se prend elle-même pour but et, cherchant à se réaliser dans une existence absolue, elle tend à briser le lien qui fait sa substantialité. Le but qu'elle poursuit est impossible: sous ce point de vue, le mal est un non-être; il l'est encore dans ce sens plus profond, que si l'œuvre du mal se pouvait consommer, cet accomplissement serait l'anéantissement de son auteur. Enfin la possibilité du mal réside primitivement en ceci, que le sujet dans lequel il s'engendre ne connaît pas, avant d'avoir agi, les limites de son pouvoir et les conditions de son existence. Cette ignorance est une imperfection naturelle à l'esprit créé, dont l'intelligence est virtuelle avant d'atteindre la pleine actualité. C'est là un *défaut*, une limitation, un manque de réalité inhérent à l'être fini, que l'on peut appeler, si l'on y tient, mal métaphysique. Ainsi le mal métaphysique, c'est-à-dire la simple possibilité du mal, gît dans une limitation essentielle à l'être créé, dans ce sens que l'imperfection de son intelligence fait naître pour elle la possibilité d'une erreur. — Mais le mal réel, c'est-à-dire le mal moral, a sa cause directe et positive dans un acte de liberté: un mal qui ne proviendrait pas d'un acte de la liberté relative et soumise à une loi, ne serait pas un mal et ne pourrait pas l'être. Le soi-disant mal métaphysique ou la possibilité de l'erreur n'est pas un mal, mais un bien, car cette possibilité est la condition de la moralité de l'univers.

Ces derniers mots répondent d'avance à une objection inévitable : ils contiennent la justification de l'œuvre de Dieu.

Souvent on s'est demandé comment expliquer la présence du mal dans le monde, et surtout comment la concilier avec la perfection de Dieu. C'est le problème particulier de la Théodicée. Nous pouvons grouper sous quatre chefs toutes les solutions possibles :

1° Le mal n'existe pas, car tout est nécessaire.

2° Le mal n'existe pas au point de vue de Dieu, parce que Dieu n'est pas un être moral dans le sens où nous le comprenons. Il gouverne le monde selon d'autres lois que celles qu'il a écrites dans notre conscience.

3° Le mal est réel aux yeux de Dieu, mais Dieu n'est pas assez puissant pour l'empêcher, du moment où il a créé un monde d'existences finies.

Ces trois opinions sont autant de formes sous lesquelles la pensée païenne s'est conservée dans le monde chrétien. Les deux premières choquent la conscience, la dernière, la raison.

4° Reste enfin, Messieurs, l'idée vraiment chrétienne, selon laquelle ce que notre conscience appelle mal est aussi mal aux yeux de Dieu, qui serait assez puissant pour le prévenir, et qui cependant ne le prévient point, parce que la liberté de commettre le mal qu'il laisse à la créature est en elle-même un très-grand bien et la source de tout bien.

D'illustres philosophes[1] ont reconnu d'assez bonne grâce qu'en attribuant l'origine du mal à la liberté de la créature, on épargne à la pensée de graves embarras; mais ils voient beaucoup de difficultés à concilier cette liberté créée avec leurs principes généraux. Si ce point de vue, qui se recommande en théodicée par une certaine utilité pratique, se trouvait découler tout naturellement d'une métaphysique où la doctrine de l'absolu aurait été régulièrement élaborée sans aucun égard aux conséquences, et dans laquelle on aurait prouvé que le bien est à la liberté ce que l'acte est à la puissance, parce que la liberté est l'essence de l'absolu; un tel concours de circonstances créerait, semble-t-il, en faveur de la doctrine dont il s'agit, une présomption assez favorable et la rendrait digne au moins d'un examen sérieux. Peut-être le fait accidentel que cette idée est celle d'une religion qui a groupé les peuples en faisceau pour élever leur bonheur et leur force, qui a produit la civilisation, la liberté, les lois, les arts, la pensée et la vertu modernes, ne balancerait-il pas ces avantages assez complétement pour que l'attention impartiale que toute philosophie a le droit d'exiger dût se convertir aussitôt en méprisante pitié.

Nous suivrons donc la théodicée chrétienne, non pas tant parce qu'elle est chrétienne que parce qu'elle est seule compatible avec le sérieux de la pensée morale, et nous prenons la question dans les limites où nos réflexions précédentes l'ont circonscrite.

[1] Leibnitz.

Le mal, partout où il se trouve, vient de l'égoïsme de la volonté créée.

Cette volonté se rend elle-même égoïste par sa propre détermination, dont le sujet ignore les conséquences, quoiqu'il en sente bien le caractère.

— Maintenant, dira-t-on, Dieu est l'auteur de cette ignorance qui rend possible l'erreur; il pouvait éclairer l'intelligence de la créature sur les suites de sa décision, et il ne l'a pas fait.

— Nous l'accordons, si l'on veut, tout en répétant que cette ignorance est l'état naturel d'une intelligence avant toute action de sa part; mais cette considération ne nous suffit point : la nécessité des choses ou plutôt de nos conceptions n'est jamais dans notre système le dernier mot d'une explication positive; or ici nous avons le droit d'attendre une explication positive, parce qu'il s'agit de notre destinée et du plan de Dieu à notre égard.

En vérité cette ignorance est un bien, car sans elle notre primitive liberté ne serait plus réelle, puisque tous les intérêts se trouveraient dans un seul plateau de la balance, et dans l'autre tous les maux et tous les dangers, sans aucun attrait. Ainsi le choix de la créature serait tracé d'avance, l'acte par lequel la créature se constitue perdrait son caractère moral, et le plan de Dieu, qui a voulu confier la destinée de l'univers à la liberté de l'être moral, ce plan d'un amour téméraire parce qu'il est inépuisable, n'aurait pas pu s'exécuter.

L'imperfection primitive de la créature libre n'est pas seulement inévitable, elle est positivement bonne. Cette idée est la seule qui puisse achever la théodicée et donner la paix à notre cœur.

VINGT-QUATRIÈME LEÇON.

Tout ce qui, dans l'état présent du monde et de l'humanité, contredit l'idéal d'une créature libre, doit être considéré comme une conséquence du mal moral. Mais l'existence actuelle du mal moral lui-même ne prouve pas le fait de la détermination de la créature primitive dans le sens du mal, que nous avons constatée (XXIV) et que nous appelons *la Chute*. La réalité de la Chute comme fait un, primitif, et universel relativement à l'humanité ressort, ainsi que nous l'avons vu, du double fait que le mal moral s'impose à notre volonté et que les conséquences du mal moral pèsent sur nous indépendamment de notre volonté. La liberté subsiste ; mais, par l'effet de l'exemple, de l'éducation, du besoin et des dispositions naturelles, le mal est devenu très-facile, le bien, très-difficile à vouloir. — Effets du mal subis indépendamment du mérite ou du démérite de l'individu. Souffrance physique et morale. Ignorance. Misère. Idéal d'un ordre meilleur. Poésie. La nature extérieure, faite pour nous servir, nous asservit. En elle-même, elle contredit l'idéal. Mort physique. Les esprits, faits pour s'entendre, ne communiquent que par des milieux naturels imparfaits. Impuissance du langage et de l'art. Le progrès n'est pas une solution, mais un problème. Progrès à l'infini, contradictoire.

Messieurs,

L'ordre de nos propositions suit d'aussi près qu'il est possible l'ordre même de la réalité. En partant de Dieu et de la Création, nous avons dû rencontrer les idées de bien et de mal, au moment de leur naissance pour ainsi dire, au moment où la créature libre est appelée à déterminer sa nature et son rapport avec Dieu. En marquant l'origine du mal, nous avons défini son essence; nous avons concilié dans une idée concrète les principaux points de vue qui ont été avancés sur ce redoutable problème.

La métaphysique envisage le mal comme purement privatif; cette idée est insuffisante plutôt qu'erronée. Le mal est réellement un non-être, mais, comme nous l'avons vu, c'est une forme particulière du non-être qui suppose le plus haut degré de l'être, puisqu'elle suppose la liberté.

Pour la pensée religieuse qui part d'un Dieu personnel, le mal ne saurait être que la désobéissance aux commandements de Dieu.

Notre philosophie accepte cette définition, dont la justesse ne saurait être mise en doute, et elle rend sensible son accord avec la précédente. Selon notre philosophie, Dieu est l'être, Dieu est volonté; tout être est au fond volonté; il n'y a d'être que la volonté de Dieu; tout ce qui est contraire à la volonté de Dieu ne saurait posséder qu'une existence mensongère et trompeuse : c'est un non-être. Ainsi la définition religieuse justifie la définition métaphysique, en l'absorbant.

Mais cette première définition religieuse est encore trop abstraite; elle ne fait pas sentir ce qu'il y a d'identique et de permanent dans toute espèce de mal. Pour pénétrer dans l'intimité du sujet, pour en obtenir une certaine intuition, pour parvenir à comprendre l'apparente substantialité du mal, il faut constater, comme nous l'avons fait, le caractère fondamental et permanent de la volonté divine à notre égard. Cette volonté éternelle s'exprime dans la Création. Dieu veut que nous soyons : il veut la réalité de l'être libre; mais l'être libre ne peut se réaliser qu'en Dieu. Rien n'existe qu'en Dieu, chacun est en lui à sa manière; l'être libre doit être en Dieu par sa liberté, il doit vouloir être en Dieu. Ce qui est contraire à la volonté divine, ce qui rend la réalisation de la créature libre impossible, c'est la recherche de soi-même, c'est l'égoïsme, ainsi que nous l'avons reconnu. Ainsi le mal réside dans l'égoïsme dès son principe et toujours.

Mais si la question du mal et celle de la chute sont résolues en même temps, il importe cependant de les distinguer avec soin. Tout ce qui, dans l'état actuel de l'humanité, est contraire à l'idéal d'une créature libre, doit être considéré comme une conséquence du mal; cette proposition résulte évidemment de nos prémisses. Mais il n'est pas besoin de supposer une chute primitive pour expliquer la présence du mal dans le monde, il suffit de reconnaître que tous les hommes naissent libres. La doctrine de la chute doit donc être écartée, ou bien il faut la justifier par une preuve à part. Cette preuve, Messieurs, nous avons essayé de la donner au moment où l'idée de la chute s'est présentée dans l'ordre historique de notre exposition. Cependant la matière est si importante, l'opinion que nous soutenons rencontre chez les hommes qui se piquent de ne point soumettre leur pensée à l'autorité traditionnelle, des préventions si vives et si passionnées, que vous me permettrez de revenir sur la démonstration que j'en ai tentée. Je voudrais la développer et, s'il est possible, la rendre vivante.

A mes yeux, l'altération qui se manifeste dans tous les rapports de notre existence ne saurait être attribuée exclusivement aux individus dont l'humanité se compose, considérés chacun isolément; nous devons y reconnaître une catastrophe dans laquelle l'espèce tout entière et peut-être la création tout entière sont enveloppées. Voici le raisonnement sur lequel je fonde cette assertion.

Dieu, qui nous aime, ne saurait faire peser sur nous un mal que nous n'aurions pas commis. Si les conséquences du mal ne frappaient l'individu que lorsqu'il veut lui-même le mal, nous pourrions attribuer aux individus, pris isolément, l'origine de tout le mal que nous trouvons dans le monde. Mais si les conséquences du mal frappent l'individu avant qu'il l'ait voulu, sans qu'il l'ait voulu, lors même qu'il ne l'aurait point voulu, lors même qu'il voudrait le bien, et d'autant plus vivement à quelques égards qu'il veut plus fortement le bien; si la création tout entière est enlacée dans les filets du mal, si le mal, qui dans son essence est une aberration, et par conséquent une manifestation de la liberté, se trouve en fait transformé sur la terre en fatalité, alors il faut bien avouer, même avant de savoir comment la chose est possible, que l'origine du mal est antérieure aux individus et que l'humanité tout entière y a pris part.

La réalité de la chute dans le sens d'une catastrophe universelle antérieure à l'histoire, ressort donc des deux faits suivants:

I. Dans le monde actuel, le mal moral s'impose à la volonté des individus;

II. Les conséquences du mal moral pèsent sur les individus indépendamment de leur volonté.

Examinons successivement chacune de ces deux propositions:

Le mal moral s'impose à la volonté des individus.

Ceci ne doit pas être entendu dans un sens rigoureux. Si le mal pouvait nous être véritablement imposé, il cesserait par là d'être mal, et notre caractère moral disparaîtrait. L'imputabilité ne s'étend pas au delà des limites de la liberté, et la liberté suppose à son tour la conscience. Pour qu'une action nous soit imputable comme mauvaise, il faut que nous l'ayons voulue, sachant qu'elle est mauvaise. Mais la clarté de la conscience est susceptible d'une multitude de degrés : plus il y a de conscience, plus il y a de liberté, et réciproquement, plus il y a de liberté, plus il y a de conscience; enfin plus il y a de conscience et de liberté dans un acte, plus l'imputabilité en est complète. Une action mauvaise en soi, que nous aurions commise sans la savoir telle, par l'effet d'une ignorance involontaire, inévitable, ne serait pas un péché, du moins ne serait-elle pas notre péché. L'enfant fait sans doute bien des choses condamnables sans perdre pour cela son innocence; la chute se répète en lui au premier désir qu'il sent être coupable et qu'il ne réprime pas. — Il le pouvait cependant; le remords lui dit assez qu'il le pouvait; ainsi le mal véritable ne nous est pas absolument imposé, et le mal qui nous serait absolument imposé n'est pas le mal véritable.

Mais si, dans le moment où la conscience s'éveille, dans le moment où la lutte commence, les penchants qui nous portent au mal se sont déjà fortifiés et sont devenus des habitudes, si des préjugés immoraux étouffent en nous la voix intérieure; il est certain que l'équilibre est rompu, et que, sans être anéantie, la liberté se trouve au moins paralysée. Le mal est devenu très-facile, le bien très-difficile à vouloir ; voilà dans quel sens nous disons, Messieurs, que le mal s'impose à la volonté.

Maintenant cette condition n'est-elle pas celle du plus grand nombre? N'est-elle pas, jusqu'à un certain point, celle de tous les hommes, sans en excepter les plus favorisés par l'éducation et par les circonstances? La conscience de chaque individu n'est-elle pas en grande partie le produit de l'esprit du temps et des mœurs sociales? Et l'esprit d'une époque quelconque, les mœurs d'un pays quelconque, ne consacrent-ils pas constamment des immoralités contre lesquelles s'élèvent déjà les consciences les plus éclairées, les plus indépendantes de cette époque et de ce pays, sans parler des immoralités qui se dérobent même aux meilleurs, parce qu'ils en sont eux-mêmes infectés? Le nier serait nier l'évidence. Ainsi la partie n'est pas égale. Nous ne traversons pas une mer aplanie ; il faut nager contre le courant du monde, et le courant nous emporte.

Et la chair? On a fait de la chair le siége du péché ; si l'on entend parler de l'organisation sensible, c'est une erreur ; la source est plus profonde, mais la révolte de la chair est une preuve du péché. Tel naît paresseux, tel voluptueux, tel colère. La liberté peut surmonter tous ces obstacles, je le crois ; mais d'où viennent-ils, ces obstacles? Si mon tempérament me pousse au mal, est-ce ma faute? Et pourtant il faut bien que ce soit ma faute, ou bien l'étoile de la justice s'éteint là-haut et notre boussole est menteuse. Il y a des gens qui rendent sincèrement gloire à Dieu chaque jour, tandis que toutes leurs pensées sont des blasphèmes.

Les conséquences du mal moral pèsent sur l'homme indépendamment de sa volonté.

Jusqu'où s'étendent les conséquences du mal moral? — Si nous demeurons fidèles à notre idée directrice, nous devrons prendre pour telles tout ce qui ne s'associe pas naturellement aux idées d'amour et de liberté.

Et d'abord, pour nous attacher à ce qui frappe immédiatement tous les esprits, la souffrance, l'ignorance et la misère:

Nous souffrons en naissant, nous souffrons sans doute avant de naître; un tiers du genre humain meurt sans avoir pensé, sans avoir parlé, sans avoir connu de la vie autre chose que la souffrance, et les petits enfants qui meurent ainsi sont les plus heureux d'entre nous. La douleur est le sentiment de la vie. Le besoin le plus impérieux de notre âme est le changement, parce que tout la fait souffrir. Etant mal chez elle, elle cherche la distraction. — Les lois de la Nature sont fatales pour l'ensemble, et dans les détails, aveugles. La vertu n'empêche ni d'être malade ni de mourir.

Et les peines du cœur, ce luxe de la souffrance qui se mesure à la délicatesse de l'organisation, à la pureté des sentiments! Plus nous aimons ici-bas, plus nous souffrons. Ce n'est pas aux méchants que la vie est amère, c'est aux nobles âmes, qu'attriste le train de ce monde. La richesse est sans douceur pour celui qui repousse une jouissance égoïste; les maux qu'il peut soulager ne sont rien auprès de ceux qu'il aperçoit. Et quelle joie peut trouver un cœur sensible au spectacle de l'envie et de la haine qui s'agitent autour de lui? Quel plaisir la franchise éprouve-t-elle en voyant régner l'hypocrisie? Le Christ est toujours attaché sur la croix, car il porte dans son cœur les souffrances de l'humanité.

Et l'ignorance, qui la guérira? — Ceux qui savent; mais

où sont-ils? et s'il y en a, qui les écoute? Je ne sais ce qu'ont fait toutes les générations pour naître et mourir ainsi, mais dès les premiers jours dont l'homme a gardé la mémoire, le mensonge succède au mensonge; nous buvons à longs traits l'erreur et l'imposture, sans que la source en semble près de tarir.

La Terre est trop petite pour nourrir ses enfants. Quelques-uns consomment ses biens en s'ennuyant; ils n'ont rien fait pour cela. — Des milliers ont faim ou se nourrissent mal; ils n'ont rien fait pour cela non plus. — Aussi parle-t-on de partager. — Mais partager serait ruiner tout le monde. En abolissant la propriété, on tarirait la source de la richesse, le travail. Il vaut mieux l'organiser, le travail, c'est-à-dire organiser l'esclavage. Les peuples sont las d'être exploités dans l'intérêt d'un petit nombre; ils ont acquis la conscience de leur force et de leurs droits; mais ils savent ce qu'ils haïssent, ils ne savent pas ce qu'ils aiment, et leurs mouvements convulsifs menacent tous les biens de la civilisation, toutes les conquêtes de l'humanité!

Qu'ont fait les enfants pour souffrir des fautes de leurs pères? Qu'ont fait les nations pour expier les fautes des chefs qu'elles ne se sont point donnés? Quel est le sens moral de cette solidarité qui enchaîne les hommes aux hommes, les peuples aux peuples, les générations aux générations? — Tous ces problèmes nous disent assez que l'origine de l'histoire n'est pas dans la lumière, mais dans la nuit.

Le trait le plus déplorable de notre funeste condition, c'est le divorce entre la morale privée et la morale sociale, c'est l'impuissance de la vertu à guérir les maux de l'humanité.

On se demande si Mandeville n'avait pas raison et si le vice n'est pas plus utile. Il en est du monde comme d'un estomac si malade qu'il ne saurait supporter d'aliments sains et ne digérerait que des poisons. Partout l'homme vertueux est un homme impossible.

La paix amollit les courages, la guerre engendre l'insolence et la cruauté. Le luxe est plus utile que l'aumône; car un ouvrier vaut mieux qu'un mendiant. Si les sociétés de tempérance font leur chemin, la ronce couvrira la colline et le vigneron se fera brigand. Sans les bienfaits de l'hypocrisie, le scandale inonderait la terre. La débauche n'est pas moins indispensable, nous dit-on, car la débauche est stérile, et l'ouvrier n'a pas de pain pour nourrir une famille qui augmenterait la misère commune du poids de sa misère.

Et quand tous ces maux du corps et de l'esprit seraient miraculeusement dissipés, quand tout le monde aurait du pain, du feu, de l'air, du loisir, de l'instruction; l'aspect de l'humanité serait plus agréable sans doute; cependant il ne répondrait pas encore à l'idée de l'humanité. L'humanité a besoin de bonheur. Eh bien, nous qui possédons quelque peu des trésors dont je parle, nous trouvons-nous heureux, dites-le-moi? Le bonheur est-il pur, est-il vrai sur la terre? y peut-on voir autre chose qu'un à-compte, une indemnité trop faible pour nous faire oublier des biens qui nous furent promis sans doute, car nous les regrettons sans les avoir jamais connus? Faisons abstraction de la douleur physique et de la pitié, dont nous avons déjà tenu compte; faisons abstraction du remords personnel, dont il ne s'agit pas ici. Libres de toutes ces choses, serions-nous véritablement heureux; c'est-à-dire aurions-nous le sentiment que nous réalisons en plein notre véritable destinée? Vous serez fort tentés de répondre oui, si la disposition de votre esprit a ce caractère pratique auquel on donne à juste titre le nom de bon sens. Mais le bon sens n'est pas tout l'homme. Au milieu des merveilles de la Nature et des richesses de la vie, il nous manque un je ne sais quoi. Du sein des flots, du fond de la poitrine humaine, une voix s'élève et murmure la condamnation du bonheur et du bon sens. Vous connaissez cette voix, vous avez déjà prononcé son nom triste et doux. C'est la voix de la Poésie. D'où naît en nous ce besoin irrésistible de nous créer un autre monde, si l'on peut arranger celui-ci de manière à nous satisfaire tout entiers? L'homme n'est pas complet sans poésie, et cependant la poésie est, dans son essence la plus intime, une protestation contre toutes les réalités d'ici-bas. Comme il lui faut s'attacher par quelques points à la terre, elle s'attache de préférence au malheur, et c'est le malheur qui l'éveille le plus souvent dans notre âme. Elle jette un voile de lumière sur les grandes infortunes de l'histoire, elle apaise les déchirements de la vie intérieure; mais elle n'a pas besoin de tels sujets pour être triste. Elle idéalise nos joies en y mêlant sa douleur sublime, et la coupe du banquet manquerait de parfum si la Muse n'y laissait tomber une larme.

Le contraste fondamental dont vit la poésie et qui se reproduit dans tous les autres, est le contraste entre ce qui existe et ce que l'âme désire. La poésie nous dégoûte de tous les biens réels en les parant d'un charme que l'expérience dissipera; elle nous rend impropres à la vie, et cependant nous ne saurions l'accuser sans rougir de nous-mêmes. Ses regrets témoignent de notre origine. Le sujet de sa plainte éternelle est l'Eden que nous ne pouvons oublier.

Partout sur la terre règne une contradiction dont nous souffrons sans nous en rendre compte, et qui ne nous fait pas moins souffrir après que nous l'avons aperçue. Un invincible attrait nous porte vers la Nature : il semble qu'elle prenne part aux sentiments qu'elle inspire, nous lui prêtons une âme, nous lui demandons presque la sympathie, et quoique la réflexion ne confirme pas tous ces mouvements instinctifs, elle ne les désavoue pas absolument. Si la Nature est son but à elle-même, nous devons la trouver capable de tout ce que nous lui demandons instinctivement, car elle doit être intelligente. Au contraire, si la Nature est réellement dépourvue d'intelligence et de liberté, alors elle n'est pas faite pour elle-même et ne saurait être faite que pour nous. La dernière supposition est incontestablement la plus vraisemblable. Une force qui n'est que force doit servir d'instrument à la liberté. L'expérience confirme cette pensée ; il n'est pas une sphère de la Nature qui ne soit indispensable à notre existence ; il n'est pas de corps, il n'est pas de puissance en elle que nous ne sachions mettre à profit pour notre bien-être, pour le perfectionnement de notre condition.

Mais s'il est conforme à l'idéal que nous soyons les maîtres de la Nature, il est contraire à l'idéal que nous en soyons les esclaves. Cependant nous ne pouvons échapper à son joug. Je ne parle pas seulement de ses violences, des inondations, des tempêtes, de la foudre, des miasmes, des poisons, des climats brûlants ou glacés; mais la Nature nous tend des piéges ; alors qu'elle paraît s'incliner vers nous avec tendresse, qu'elle nous enivre de ses sourires, elle nous endort et nous corrompt. Il faut lutter contre elle pour la trouver bienfaisante. Nous ne comprenons pas, nous ne comprenons plus sa vie. Elle nous est obscure, elle nous est hostile. Ainsi, par l'intelligence et par l'activité matérielle, nous commençons seulement la double conquête de cette Nature qui, dès l'origine, devait nous appartenir, puisqu'elle n'a de sens que pour nous.

Nous ne trouverons pas qu'elle réponde mieux à l'idéal, si nous la considérons en elle-même. Partout la destruction marche à côté de la vie, partout la souffrance à côté du sentiment. Que signifie la souffrance où il n'y a pas d'expiation? La douleur n'est que la conscience d'un défaut d'harmonie; pourquoi l'harmonie ne règne-t-elle point au sein de la Nature? La loi générale qu'elle subit est une énigme, j'ai presque dit une contradiction. Mouvement sans progrès : telle est l'idée qui semble résumer sa vie; les mêmes phénomènes se renouvellent constamment. Cette rotation continuelle, source de notre abondance, est l'image de la stérilité. Cependant la Nature a une histoire. La série des révolutions qu'elle a subies nous permet de constater chez elle un progrès; mais depuis que l'Humanité est apparue au milieu d'elle, il semble qu'il n'y ait plus d'autre histoire que celle de l'Humanité. Ainsi la Nature est perfectible, sans être parfaite. Elle a été moindre, elle pourrait être meilleure. Il n'y a rien d'absolu dans sa condition, qui semble l'effet d'un accident, et où le mal a laissé sa trace.

Ce que nous disons ici de la Nature en général s'applique avec plus de force à cette partie de la Nature qui nous est plus étroitement unie par la conquête que nous en faisons incessamment, et que nous appelons notre corps. Là aussi nous trouvons un maître et un tentateur où nous ne cherchons qu'un organe. Là aussi nous trouvons quelque chose d'obscur, d'hostile, et le signe certain de l'impuissance, la mort. Que la mort soit une crise de la vie, je le crois, bien que la science ait une peine extrême à justifier cette pensée, dont pourtant nous avons un si grand besoin ; mais encore faudrait-il comprendre cette crise et la terreur qui l'accompagne. Si notre existence naturelle était la condition normale de l'humanité, un tel déchirement serait superflu. Le corps meurt seul; mais si le corps était un organe approprié à tous nos besoins, nous ne le laisserions pas en route. S'il meurt, c'est qu'il n'est pas né viable. Pourquoi la bonté souveraine ne nous aurait-elle pas donné d'entrée ce qu'il nous faut? Il paraît que nous avons gâté ses dons. Les nécessités humiliantes auxquelles la vie est abaissée et la dure nécessité de la mort ne s'expliquent pas par l'usage que des individus auraient fait de leur liberté, puisque ces lois universelles règnent sur tous les individus.

Rapprochons-nous de plus en plus du centre de notre existence.

Les conditions immuables de notre vie spirituelle ici-bas en sont-elles les conditions normales? Sommes-nous de véritables esprits? — Nous sommes esprits et nous ne le sommes pas; nous sommes libres et nous ne le sommes pas. Nous dépendons tellement les uns des autres, que l'homme ne peut devenir homme qu'au sein de l'humanité; cependant nous ne nous aimons pas les uns les autres et nous ne nous comprenons pas. Tout homme a besoin de s'ouvrir, et il ne le peut pas (il est vrai qu'il ne réussit guère mieux à se cacher). Nous ne communiquons les uns avec les autres que par un milieu matériel. Les arts, le langage, la physionomie, tout ce qui révèle l'homme à l'homme est matériel, tout cela suppose la matière. On a dit que cette nécessité n'est point en elle-même un obstacle à la liberté. On a dit que l'espace, et par conséquent la matière, sont la condition de toute distinction naturelle, de toute pluralité de l'existence, et par conséquent de toute communion volontaire, de toute libre unité. J'y consens. — Mais ce qui est évidemment obstacle, ce qui est contraire à l'idéal, ce qui ne saurait avoir été primitivement voulu, c'est l'imperfection de tous ces moyens de commerce. Il n'est pas de langue qui possède des mots pour toutes les idées, et comme la langue n'est pas seulement une condition de la communication des pensées, mais une condition de la pensée elle-même, l'exercice de la pensée est gêné par l'influence du milieu où elle se forme. — Les merveilles des arts sont des aveux d'impuissance. Plus grande est l'idée que l'art exprime, plus elle est vague. Les secrets du cœur qu'il balbutie restent cachés à l'intelligence, qui se fatigue vainement à les découvrir. L'âme voudrait parler directement à l'âme : elle ne le peut pas. L'âme voudrait se comprendre elle-même : elle n'y réussit pas.

Enfin, pour résumer toutes ces idées, l'emploi régulier de nos facultés intellectuelles et morales nous conduit à concevoir un idéal entièrement différent de notre existence réelle. Cet idéal est bien notre vraie nature, puisque nous nous en rapprochons plus ou moins; mais les pas que nous faisons de son côté ne sont rien auprès de la distance qui nous en sépare.

On se sauve de tout cela par la perfectibilité ; on dit que

ces épreuves, ces obstacles sont un bien, parce qu'ils sont la condition du bien véritable, qui est le progrès. On croit tout expliquer par le progrès, sans faire attention que le progrès lui-même a besoin d'être expliqué. Un progrès vers *un but* inaccessible est un progrès illusoire. Si le terme est infiniment reculé, qu'importent les espaces franchis? nous en sommes toujours à la même distance, à la distance de l'infini. Or, de fait, l'idéal est pour nous, en toutes choses, un but infiniment éloigné. Mais il y a plus; la théorie qui suppose que le bien par excellence est le progrès, exige qu'il en soit ainsi. En effet, dès le moment où le but serait atteint, le progrès cesserait, et par conséquent le bien s'évanouirait. Il n'y a de progrès véritable que le progrès limité; ainsi le progrès, quelle que soit la grandeur de son rôle, ne saurait être qu'un moyen; mais le progrès indéfini, le progrès comme but, le progrès absolu, est une idée contradictoire. Il importe donc, Messieurs, de reconnaître le progrès dans l'histoire avec une joyeuse gratitude; mais il faut bien se garder d'y voir le dernier mot de notre destinée.

VINGT-CINQUIÈME LEÇON.

Preuves de la chute (fin) : L'espace, le temps limitent notre liberté d'une manière qui contredit non-seulement la pure idée d'esprit, mais jusqu'à la notion d'un esprit fini. La volonté est assujettie à l'espace plus que l'imagination, l'imagination plus que la pensée. La pensée produit constamment une simultanéité dans le temps, mais dans les limites les plus étroites. Les fonctions vitales possèdent une simultanéité à laquelle les fonctions volontaires et réfléchies devraient parvenir et ne parviennent point. En un mot, les conditions nécessaires de notre existence ne répondent pas à l'idéal d'une créature libre.

XXVI. *La chute place la créature dans un état de contradiction absolue, qui est l'absolu du mal et de la souffrance.* Preuve : La créature cherche à se constituer hors du principe de son être, tentative dont la conséquence est l'anéantissement. Cette conséquence doit se réaliser, puisque la créature est libre ; mais elle ne saurait se réaliser, puisque la créature est voulue absolument par l'acte créateur. La créature se fixe donc dans un effort impuissant pour sortir de l'être.

XXVII. *Dieu possède en lui-même le moyen d'atteindre le but de la création malgré la chute.* Preuve : Le spectacle du Monde, dont nous avons inféré le fait de la chute, nous offre des traits propres à nous faire comprendre la condition de l'être déchu, mais tous ne vont pas dans ce sens. Il y a progrès dans l'humanité. L'expérience nous fait donc constater l'action d'une puissance qui combat les effets de la chute et qui ramène la créature à son but. L'idée de cette puissance *restauratrice* est comprise dans celle de la création et peut en être déduite *a priori*. Si Dieu ne la possédait pas, la production d'un être susceptible de faillir ne serait pas conforme à son amour.

Messieurs,

Nous ne pouvons pas chercher les preuves de la chute primitive dans l'ordre moral ou dans les choses qui dépendent immédiatement de notre liberté personnelle. Cette thèse paradoxale devient évidente après quelques moments de réflexion. En effet il s'agit d'un événement antérieur à notre existence individuelle et qui en a déterminé les conditions; il faut donc l'établir au moyen de ce qui, pour nous, appartient au domaine de la nécessité. J'insiste sur cette idée, parce que, sans elle, il semblerait que nous affections de nous appuyer sur les arguments les plus éloignés et les plus difficiles à saisir, en négligeant les plus prochains et les plus invincibles.

Eh bien, Messieurs, il est dans la sphère de la nécessité une contradiction radicale qui résume toutes les dissonances et toutes les misères de notre nature, c'est la contradiction entre le temps et l'espace d'un côté et la liberté de l'autre. J'en ai déjà parlé précédemment pour faire comprendre la différence entre la liberté des êtres finis, telle que l'expérience nous la fait connaître, et l'idéal de la liberté absolue. Aujourd'hui, Messieurs, je suis obligé de revenir sur ce sujet et de le creuser davantage, afin d'établir que les conditions métaphysiques de notre existence de fait, bien loin d'être celles de la vie divine, comme nous le savons déjà, ne sont pas même conformes à l'idée pure d'un esprit fini ou d'une créature libre, et que par conséquent nous ne réalisons point la destinée que nous préparait l'amour du créateur.

Et d'abord, Messieurs, l'espace. S'il s'agissait d'analyser cette idée au point de vue ontologique, nous montrerions sans peine, en suivant les traces d'excellents métaphysiciens, que l'étendue, loin d'être une chose indépendante, une substance, ne saurait être qu'un attribut de la substance, parce que l'idée de l'étendue considérée isolément présente une contradiction. Mais ce n'est pas l'espace en lui-même qui nous intéresse, c'est notre rapport avec l'espace quel qu'il soit. Eh bien, sans entrer bien avant dans ce sujet obscur, vous reconnaîtrez aisément que notre condition vis-à-vis de l'espace n'est pas celle qui conviendrait à des êtres vraiment spirituels. L'espace limite l'exercice de notre sensibilité et de notre activité volontaire plus étroitement que celui de notre imagination, et celui de notre imagination plus étroitement que celui de notre intelligence. L'harmonieuse unité de notre être demanderait que nous saisissions par l'imagination l'étendue infinie où se meut librement la pensée, et que nous prissions réellement possession par les forces de notre organisme des lieux où l'imagination nous transporte à son gré. Pour expliquer notre situation présente, il ne suffit pas de prononcer le mot *fini*, car nous sommes finis en tous sens, et le fini n'exclut pas l'harmonie. Au vrai, nous sommes en prison, nous sommes à la gêne. C'est cette gêne que nous rattachons à la chute, c'est cette gêne que nous tenons surtout à bien constater.

Nous triomphons imparfaitement de l'espace par le mouvement, c'est-à-dire par le temps; mais, à son tour, comment vaincrons-nous le temps? — Nous l'avons déjà dit, Messieurs, le temps est la contradiction par excellence, le temps est la négation de l'être. Rien ne saurait être en subissant pleinement la loi du temps. Il faut que l'un des deux, l'être ou le temps, soit un mensonge. En effet ce qui existe n'existe pas dans le passé : le passé n'est plus rien, et tout ce qui est vraiment passé n'est rien. Ce qui existe n'existe pas dans l'avenir : l'avenir n'est pas encore, et tout ce qui est vraiment à venir n'est rien. Le présent ne remplit point de temps, car il n'a aucune durée : le présent est la négation du temps, comme le temps est la négation du présent. Quant à nous, si nous ne vivions absolument que dans le présent, nous ne pourrions attacher aucune idée positive à celle de notre existence. Aussi n'est-il pas vrai que nous soyons absolument bornés au présent : la mémoire nous fait vivre dans le passé, et la prévision dans l'avenir; ce dont nous nous souvenons, ce que nous attendons avec certitude, agit sur nous et par conséquent est réel pour nous. Ainsi le présent n'est pas seul réel, le temps présent n'est pas seul présent. Nous l'avons déjà dit : vivre, sentir, et bien plus encore, penser, c'est toujours produire une simultanéité au sein de la succession, saisir ce que le flot du temps emporte et le forcer à rester là. Ainsi, pour comprendre une phrase, il faut en posséder simultanément tous les mots, qui cependant ont été prononcés l'un après l'autre. — Même synthèse dans la sensation.

Mais cette négation du temps, qui fait toute la vie de l'esprit, ne s'accomplit que d'une manière excessivement imparfaite : nous oublions nos plus chères joies et nos plus chères douleurs; nous ne connaissons pas notre avenir et nous ne pourrions pas en supporter la connaissance. Vivre, c'est réaliser son germe, sa puissance. Être libre, c'est se posséder. Nous devrions donc et nous voudrions réaliser et posséder les puissances de notre nature; mais un tel lot n'est accordé à personne. Nous ne sommes jamais qu'une faible partie de nous-mêmes. Les premières facultés qui se développent en nous sont déjà épuisées avant que celles du dernier âge aient mûri, et cependant la véritable utilité des dernières eût été de s'appliquer aux premières pour les féconder en les réglant. Si jeunesse savait, si vieillesse pouvait. Mais toujours la jeunesse ignore, et la vieillesse est toujours stérile. Ainsi, pour se réaliser, toutes choses ont besoin du temps, qui détruit tout. Le temps nous manque lui-même; le temps manque à tous ceux qui ont quelque chose de grand dans le cœur; les immuables nécessités de l'existence empêchent l'homme d'accomplir l'idéal de ses destinées, et cette vie, si simple aux yeux de l'irréflexion, est une énigme indéchiffrable.

Pour comprendre ce que je veux dire, il importe de distinguer le fait du droit ou les nécessités relatives de la nécessité absolue. L'idée abstraite du temps se forme dans notre esprit de telle manière que nous nous trouvons obligés de l'appliquer indifféremment à toute espèce de réalité. Nous imposons même naturellement à Dieu la loi du temps abstrait, qui pourtant, loin d'étendre son empire à l'infini, ne parvient pas même à s'assujettir le fini. L'existence de Dieu lui-même paraît s'écouler comme un fleuve dont il ne peut ressaisir les ondes. Pour lui aussi, semble-t-il, le passé n'est plus rien; pour lui aussi l'avenir n'est point encore. Il est impossible d'éviter complétement ce point de vue, parce qu'il est impossible d'écarter absolument l'imagination des opérations de l'intelligence; or la notion métaphysique du temps est une abstraction de l'imagination, comme Kant l'a fort bien aperçu. Mais, sans se débarrasser tout à fait de l'imagination, la raison en triomphe; la raison a reconnu de bonne heure que Dieu ne saurait être soumis au temps comme cette trompeuse se le figure en sa débilité. Un tel assujettissement répugne à la nature de l'absolu. La liberté souveraine est maîtresse du temps. Le cœur veut qu'il en soit ainsi. La constante prière de ceux qui prient s'élève à Dieu pour lui demander de corriger le passé, de l'abolir, c'est-à-dire, au fond, de faire que le passé ne soit point passé. On sent qu'il y a là un abîme, dont la raison elle-même ne sonde pas la profondeur. Aussi reconnaît-on d'assez bonne heure, malgré l'impuissance de la pensée, que Dieu est supérieur au temps. Son existence, dit-on alors, n'est pas successive, mais simultanée, comme son intelligence. Il est à la fois tout ce qu'il est. Et cependant, en éloignant de l'idée de Dieu l'élément de la succession, dans le sens privatif qu'elle a pour nous, on n'entend pas nier sa durée ou la permanence de son existence. Cette idée de permanence n'est que l'affirmation expresse, énergique, de l'être ou de la réalité. Mais la claire intelligence d'une durée sans succession présente des difficultés à peu près insurmontables.

Quant à nous, Messieurs, notre point de vue critique nous épargne cet embarras. Nous avons renoncé à sonder l'essence de Dieu; nous savons qu'il est ce qu'il veut être, et cela nous suffit. Les idées positives et plus concrètes que nous nous faisons de lui, se rapportent à sa volonté créatrice et providentielle, non à son essence métaphysique. Néanmoins il n'est pas sans intérêt pour nous de constater que la pensée philosophique et théologique a dû et qu'elle a pu, jusqu'à un certain point, séparer dans la notion du temps l'élément positif de la durée, de l'élément négatif de la succession. Si cette distinction est possible, il est clair que la loi du temps n'est pas une loi identique pour toute espèce d'êtres. Autre est le temps pour l'être fini, autre pour l'être infini, puisqu'on attribue à celui-ci la permanence de la simultanéité.

Mais l'être fini lui-même peut remplir et mesurer le temps de plusieurs manières différentes, et la preuve, c'est qu'il le fait. La question précise est donc de savoir si nous le remplissons de la façon qui convient à un être libre, créé dans une fin d'amour et par conséquent appelé à la perfection de l'existence finie? En un mot, il faut nous demander si nous le remplissons conformément à la vérité de notre nature, et dès lors si nous sommes dans la vérité de notre nature.

Au fond de tout être fini se trouve un germe concret, un complex de facultés ou de forces. Pourquoi ce germe n'est-il pas réalisé tout entier pendant toute la durée de notre existence? pourquoi au contraire ne l'est-il jamais? Il pourrait l'être, semble-t-il, car nous aspirons à cet état.

La simultanéité dont nous parlons se trouve d'ailleurs plus moins dans chacun des degrés de la création. Elle tend à s'établir dans la Nature; nous l'y voyons plus ou moins complétement réalisée; et, chose remarquable, la vie de l'esprit ne commence à se déployer que là où la simultanéité de l'existence est à peu près atteinte en ce qui concerne la nature inconsciente. Dans l'existence inorganique, sans fonctions, sans organes, il n'y a pas de simultanéité sans doute, parce qu'il n'y a pas de variété. Lorsque nous entrons dans la sphère de l'organisation et de la vie, nous voyons la variété se produire d'abord sous la forme de la succession. La plante, comme le disait volontiers un naturaliste de génie dont les découvertes importantes en botanique ont fait connaître le nom[1], la plante est l'organisme de la succession, l'organisme de l'histoire. En effet, elle vit successivement dans chacun des organes qui se disposent en spirale autour de sa tige, et se résume dans le fruit.

Les organes et les fonctions qui se développent successivement dans la plante, se montrent à la fois dans l'animal. La vie animale reproduit la vie végétale en l'élevant de la succession à la simultanéité. L'animal subit encore la triste loi des métamorphoses, mais ces métamorphoses intéressent l'être tout entier. Il ne vit plus exclusivement dans telle ou telle fonction, dans tel ou tel organe; les révolutions qu'il subit modifient tous ses organes et toutes ses fonctions. L'œuf devient larve, file son linceul et s'endort, pour ressusciter avec des ailes, symbole de notre espérance. Alors seulement l'insecte se possède dans la plénitude de son être, alors seulement il réalise l'idée de son espèce et peut la propager...., puis il meurt. La loi des métamorphoses est universelle, elle s'étend même à l'organisme de l'homme, mais elle perd son importance prédominante et recule sur l'arrière-plan à mesure qu'on s'élève dans l'échelle de l'animalité. Le mammifère accomplit ses révolutions principales en très-peu de temps, alors que son existence cachée est à peine distincte de celle de sa mère et que son individualité est un problème. Le temps durant lequel il possède simultanément la totalité de ses fonctions et la plénitude de son être est très-long, proportionnellement au temps du développement, des métamorphoses, tandis que l'inverse a lieu chez l'insecte, qui rappelle à sa manière l'existence successive du règne végétal.

[1] M. K.-F. Schimper.

Sous le point de vue des fonctions vitales, l'homme réalise, sinon parfaitement, du moins assez pour en donner une idée claire, la simultanéité de l'existence dont il s'agit. Toutes les fonctions vitales s'accomplissent à la fois, sans que l'une nuise à l'autre, pendant tout le cours de la vie. Voilà un exemple de la durée dans la simultanéité. Eh bien! que sont les fonctions vitales? — ce sont des activités ou les manifestations d'une activité involontaire et inconsciente par le fait, bien qu'elle ne le soit peut-être pas dans son principe. Mais la vie libre et réfléchie de l'esprit ne marche pas d'un pas égal avec la vie de la nature; le bras et la jambe, les yeux et le cerveau, instruments de l'esprit, se fatiguent, tandis que les veines et le cœur ne sont jamais las.

L'âme est assurément tout entière dans chacun de ses actes. Le sentiment et l'intelligence ne vont pas sans la mémoire, la réflexion, sans l'imagination, la volonté, sans la pensée. Néanmoins les manifestations effectives de ces diverses directions s'excluent les unes les autres. La vivacité des émotions nous empêche de réfléchir. L'activité extérieure nuit à celle de la pensée, et réciproquement. Nos facultés ne peuvent jamais être en action toutes à la fois, même dans un travail modéré, bien moins encore se déployer simultanément dans leur plénitude. Les rares instants où nous nous approchons de la simultanéité dans le plein exercice de toutes nos facultés spirituelles, sont des crises bien rares dans la vie. La plupart des individus ne les connurent jamais; un long épuisement les suit d'ordinaire, et leur prolongation dépasserait absolument la mesure de nos forces. Ainsi la sphère inconsciente est la seule où la pluralité de nos puissances se manifeste simultanément par la pluralité des actes, la seule où nous réalisions à peu près l'idée de l'être concret que nous sommes.

Il est clair, Messieurs, que l'impossibilité d'exercer simultanément nos facultés spirituelles est une restriction considérable de notre liberté. En apprenant à surmonter la fatigue, en apprenant à faire plusieurs choses à la fois, nous étendons notre liberté, nous augmentons l'énergie de notre existence spirituelle. Nous l'augmentons par la vivacité, par l'exactitude du souvenir, qui nous permet de mettre notre passé tout entier au service de l'action présente; nous l'augmentons en donnant à nos prévisions plus de justesse, plus de netteté, une plus lointaine portée. Plus cette double faculté de mémoire et de prévision acquiert de puissance, plus la base de notre vie spirituelle gagne en surface et en profondeur. Ainsi, Messieurs, si faible qu'elle soit, l'extensibilité des limites entre lesquelles se réalise l'énergie fondamentale de notre être, soit au dedans, soit au dehors, nous permet de concevoir l'idée d'un être libre quoique fini, dont l'existence serait tout autrement réelle que la nôtre. Nous ne sommes pas assez éloignés de cet idéal pour ne pas en discerner plus ou moins les traits; que dis-je? pour ne pas y tendre au moins par un vague désir; nous en sommes trop éloignés pour mesurer la distance qui nous en sépare.

Un involontaire dédain, une secrète souffrance, enseignent au cœur généreux la vanité de notre vie. La méditation nous donne la clef de ces mouvements instinctifs en nous montrant la disparate entre les conditions générales de notre existence présente et la vérité de notre être, qui se révèle dans l'idéal.

Voilà, Messieurs, un échantillon plutôt qu'un abrégé des

preuves empiriques ou inductives sur lesquelles se fonde la certitude de la chute. Leur développement irait à l'infini. Nous nous en tiendrons à ces aperçus incomplets et rapides.

Nous avons conçu *a priori* l'idée et la possibilité de la chute, comme nous avions conçu *a priori* la possibilité de la création. A son tour l'expérience, qui nous avait prouvé la réalité de la création, nous a fourni la triste certitude de la chute. Maintenant, d'après les lois de notre méthode, c'est à la pensée *a priori* qu'il appartient de relever la partie. Un nouveau problème spéculatif vient se poser. La chute est constatée en fait, mais il n'est pas encore sûr que la seule idée de la chute suffise à l'intelligence du monde réel. Il faut donc, en partant désormais de la chute, demander à la raison quelles doivent en être les conséquences, puis comparer celles-ci à l'expérience, afin de voir si la déduction s'accorde avec le tableau des faits réels. S'il en est ainsi, notre tâche sera terminée : sinon il sera démontré, non pas que la croyance à la chute est une erreur, mais que les deux vérités découvertes jusques ici, l'amour créateur et la chute, ne suffisent pas à résoudre l'énigme du monde, et qu'il faut encore chercher d'autres principes, d'autres facteurs.

Quelles doivent être, demandons-nous, les conséquences de la chute? — Nous avons répondu d'avance à cette question, mais ne craignons pas de nous répéter; la clarté l'exige.

Nous désignons sous le nom de chute la volonté d'un être libre par laquelle il tend à séparer le principe de sa volonté de la volonté absolue qui le produit. La chute est un acte moral, la conscience morale nous en donne l'intuition. Elle nous montre que, dans la chute primitive comme toujours, l'essence de la volonté coupable est la recherche de soi-même, l'égoïsme. L'analyse nous fait comprendre que l'égoïsme de la volonté est un effort pour fonder notre être exclusivement sur lui-même. Nous savons cependant que Dieu est le fondement de notre être, nous savons que la puissance de vouloir qui gît en nous procède de l'acte absolu, de l'amour éternel. — Nous cherchons donc à séparer notre volonté de ce qui produit en nous la puissance de la volonté : nous cherchons notre propre anéantissement.

La chute, envisagée du côté de la créature, doit la conduire à l'anéantissement. Toutefois nous ne saurions admettre que ce but puisse être atteint et que la créature réussisse à se détruire absolument par cet effort pour se déraciner et pour sortir de l'être. En effet la volonté qui la pose est une volonté absolue, éternelle. Par cela même que Dieu veut la créature, elle est éternellement voulue, elle est donc éternellement réelle, elle ne saurait périr, et cependant elle tend à périr par l'emploi qu'elle fait de sa force essentielle. — Son essence est éternellement voulue et son essence est la liberté. Elle ne peut donc pas cesser d'être libre, et cependant elle tend à l'anéantissement de sa liberté : sa chute est donc bien nommée : c'est *la* chute, la Chute par excellence, la chute sans fin dans un abîme sans fond. La conséquence de la chute est la chute. Tomber toujours, toujours, tel est le sort qu'a su se préparer la créature. Notre effort pour nous relever ne réussit qu'à nous abaisser, et nous nous abaissons autant que nous pensions nous élever. Nous atteignons l'infini, mais c'est l'infinie contradiction. Impuissante à vivre, impuissante à mourir, la créature respire dans le vide, elle veut toujours sans jamais posséder et sans jamais connaître l'objet de son vouloir.

Spectacle ridicule et terrible! L'effort du non-être pour usurper l'être se trouve un effort de l'être pour se plonger dans le néant! C'est la contradiction absolue, le mal absolu; et comme la souffrance n'est autre chose que le sentiment de la contradiction, c'est en même temps la souffrance absolue, c'est un ver qui ne meurt point, c'est un feu qui ne s'éteint point. Telle est, Messieurs, la manière dont nous concevons *a priori* l'effet de la chute; et comme la liberté de la créature est réelle, la chute, acte réel de sa liberté, doit produire son plein effet. Il le faut avouer ou renoncer à la méthode qui nous a guidés jusqu'ici.

Cependant, Messieurs, cette dernière proposition, incontestablement vraie, ne contient pas toute la vérité : nous sommes obligés de la restreindre en l'avançant, car notre déduction ne résout pas le problème de l'expérience universelle : la condition qui, d'après la pensée pure, devrait être celle de l'auteur de la chute, n'est pas celle dans laquelle nous le trouvons. L'humanité subit les conséquences de la chute; son état actuel ne s'explique pas sans la chute, et par conséquent c'est l'humanité qui est l'auteur de cette catastrophe; le premier coupable subsiste encore sous la forme de l'humanité. Mais s'il est vrai que nous ne saurions concilier notre destinée et la justice éternelle sans nous reconnaître coupables, il n'est pas moins certain que nous ne subissons pas les conséquences de notre faute telles que la pensée *a priori* nous les fait concevoir.

Le mal ne règne pas seul dans le monde et dans notre âme. L'idée du mal n'explique pas à elle seule l'énigme du monde et l'énigme de notre histoire. Dans les individus comme dans l'humanité prise dans son ensemble, dans la Nature comme dans l'humanité, nous trouvons la lutte du mal et du bien.

Cette lutte paraît toujours la même dans la Nature : elle y est en quelque sorte immobilisée. Les révolutions périodiques de la Nature et ses accidents divers sont à l'histoire de l'être moral ce que sont aux grands événements politiques et religieux les fêtes, les cérémonies, les représentations dramatiques destinées à rappeler le souvenir; tout dans la Nature est symbole des réalités morales; le symbole est proprement son essence. Aussi la lutte apparente du bien et du mal au sein de la Nature est-elle un symbole de la lutte véritable dont elle figure les phases diverses, sans en contenir la réalité. Dans les hommes pris individuellement, le combat, partout engagé, se poursuit avec des fortunes contraires. Enfin dans l'humanité, il prend un caractère régulier, reçoit des lois et devient l'objet d'une science.

La lutte du bien et du mal dans l'humanité s'appelle l'histoire; la science qui la décrit et l'analyse est la philosophie de l'histoire. L'histoire, Messieurs, se résume en un mot glorieux : le progrès; la philosophie de l'histoire cherche la formule et le sens du progrès.

Le progrès n'est pas en lui-même une explication des faits, nous l'avons déjà fait comprendre, mais le progrès est le côté positif du fait, le progrès est le fait par excellence, le fait qui réclame avant tout une explication. La création et la chute, du moins au degré de profondeur où nous avons saisi ces idées, ne rendent pas raison du progrès. Le problème de l'expérience est complexe; nous ne possédons pas encore toutes les données requises pour en découvrir la solution.

L'expérience nous fait donc voir que les conséquences de la chute ne se développent pas sans contrepoids, sans restriction dans le sens où nous nous trouvions conduits en considérant uniquement la liberté de la créature. Indépendamment de l'évidence du fait, il n'était pas impossible de prévoir un tel résultat. A la nécessité de la pensée dont nous nous sommes armés pour exiger que la chute ait son entier effet, vient s'opposer une nécessité contraire. Ainsi nous resterons arrêtés devant un mur de ténèbres, s'il ne s'ouvre un chemin qui nous permette de satisfaire à toutes les deux.

Je dis, Messieurs, qu'il est impossible que la chute ait son effet. La chute, contradiction par excellence, livre la créature à la contradiction. Libre et frappée d'impuissance, elle subsiste et ne vit pas. En ce qui nous concerne, nous pourrions prendre notre parti d'avouer cette contradiction effrayante, puisque, sans nous l'expliquer, nous la sentons; mais il faut que la contradiction soit contredite à son tour; car si nous l'établissions absolument dans la créature, elle atteindrait l'acte créateur et détruirait tout, même Dieu.

Je m'explique : La liberté formelle de la créature de faire le bien et le mal n'est pas le but définitif de la création : elle est voulue absolument, et cependant elle n'est pas voulue à titre de but, mais comme unique moyen et comme condition indispensable du but. Elle est la pierre angulaire sur laquelle doit s'élever notre bien et notre bonheur; mais ce qui est voulu positivement, c'est notre bien et conséquemment notre bonheur. La volonté créatrice est au fond la volonté de ce bien, puisque l'amour est son nom; or la volonté créatrice est absolue; ainsi le bien de la créature est voulu d'une manière absolue et non pas d'une manière hypothétique et conditionnelle. La parole créatrice ne peut pas se traduire en ces mots : « Que le bien de la créature soit, à condition qu'elle le veuille; sans cela son bien se convertira en mal. » De cette manière, en effet, le bien ne serait pas voulu plutôt que le mal. Non, le sens du verbe créateur est simplement : « Je veux le bien de la créature. Je veux son bien, son vrai bien, lequel réside dans sa propre volonté. Je veux qu'il soit, et par conséquent je veux qu'elle le veuille. »

« Je veux qu'elle le veuille. » Il faut donc, Messieurs, que le but positif de la création soit atteint. Il faut que la volonté de Dieu se fasse. Mais comment cela est-il possible, si la créature ne le veut pas? Comment Dieu peut-il nous faire vouloir? Comment forcera-t-il la volonté? Nous avons déjà reconnu que la chose est impossible; mais nous avons dit aussi que Dieu peut l'impossible; nous avons dit que toute l'œuvre divine est miraculeuse, c'est-à-dire qu'elle réalise l'impossible. Puisque Dieu veut notre bien et que notre bien repose sur notre propre volonté, il faut que, sans faire violence à notre liberté, ce qui la détruirait, il trouve les moyens de nous faire vouloir.

Il faut qu'il les trouve; il les trouvera, c'est-à-dire, qu'il les possède éternellement. Nous sommes obligés de les reconnaître en lui, lors même que nous ne comprenons nullement comment il est possible de faire vouloir un être libre, et surtout de lui faire vouloir le bien lorsqu'il s'est déjà prononcé pour le mal.

En développant l'idée qui nous guide, nous la rendrons plus sensible, et nous lèverons en même temps, autant qu'il se peut faire, l'une des principales difficultés de la théodicée.

Nous ne concevons pas la liberté sans intelligence. Dieu, l'être absolument libre, est aussi souverainement intelligent. En produisant la créature libre, Dieu établit lui-même la possibilité du mal, et puisqu'il l'établit, c'est qu'il la veut. Il sait qu'elle sera peut-être réalisée.

Dirons-nous qu'il la voit déjà réalisée? Les théologiens et les philosophes ne le mettent pas en doute; néanmoins cette idée n'est pas tout à fait claire à mes yeux. S'il est vrai, comme nous l'avons prétendu, que la puissance absolue se manifeste comme absolue précisément en s'imposant une limite à elle-même, en renonçant à tout faire pour donner une place à la liberté de l'être fini, il ne serait pas absurde de supposer qu'elle limite aussi la pensée, et que Dieu ne voit pas ce qu'il ne veut pas voir. Après tout, la nécessité de savoir toutes choses est une restriction de l'absolue liberté. En introduisant la nécessité dans l'intelligence, nous courons grand risque de la voir bientôt régner partout. Savoir est un acte: si la puissance infinie ne consiste pas à tout faire, pourquoi l'intelligence infinie consisterait-elle à tout savoir, et non pas à savoir tout ce qu'elle veut connaître? Il est téméraire de contester un droit à Dieu, même le droit d'ignorer.

En donnant pour objet unique à nos affirmations l'acte positif par lequel Dieu crée, conserve et dirige le monde, en résumant toute la doctrine de ses perfections métaphysiques dans l'idée négative de la liberté, nous avons coupé court à bien des questions embarrassantes. Aussi, Messieurs, ne voulons-nous point nous dépouiller de cet avantage. Nous n'avons pas besoin de nous prononcer sur la Toute-science et sur la prescience divines. Mais que Dieu voie déjà la chute réalisée au moment où il en fait surgir la possibilité par l'acte créateur, ou qu'il la voie seulement comme possible, ceci tout au moins est certain qu'il connaît la possibilité de sa réalisation et que, la connaissant, il la veut.

Cependant si la chute a lieu et n'est point arrêtée, la création n'atteint pas son but. Il faut donc l'avouer, Dieu connaît dès l'origine un moyen de réaliser son but malgré la chute. Si la possibilité du mal inhérente à la créature libre ne le détourne pas de créer, c'est qu'il connaît un remède au mal qu'il prévoit. Il y a donc primitivement en Dieu un moyen d'arrêter la chute et d'en neutraliser les effets, c'est-à-dire un moyen de ramener la volonté de la créature, quel que soit son égarement.

Ainsi la chute est réelle, mais Dieu sait le moyen de relever la créature déchue. Il l'emploie, et le Monde, où le bien lutte contre le mal, l'histoire, série des triomphes pénibles et contestés du bien sur le mal, le progrès de l'humanité, lieu commun paradoxal qui reste vrai malgré les sanglants démentis de chaque jour, l'expérience universelle, en un mot, s'explique par une grande idée : cette idée, substance de toutes les traditions de notre race, est celle de la Restauration.

Aujourd'hui nous nous bornons à la poser dans sa généralité : Le Monde est le théâtre de la Restauration. Dieu possède un moyen de restauration. Nous verrons demain quel il peut être.

Mais déjà nous l'apercevons : La puissance de Dieu se manifeste comme absolue en ce qu'il nous fait vouloir. Cette puissance n'a rien de violent. On ne peut forcer personne à vouloir. Mais la patience et la ruse sont plus puissantes que la violence. La violence est l'instrument, le jouet de la ruse, cela se voit tous les jours. Si Dieu ne peut pas nous faire vouloir par force, il y mettra de la ruse, il patientera, il se fera petit afin de nous gagner. Et puis, il y a quelque chose de plus puissant encore que l'habileté des habiles, c'est la bonté. Dieu, qui ne saurait nous contraindre à vouloir par violence, nous fera vouloir à force de bonté.

VINGT-SIXIÈME LEÇON.

XXVIII. *La puissance restauratrice est une seconde volonté divine comprise idéalement dans la volonté créatrice, mais opposée à celle-ci par la chute. La première tend immuablement à ce que la chute ait son effet (justice); la seconde, à ce que le but final soit réalisé (salut). Cette opposition se concilie dans la commune volonté que le but soit obtenu par la liberté de la créature (sanctification).*

L'objet propre de la première volonté c'est la liberté de la créature, qui est son bien, avec toutes ses conséquences quelles qu'elles soient. Si elle cessait de les vouloir, il y aurait en elle un changement inadmissible. Cependant le but absolu de la création doit être atteint. Ainsi, par le fait de la chute, la volonté créatrice est opposée à elle-même et se divise en deux volontés permanentes, — conscientes, — personnelles, — et conciliées dans une troisième volonté, qui proprement est la première, puisqu'elle est l'intention fondamentale. Ainsi nous trouvons en Dieu une Trinité réelle, mais se manifestant par le fait de la chute; sans exclure cependant l'idée d'une Trinité absolue, qui demeure en dehors de notre sphère.

Messieurs,

Nous avons été conduits à reconnaître dans le monde la présence et l'action d'une puissance restauratrice. En effet le plein développement des conséquences de la chute ne saurait amener que la confirmation de la volonté déchue dans la direction qu'elle a embrassée, c'est-à-dire l'endurcissement moral; l'impuissance de se réaliser effectivement, enfin la conscience de cette impuissance, la conscience d'une contradiction infinie entre l'essence de la créature et sa condition, en un mot, un affreux tourment, une stérile rage. L'expérience nous fournit bien des traits propres à nous faire comprendre cet état, mais elle nous en montre d'autres tout opposés. Les hommes ne sont pas absolument dépouillés d'amour, de force et de bonheur. A ces trois égards l'histoire constate un progrès dans leur condition générale. L'expérience manifeste donc l'action d'une puissance occupée à ramener la créature à son but en combattant les effets de la chute. L'admission d'une telle puissance n'est pas moins nécessaire à la pensée *a priori* qu'à l'intelligence des faits. La naissance d'un être exposé à la chute ne se concilierait pas avec l'idée que la volonté créatrice est un acte absolu d'amour, si Dieu ne possédait pas le moyen de faire servir cette catastrophe elle-même au bien de la créature.

Nous savons donc qu'il y a une puissance restauratrice, puisque sans elle nous ne comprendrions ni Dieu ni le Monde. Mais quelle est l'origine de cette puissance, quelle en est la nature, comment devons-nous la concevoir? A cette question je réponds, Messieurs :

« Le principe de la restauration est une seconde volonté » créatrice, idéalement comprise dans la première, et par » conséquent coéternelle à la première, mais réellement » distincte et séparée de celle-ci depuis la chute. »

Je vais expliquer ma pensée. — Dans ces jours de trouble et de tristesse, il m'est doux de trouver une heure pour méditer de tels sujets; il m'est doux de pouvoir m'en entretenir avec des auditeurs attentifs, avec des âmes sympathiques. Vous aussi, Messieurs, je l'espère, vous puiserez quelque joie et quelque force dans l'étude que nous commençons.

Nous ne désignons pas habituellement sous le nom de Dieu l'absolue liberté dans l'incompréhensible négativité de son essence. Ce que nous appelons Dieu, c'est l'absolu tel qu'il se fait connaître à nous, tel qu'il s'est déterminé relativement au Monde en le créant : c'est la face de l'absolu tournée vers nous, ou, pour parler sans métaphore, c'est la volonté de l'absolu avec laquelle nous sommes nécessairement en rapport : rapport de Dieu à nous par la continuité de l'acte créateur qui produit la continuité de notre existence; rapport de nous à Dieu, lequel varie selon que nous tendons volontairement à resserrer ou à relâcher le lien substantiel qu'établit la création : rapport de culte ou de révolte.

Dieu signifie donc l'absolu tel qu'il est relativement à nous, et tout d'abord l'absolu dans le premier rapport que nous apercevons entre lui et nous, c'est-à-dire la volonté créatrice. Cette volonté créatrice, nous la concevons comme permanente et concrète. En elle-même identique et simple, elle se manifeste extérieurement comme une pluralité infinie d'actes ou de volontés. Enfin elle est accompagnée d'une conscience pleine et parfaite. Volonté permanente, concrète, consciente, elle réunit tous les caractères positifs de la personnalité; jusqu'ici nous l'avons appelée volonté, nous pouvons également bien la nommer personne. Nous le savons en effet, la volonté n'est pas un attribut de la personne, elle en constitue l'essence.

Ce qui pourrait obscurcir à nos yeux l'évidence de cette proposition, c'est le retour que nous faisons infailliblement ici sur nous-mêmes, car il est certain que si nous attachons un sens quelconque au mot personne, c'est dans la conscience du moi que nous le puisons. Néanmoins l'idée de la personnalité n'est pas indissolublement attachée aux conditions qui, chez nous, la restreignent et la contredisent. Notre essence est une « volonté voulue, » nous sommes voulus avant de nous vouloir nous-mêmes; dès lors nous sommes à la fois esprit et nature, choses et personnes. Le caractère essentiel de la personnalité ne gît pas là. Dieu ne saurait être personnel dans ce sens. Il est personnel dans le sens positif qu'il produit incessamment sa propre personnalité, comme il produit incessamment l'existence avec laquelle il soutient les rapports qui nous occupent. La volonté créatrice est donc une personne; c'est cette personne que nous avons souvent appelée Dieu, sans explication et sans réserve. Jusqu'ici nous en avions le droit.

Maintenant, Messieurs, le point qu'il nous importe de mettre en lumière, c'est que la puissance restauratrice ne peut pas, à proprement parler, résider dans cette personne. La volonté créatrice personnelle ne peut pas cesser d'être elle-même, elle ne peut pas cesser de vouloir ce qu'elle veut. Ce qui est capable de changer, c'est ce qui primitivement est destiné à changer, savoir ce qui porte en soi-même la contradiction et avec elle le germe de sa propre destruction. La faculté de se réformer est très-précieuse chez un être défectueux, mais elle témoigne de son imperfection. Supposer que Dieu change son plan, c'est supposer à la fois que ce plan est voulu et qu'il n'est pas voulu, c'est supposer qu'il n'est pas bon. Nous ne saurions donc admettre de changement dans la première volonté que nous avons reconnue en Dieu ; il faut que cette première volonté soit absolue, ou que la première personne divine soit éternellement ce qu'elle est.

Vous connaissez l'objet de cette première volonté : c'est que la créature soit libre. La première personne veut que la créature soit libre. Elle le veut pleinement, elle le veut absolument, elle le veut tout de bon, et par conséquent il faut que la créature soit libre tout de bon, c'est-à-dire que les déterminations de sa liberté soient suivies de leur effet. Si la créature veut la chute, il faut que la chute s'accomplisse.

La volonté que la créature soit libre implique en elle-même l'accomplissement éventuel de la chute. La volonté de la première personne divine ou de Dieu tel que nous le connaissons jusqu'ici, va donc à ce que la chute, une fois survenue, déploie ses conséquences naturelles. Cela est voulu de toute éternité pour le cas où la chute aurait lieu.

Puisque la créature veut se séparer de Dieu, puisqu'elle veut se placer dans l'impuissance d'agir, il faut bien qu'elle tombe dans l'impuissance d'agir et par conséquent dans l'impossibilité de retourner à Dieu. De ce côté-là il n'y a plus de ressources, plus de remède. Par le fait de l'être créé, sans subir elle-même la moindre altération, la première personne divine se trouve vis-à-vis de lui dans un rapport diamétralement contraire au rapport primitif, et dès lors elle exerce sur lui une influence diamétralement opposée à sa primitive influence. Par son essence, la première personne veut que la créature soit libre ; elle n'est au fond que ce vouloir de liberté ; maintenant au contraire elle veut que la créature ne soit point libre, et cependant il n'y a rien de changé en elle. Ce qu'elle veut en définitive, c'est toujours la liberté de la créature, car elle veut que la créature ait été et qu'elle soit réellement libre de renoncer à sa liberté. Ainsi la créature est irrévocablement perdue, du moins la première personne divine, continuant à vouloir ce qu'elle veut éternellement, ne lui fournit-elle aucun secours.

Et cependant, nous l'avons vu, Messieurs, si la chute dont elle a posé la possibilité était sans remède, la première personne ne serait pas ce que nous la savons être, son essence ne serait pas l'amour!

Ce résultat ne laisse aucune obscurité. La première volonté est parfaitement déterminée, mais elle ne peut pas exister seule; elle ne serait pas ce qu'elle est si elle restait seule : voilà ce qui est démontré. Pour subsister sans contradiction, elle réclame dès le principe une seconde volonté, une seconde personne. Et c'est dans ce sens que la seconde volonté, réellement distincte de la première, est comprise idéalement dans la première.

Quant à la nature de cette seconde volonté, nous en sommes instruits par les fonctions qu'elle remplit dans l'économie universelle. Son affaire est de ralentir, d'arrêter le progrès du mal, d'en adoucir les effets, enfin d'en détruire le principe, savoir l'endurcissement de la créature et l'aveuglement qui en résulte.

Voici donc, Messieurs, la situation donnée par la chute telle que les faits les plus généraux de l'expérience nous obligent à la concevoir : La créature libre veut le mal. La première volonté divine est qu'elle reste libre et par conséquent qu'elle soit ce qu'elle veut être. Cette première volonté est immuable, il faut qu'elle s'accomplisse. Ainsi la créature doit rester libre; sa condition doit dépendre de sa volonté. La seconde volonté divine demande que la créature soit sauvée, c'est-à-dire qu'elle rentre dans l'amour de Dieu, qui est la réalité de sa liberté. La volonté restauratrice, la seconde volonté, se trouve donc limitée par la première, ou, ce qui est au fond la même chose, par l'essence de la créature. La créature ne peut pas être sauvée malgré elle, elle ne peut être sauvée que librement, car le salut n'est autre chose que le redressement de sa volonté; c'est donc proprement elle qui doit se sauver.

Mais elle a besoin, pour cet effet, d'un secours qu'elle chercherait en vain sans l'intervention de la seconde puissance divine. Par le choix qu'elle a fait la créature s'est aveuglée; elle ne trouve en elle-même aucun moyen de sortir de cet aveuglement. Il faut réveiller en elle la conscience de son état; car elle ne se connaît pas, quoiqu'elle ne soit pas absolument sans conscience, puisqu'elle souffre. Il faut la solliciter à vouloir guérir et assurer l'efficacité des efforts obtenus d'elle; car dans la condition où la créature s'est précipitée, elle ne saurait d'elle-même ni désirer le bien ni vouloir et faire ce qu'elle aurait désiré.

La restauration ne peut être que le retour de la créature à Dieu par sa liberté. L'œuvre de la puissance restauratrice consiste à procurer ce retour; son rôle est par conséquent d'agir sur la liberté de la créature, de ranimer d'abord, puis de conduire cette liberté paralysée, mais non pas détruite puisqu'elle est voulue immuablement. Mais comment la ranimer?

En analysant l'idée de la création d'un être libre, nous avons dû voir que cette création comprend un engendrement et un appel. Un engendrement, c'est-à-dire la production d'un germe destiné à se développer lui-même. Il y a plus qu'un simple engendrement dans la création, puisque le germe lui-même est créé et non pas seulement excité; mais l'idée d'engendrement y est impliquée. Cette création est en même temps un appel, puisque c'est par un libre mouvement de sa volonté que la créature doit assurer le succès de l'œuvre commencée, se réaliser, s'accomplir. Maintenant la créature s'est déterminée dans un sens contraire à ce qui était attendu d'elle, elle s'est rendue sourde au premier appel contenu dans l'acte créateur. Elle a donc besoin d'être appelée de nouveau à l'existence morale. Et ce second appel est, lui aussi, un engendrement, l'excitation d'un nouveau germe, le premier s'étant déjà développé d'une manière fausse. La base de la restauration sera donc une nouvelle création, puisqu'elle exige la production d'une nouvelle force, d'un nouveau principe de liberté.

Par l'emploi que la créature a fait de sa liberté première, elle l'a rendue impuissante; le maintien de cette première liberté n'est que le maintien de cette impuissance; ce n'est pas le salut, c'est la condamnation. En fait, la créature n'est plus libre quoiqu'elle reste libre essentiellement, et comme elle ne peut atteindre le but invariable de son existence que par un effort volontaire, la restauration exige qu'elle soit d'abord rendue à la liberté. Or la liberté forme son essence; restaurer en elle la liberté est renouveler son essence; c'est donc bien, à proprement parler, une création nouvelle. Ainsi, Messieurs, la seconde volonté, la seconde puissance, est créatrice comme la première, avec cette différence qu'elle crée sur un fond donné par la créature primitive, dans le but d'unir sa propre création à la première et de restaurer celle-ci par ce moyen.

Nous sommes donc conduits à envisager la puissance restauratrice, dont l'existence nous est démontrée par ses effets, comme une seconde volonté créatrice, distincte de la première, qui continue à subsister dans sa force. Absolue comme la première, comme elle une, identique et simple en son intimité, comme elle inépuisable dans ses effets, comme elle intelligente et consciente, nous ne saurions nous refuser à reconnaître sa personnalité. L'univers ne reste pour nous l'œuvre d'un Dieu libre et ne s'explique dans cette idée qu'à condition de distinguer en Dieu ces deux personnes. Ces deux personnes sont deux volontés, bien plus, deux aspects d'une seule et même volonté, et cependant la distinction que nous établissons entre elles n'a rien d'exagéré ni d'arbitraire. L'expression théologique par laquelle nous la désignons traduit fidèlement notre pensée : aucune autre même ne pourrait la remplacer sans de graves inconvénients. Deux volontés permanentes, deux forces spirituelles poursuivant chacune un but différent avec une pleine conscience de leur distinction, sont bien réellement deux personnes, ou les mots n'ont plus de sens.

Peut-être objectera-t-on, en se fondant toujours sur l'analogie des esprits finis, que les deux puissances divines dont nous parlons se possèdent sans doute réciproquement, qu'elles se comprennent sans moyen extérieur de communication, tandis que deux personnalités distinctes sont impénétrables l'une à l'autre?

Nous ne saurions accorder qu'il en soit ainsi, et pour lever cette difficulté, s'il y a réellement là une difficulté sérieuse, c'est à l'expérience elle-même que nous en appellerons. L'absolue séparation des esprits individuels dans l'existence terrestre est si peu l'un des éléments positifs de la personnalité, que nous tendons de toutes nos forces à nous affranchir de cette funeste limitation et que nous y parvenons même jusqu'à un certain point. Deux âmes qui se connaissent et qui s'aiment véritablement, s'entendent volontiers sans paroles; à certains moments elles vivent pour ainsi dire l'une dans l'autre, et cependant leurs personnalités ne sont ni mélangées ni détruites. Où nous voyons deux buts, deux volontés, deux consciences (car la distinction permanente dans la volonté produit nécessairement une distinction pareille dans la conscience), il faut donc, sans balancer, reconnaître deux personnes.

La distinction de ces deux volontés divines est éternelle comme l'amour, car l'une et l'autre sont comprises et distinctement comprises dans le dessein de créer que Dieu forme par amour, pour se donner lui-même à l'amour d'une créature libre. Mais la distinction n'est qu'idéale jusqu'à la chute. Dans l'acte créateur le Père et le Fils sont indissolublement unis.

Par l'effet de la chute, leur distinction devient séparation formelle; elle s'exalte même jusqu'à la contradiction. L'un veut désormais le mal de la créature, parce que la créature le veut elle-même et qu'il exige, lui, que la liberté de sa créature soit respectée. L'autre veut le bien de la créature, parce que l'intention finale est son bien. On pourrait exprimer le caractère de la première personne en disant qu'elle veut le *moyen*, tandis que la seconde est la volonté du *but :* distinction purement idéale aussi longtemps que le moyen conduit au but ; mais du moment où il n'y conduit plus, la distinction devient réelle ; et comme le moyen ne peut pas être abandonné, parce que Dieu ne cesse point de vouloir ce qu'il veut, et que proprement il ne veut rien à titre de simple moyen, mais que le moyen est lui-même un élément du but, l'opposition se traduit en lutte.

Cependant ces deux volontés sont primitivement une, car elles sont primitivement comprises dans la parfaite volonté de l'amour. La chute tend à briser cette unité essentielle des deux personnes, mais elle ne saurait la détruire. L'unité persiste au fond, malgré la chute, et travaille à se rétablir, à redevenir actuelle par l'œuvre de la restauration. L'unité dont je parle n'est pas l'unité abstraite de la substance ou de l'origine absolue. Tout est un de ce côté-là. Non ; il s'agit d'une unité positive et morale, je veux dire l'unité de l'intention finale relativement à la créature.

La première volonté, disons-nous, ne peut pas cesser d'agir, et dès lors il faut que la chute porte ses fruits. Pourquoi cela ? — Parce que cette volonté est absolue, venant de Dieu. — Oui, sans doute ; mais quel est au fond l'objet de cette volonté ? Je le répète encore, c'est que la créature soit libre. Elle n'eût pas été véritablement libre, sa liberté n'aurait été qu'un jeu, si la chute ne produisait pas ses effets naturels. Au fond, cette première volonté est toujours de l'amour, et voilà pourquoi elle est absolue, car il n'existe rien d'absolu que l'amour ! L'idée de chacune des puissances ou des personnes divines est une idée morale, c'est-à-dire un élément, une partie intégrante de l'amour, qui résume toutes les idées morales. Ainsi, Messieurs, le fond de la première volonté ou de la première puissance créatrice, base et substance du monde (car la substance du monde n'est que l'acte perpétuel de son déploiement), le fond de la première personne divine est le SÉRIEUX.

La seconde volonté, la volonté médiatrice, restauratrice, qui ranime le sein glacé de la créature en rétablissant un lien substantiel entre elle et l'absolu, création nouvelle au sein du monde créé; cette seconde volonté personnelle, c'est la COMPASSION, c'est la miséricorde qui en forme l'essence.

Au fond elles veulent toutes les deux la même chose, savoir que la créature retourne à Dieu par sa liberté; et plus leurs prétentions à l'égard de la créature se montrent différentes, plus les sollicitations de la miséricorde acquièrent d'énergie et font croître la résistance du Dieu offensé, plus s'épaissit la nuée qui mouilla la terre de gouttes de sang au jardin de l'agonie, plus aussi doit se préciser et grandir la conscience de cette identité finale, de cette suprême dilection qui persiste au milieu des tempêtes. Le Père et le Fils savent qu'ils sont un, ils savent qu'ils veulent être un. La communion de leurs pensées a sa source dans la volonté. Ils savent qu'ils veulent être un parce qu'ils le veulent réellement. Entre les deux personnes qui représentent dans le drame universel l'immuable sérieux et la miséricorde victorieuse, s'élève une troisième volonté, éternelle dans son essence comme les deux premières, et soumise comme les deux premières aux conditions d'un développement historique par l'acte qui crée l'histoire et le temps. C'est la volonté d'être un. Cette volonté commune a pour but que la créature soit véritablement sauvée, c'est-à-dire qu'elle soit sanctifiée, qu'elle accomplisse elle-même l'œuvre de sa restauration par sa liberté.

Opposés dans leur tendance immédiate, le Dieu qui veut les conséquences de la chute et le Dieu qui veut le pardon sont d'accord sur cette condition; ils ne sont qu'un dans cette volonté de la SANCTIFICATION. Cette volonté, qui est dans son essence la première et la plus ancienne de toutes et qui, par un inévitable renversement, se produit maintenant la troisième, est l'amour dans sa perfection, le Saint-Esprit, qui procède du Père et du Fils.

La restauration de la créature déchue suppose donc la séparation de deux volontés idéalement distinctes dès l'éternité, comme la possibilité de la création est éternelle. Ces deux puissances, opposées dans leurs prétentions sur la créature, se concilient cependant dans une troisième volonté. Ainsi la possibilité de la Restauration implique en Dieu trois volontés. La doctrine de la Restauration conduit la pensée à celle de la Trinité divine; qu'elle contient en soi comme l'effet contient sa cause. Pour être embrassées dans une unité supérieure, les distinctions que nous venons de constater dans l'acte divin ne sont pas moins parfaitement réelles, car, d'après l'ensemble de nos idées, il est impossible de concevoir aucune distinction plus réelle que celle qui existe entre les volontés de l'absolu.

La grandeur infinie du sujet m'engage à m'en tenir à ce peu de mots. Je sens vivement tout ce qui m'empêche de le traiter mieux. Je crains l'erreur, je crains surtout, Messieurs, faut-il le dire, je craindrais la profanation, et de ma part et de la vôtre, si nous discourrions sur de telles matières sans être assez pénétrés de leur souveraine importance, de leur éternelle actualité. J'ai voulu faire sentir cette importance, j'ai voulu marquer la place de l'idée de la Trinité dans l'économie générale de la philosophie; je n'ai pas songé à développer scientifiquement cette doctrine, qui se lie à tout, qui pénètre tout, qui domine tout. Il me suffit d'énoncer mon principe. Nous en tirerons plus tard un nombre limité de conséquences que le but de cet enseignement m'oblige à mettre en saillie.

Vous le voyez, Messieurs, les termes du divin ternaire sont à mes yeux d'abord des personnes, c'est-à-dire des forces libres et réfléchies; ce sont ensuite des puissances universelles, dont la présence et l'action se font sentir partout dans le Monde. La première produit la substance de toutes choses; par l'effet de la chute elle se manifeste comme le principe de résistance et de retardement. Il faut l'apaiser, la conjurer, la transformer.

La seconde est la puissance du mouvement, du progrès.

Tout achèvement, toute perfection, toute plénitude sont comprises dans la troisième.

Le rapport abstrait de la cause matérielle, de la cause efficiente et de la cause finale est calqué sur ce rapport des principes vivants de la réalité.

Enfin, Messieurs, la Trinité, telle que je la conçois, repose sur l'opposition et sur l'harmonie des volontés divines à l'égard du Monde et de l'humanité. L'unité dans laquelle

elle est comprise n'est pas seulement l'obscure unité de la substance, mais l'unité d'un acte; ce n'est pas l'absolue liberté, c'est l'amour créateur.

Nous avons trouvé la Trinité dans l'idée de Dieu tel qu'il veut être pour nous, et non dans l'idée de Dieu considéré en lui-même, dans le mystère de son essence. Il ne pouvait en être autrement d'après les données générales de notre philosophie. Le résultat critique de nos recherches sur l'absolu nous a conduit à proclamer qu'il est impossible et contradictoire de vouloir sonder l'être de Dieu. Nous n'avons donc pas dû l'envisager sous la catégorie de l'être ou de la substance, mais seulement sous la catégorie de la cause, et la Trinité dont nous parlons ici, en philosophie, est une trinité de causes. Par ce trait la déduction que nous venons d'esquisser se sépare des formules consacrées dans l'Eglise et plus encore des explications du dogme tentées par les plus considérables docteurs scolastiques et mystiques. Cependant il ne faut pas exagérer la portée de cette différence inévitable. Nous ne pourrions pas parler, la chose est claire, de ce que nous jugeons dépasser les bornes de la science; mais précisément parce que nous ne croyons pas tout savoir, nous ne nous piquons pas d'avoir tout dit, et notre théorie sur la trinité de Dieu dans ses rapports avec le Monde, sur la trinité providentielle, si vous me permettez cette expression, n'exclut pas l'idée d'une trinité dans l'absolu. Elle n'a donc rien qui doive repousser les chrétiens persuadés que l'Evangile renferme des enseignements sur l'essence divine et non pas seulement la révélation de l'œuvre de notre salut.

Nous avons vu, dans une des leçons précédentes [1], qu'en partant de l'idée, assurément bien naturelle (quoique nous n'ayons pas osé nous avancer jusqu'à l'adopter formellement), que Dieu, l'absolue liberté, se réalise éternellement en lui-même d'une manière conforme à son essence, l'on arrive à une doctrine trinitaire. C'est la trinité de Richard de Saint-Victor et de ses disciples; la trinité de l'amour absolu, distinct de l'amour créateur. Une fois entré dans cet ordre de considérations par des motifs théologiques ou philosophiques, il ne serait pas difficile de concilier la trinité substantielle de l'amour absolu avec la trinité *économique* ou providentielle dont nous venons de tracer la formule.

Les lois sévères de la méthode m'interdisent cette excursion, qui, je dois l'avouer, aurait pour moi de l'attrait. La trinité absolue demeure en dehors, au-dessus de notre philosophie. Nous ne partons d'aucune supposition dogmatique; nous ne cherchons que l'intelligence du fait. La trinité divine dont nous nous occupons ici est celle dont nous trouvons l'empreinte dans l'univers, dont nous sentons l'influence dans notre cœur, dont nous suivons le développement dans l'histoire, car elle se développe dans l'histoire, dont elle forme pour ainsi dire l'un des côtés, le côté d'En-haut, le côté divin. Autre est le rapport des puissances divines avant la création, autre dans la création, autre avant la chute, autre dans le cours de la restauration, autre à l'heure suprême du sacrifice, autre dans l'accomplissement des destinées universelles.

[1] Leçon XIX. Tome II, p. 36.

Et comme le rapport des puissances entre elles se modifie, la condition de chacune d'elles varie également. Par l'immensité de son amour pour nous, l'Eternel entre dans les conditions du temps. Cette observation, que je ne veux pas développer aujourd'hui, est nécessaire pour bien entendre ce qui concerne la personnalité des puissances divines. Elle n'est pas moins essentielle à l'intelligence du grand sujet dont il me reste à vous parler en retraçant brièvement les phases principales de la Restauration.

VINGT-SEPTIÈME LEÇON.

XXIX. *La restauration est une seconde création, qui s'opère dans des rapports déterminés par la première, et dont la fin est de s'identifier à la première.* En effet, la créature ne peut s'unir à Dieu que par sa liberté, qu'elle a perdue. Il y a donc deux principes dans le sujet de la restauration : le vieil homme, la primitive liberté changée en nature, et le germe de l'homme nouveau, la liberté restaurée, qui doit transformer la nature et devenir nature elle-même.

XXX. *L'action immédiate de Dieu sur la créature déchue pour la ramener à sa destination, a reçu le nom de Grâce. Ainsi toute liberté dans le monde actuel est un don de la Grâce.*

XXXI. *La liberté morale est la forme constante de la Grâce.* Il n'y a de bien réel pour la créature que celui qui vient de sa liberté.

XXXII. *L'œuvre interne de la restauration est accomplie lorsque la liberté qui procède de la grâce, s'étant déterminée dans le bien, a fait abandonner à la première la position qu'elle a prise et se l'est assimilée. Alors la créature se trouve une en elle-même et avec Dieu.*

XXXIII. *La manière dont la restauration s'opère ne peut être connue que par l'expérience. L'étude de la restauration est une application de la philosophie à l'expérience.* Remarque : Cette idée générale de l'expérience comprend la Révélation, à supposer qu'elle soit réelle. La raison ne saurait suppléer à la Révélation, mais elle peut : 1° en établir la nécessité et par là faire admettre sa vérité; 2° une fois la Révélation reçue, la raison peut nous en faire comprendre le sens. La raison à laquelle nous attribuons cette mission, est elle-même purifiée, fortifiée et transformée par la Révélation.

Messieurs,

Nous avons admis la chute sur la foi de l'expérience, qui ne s'explique pas sans l'idée d'une altération survenue dans le rapport primitif entre Dieu et le Monde. La même autorité nous enseigne que ce monde, où nous trouvons des traces, faibles sans doute et souvent obscurcies, mais réelles, de lumière et de liberté, n'a pas été abandonné à toutes les conséquences du mal. L'expérience nous fait donc constater une puissance restauratrice.

En étudiant la restauration *a priori* dans la pureté de son idée, nous avons vu qu'elle implique en Dieu un partage, une opposition. Dieu se manifeste dans l'univers sous trois aspects. Il soutient trois rapports distincts avec la créature. Il est d'abord l'auteur de sa liberté primitive, et à ce titre il veut que les actes de cette liberté produisent leurs effets naturels : il est le Dieu de la justice. Puis il veut que le but de la création soit atteint, il veut que la créature soit sauvée malgré sa chute : il est le Dieu de la grâce. Enfin il veut que cette grâce se concilie avec la liberté; il veut que la créature remonte à lui, par sa liberté, de l'abîme où elle s'est plongée : il est le Dieu de la sanctification, le Saint-Esprit.

Ces tendances opposées étant également impliquées dans l'acte par lequel l'absolu se constitue Dieu, deviennent chacune le principe permanent, concret, personnel, d'un ordre infini de manifestations. Elles ne peuvent se concilier que par une évolution progressive qui embrasse toute la sphère de l'expérience. Ainsi la trinité divine dont nous parlons est indispensable à l'intelligence des faits; nous ne concevons pas la restauration sans elle, et sans la restauration nous ne concevons pas la vie.

Maintenant que nous possédons l'idée de Dieu tel qu'il se

manifeste dans la restauration, nous essayerons d'analyser l'idée de la restauration elle-même, puis nous chercherons dans la nature, dans l'histoire et dans notre cœur les phénomènes qui correspondent aux divers éléments compris dans cette notion féconde, en circonscrivant rigoureusement notre étude aux problèmes dont la solution est indispensable pour fixer le point de départ de la morale. Rappelons d'abord le principe.

L'esprit créé ne peut s'unir à Dieu que par sa volonté libre. Dans la chute il a perdu sa liberté. Pour que la restauration s'accomplisse, il faut donc que la créature redevienne actuellement libre, ce qui ne saurait avoir lieu sans une intervention divine immédiate, ou, ce qui est exactement la même chose en termes un peu plus précis, sans la création d'un nouveau principe de liberté. Néanmoins la nature du problème exige l'identité substantielle et morale de l'auteur de la chute et du sujet de la restauration. Ce n'est pas l'homme nouveau qui a besoin de salut, c'est le vieil homme. Dans l'homme actuel, puisque c'est de lui qu'il s'agit, comme on le comprend et comme la suite l'établira mieux encore[1], il faut donc reconnaître deux principes; d'abord le vieil homme, l'homme naturel, la primitive liberté changée en nature, en un mot, la créature qui a péché; puis le germe de la liberté nouvelle; mais il faut comprendre également que cette opposition n'est ni définitive, ni complète. Le germe de l'homme nouveau n'est qu'un germe encore; il ne peut se réaliser que dans la nature coupable, en se l'assujettissant, en la transformant, en la ramenant

[1] Leçon XXVIII, page 201 et suivantes.

à la liberté, pour lui persuader de se déterminer dans un sens contraire à sa première direction et pour s'identifier avec elle dans cette communion de volonté. La base de l'œuvre restauratrice est donc une seconde création qui s'opère au sein de la première, dans des rapports déterminés par la première et dans le but qu'elle s'identifie avec la première en la transformant.

La créature coupable a perdu le pouvoir de choisir entre le bien et le mal, puisqu'elle s'est déjà prononcée pour le mal. Cependant pour atteindre le but, il faut qu'elle choisisse. Le rétablissement de sa liberté, nous venons de le dire, est une œuvre directe de Dieu; l'action immédiate de Dieu sur l'être déchu pour le ramener à sa destination s'appelle avec raison la Grâce. Ainsi dans le monde de la chute il n'y a de liberté morale que par la grâce. Cela s'applique à tous les individus sans exception et à chacun d'eux durant tout le cours de leur vie. La liberté que nous trouvons en nous-mêmes au réveil de la réflexion ou dont nous usons spontanément avant ce réveil, est déjà un don de la grâce. L'importance de cette doctrine est très-grande, soit pour la spéculation, soit pour la pratique. Elle incite l'âme à la reconnaissance, à l'humilité, à la fidélité. Elle réfute par son évidence naturelle les erreurs du pélagianisme de la seule manière dont il soit possible de bien réfuter, c'est-à-dire en expliquant les apparences où s'alimente l'erreur. Nous la formulons ici comme le résultat d'une déduction logique, mais il est aisé d'en constater la vérité directement, sans démonstration et sans philosophie, par l'expérience de chaque jour. Tous les actes par lesquels nous nous prononçons dans le sens du mal ont pour effet de diminuer en nous la faculté de revenir au bien, comme les habitudes opposées augmentent notre liberté morale. Cependant, même après de longs égarements, l'âme retrouve quelquefois le pouvoir de s'arracher à ses fers, et cette expérience se répète. Il y a donc une force secrète qui agit en nous et pour nous, à notre insu, malgré nous-mêmes, quoiqu'elle ne puisse atteindre son but sans notre adhésion, sans notre concours.

La liberté est toujours un don de la grâce.

La liberté est la forme nécessaire de la grâce. La grâce ne se manifeste que dans la liberté.

En vérité, Messieurs, au point où nous sommes arrivés, ces propositions n'ont pas besoin de preuve. Il n'y a de bien pour la créature que celui qui vient de sa liberté. Dès lors une grâce qui forcerait sa liberté ne procurerait pas son bien et ne serait plus une grâce. Du moment où l'on accueille l'idée d'une grâce pareille, il faut séparer aussi les idées de la sanctification et du salut. Le salut devient je ne sais quelle condition matérielle, dont on peut bien se faire des images plus ou moins brillantes, mais dont il est impossible de concevoir aucune idée. L'ordre du Monde cesse d'être un ordre moral et par conséquent le bien moral perd sa valeur absolue. Les chrétiens sincères feront bien de peser cette conséquence : elle est fort grave, pour eux en particulier. En effet si l'ordre moral n'est pas absolu, si Dieu ne suit pas dans le gouvernement du Monde la loi gravée au fond de notre cœur et d'après laquelle notre cœur nous condamne, le commandement lui-même est arbitraire, la valeur du jugement de notre conscience devient incertain, nous ne sommes plus convaincus de péché, car, ignorant ce qu'est la justice, nous ne savons plus où est le péché. Ainsi la plus forte preuve intérieure du christianisme est sapée et le christianisme s'écroule en nous, comme doit s'écrouler tout royaume divisé contre lui-même. Si l'on veut s'appuyer sur la conscience, il faut la suivre jusqu'au bout[1].

Dans la sphère de la pensée scientifique, nous n'avons pas de peine à nous soumettre à cette recommandation. Le point réputé ténébreux est celui d'où jaillit la lumière; bien loin d'être opposée à la liberté, la grâce nous apparaît identique à la liberté. La grâce de Dieu nous affranchit; elle se manifeste précisément en ceci que nous sommes libres. La grâce est le don de la liberté; source première de notre liberté dans la vie présente, elle manifeste sa richesse intarissable en renouvelant cette puissance que nous tendons incessamment à détruire par un mauvais emploi.

En résumé, Messieurs, le premier effet de la grâce étant une création nouvelle, l'homme trouve en lui-même deux principes d'action, deux volontés :

1° Sa volonté primitive déjà pervertie, principe d'égoïsme ou de mal. Déterminée dans sa direction par un acte irrévocable, elle prend le caractère de nature ou de nécessité.

[1] Cette vérité frappait beaucoup le paternel ami que nous regrettons, M. Vinet. Il l'a défendue dans ses écrits religieux contre l'interprétation extrême des doctrines d'Augustin et Calvin qui caractérise le réveil du protestantisme dans notre siècle. Cette opposition indirecte et très-réservée a fini par se manifester expressément dans deux lettres publiées par la *Réformation au XIXe siècle*, journal protestant de Genève, le 7 et le 25 mars 1847. L'auteur écrivit ces lettres sur son lit de mort. Puissent les dernières paroles, si pesées et si mûries, d'un homme précieux à l'Eglise, devenir pour elle la semence d'une vie nouvelle!

2° La volonté encore indéterminée produite par la grâce. Voilà le point de départ.

La Restauration est accomplie lorsque la volonté née de la grâce, s'étant déterminée dans le sens du bien, s'est assimilé la première en lui faisant abandonner sa position accidentelle et maladive. Alors la créature se trouve une en elle-même et une avec Dieu. Voilà le but.

Au point de vue philosophique, la rédemption repose donc sur la pénétration réciproque de la grâce et de la liberté. La liberté ne peut rien sans la grâce, car la liberté n'est plus sans la grâce; mais la grâce ne peut rien non plus sans la liberté, car l'œuvre de la grâce ne saurait être autre chose qu'une guérison morale, c'est-à-dire le développement de l'amour de Dieu dans notre âme, c'est-à-dire la réalisation de notre liberté.

Un célèbre moraliste de notre siècle, Schleyermacher, a posé le problème de la morale en ces termes : Pénétration réciproque de la nature et de la liberté. Il faut, dit-il, que la nature se transforme en liberté et la liberté en nature. Cette maxime féconde et dont les développements manifesteraient la profondeur, ne trouve son explication véritable que dans l'idée chrétienne dont nous partons. Au point de vue du panthéisme elle demeure incompréhensible; car le panthéisme ne saurait s'élargir assez pour donner place à la liberté véritable. Nous, au contraire, nous pouvons comprendre cette assimilation, parce que nous ramenons tout à la liberté. La nature elle-même est liberté dans son essence première. En se déterminant la liberté s'aliène ou se confirme; dans l'un et l'autre cas elle devient nature;

la liberté aliénée est notre nature actuelle ; la liberté confirmée est la nature que nous devons revêtir. De fait nous nous trouvons à la fois nature et liberté, et l'opposition de ces deux principes, leur divergence, leur désharmonie est la redoutable énigme de notre être, qui réclame elle-même une explication de fait. C'est ce désaccord incontestable que nous essayons d'expliquer par la chute et par la restauration, c'est-à-dire par l'idée de deux origines, de deux créations distinctes dans le même être, mais destinées à s'unir. Sous l'influence de la liberté morale et du principe dont elle procède, la nature primitivement libre doit recouvrer graduellement sa liberté, et les deux éléments constitutifs de notre être, se fondant ainsi dans une forme commune, doivent réaliser ensemble notre vraie nature, qui n'est pas la liberté d'indifférence, mais la liberté de la perfection. Il faut donc que la nature redevienne libre en nous pour que la liberté devienne à son tour notre nature.

Telle est l'idée abstraite de la restauration considérée dans le sujet où elle s'accomplit. Maintenant, si nous tournons nos regards du côté de la puissance restauratrice, nous voyons que sa fonction durant le cours de cette œuvre merveilleuse doit être de solliciter, d'éclairer la volonté qu'elle a rétablie, de la renouveler incessamment par l'effusion de sa grâce, jusqu'à ce qu'elle soit assez forte pour s'assimiler la volonté déchue, c'est-à-dire la nature altérée, et pour assurer, en s'unissant avec elle à Dieu, le règne paisible de la sainteté.

Le rôle du Sauveur pendant la restauration est un rôle de patience, d'abaissement et de douleur. En effet, il consent à créer sur le fond souillé de la créature primitive ; il expose aux périls de la lutte son propre fruit, sa propre essence, le germe de l'homme nouveau. Dieu réprime ici sa puissance absolue selon une restriction qu'il n'a point voulue, mais à laquelle il se soumet. Il consent donc à n'être point sous la forme de Dieu ; sans se corrompre il s'unit à l'être corrompu ; il voit le mal et il le souffre, lui le Saint. Quel abîme ! et du sein de cet abîme quelle lumière ! L'histoire, la Nature, toutes les traditions, tous les symboles, tous les soupirs de l'humanité, témoignent de cette souffrance de Dieu. Quand l'Evangile nous montre un Dieu mourant sur une croix, il nous enseigne une chose qu'assurément nous ne pouvions pas prévoir, mais on se trompe en taxant son récit d'invraisemblance. Au contraire, une fois le mot prononcé, il semble qu'on ne pouvait pas viter d'arriver là. Le mal est la négation de Dieu. Dieu ne peut pas consentir à ce que le mal soit sans consentir à n'être pas Dieu ; et cependant il faut que le mal ait son cours pour que la liberté soit réelle ; Dieu permet qu'il se réalise afin de le guérir. Mais la guérison de l'humanité ne peut en un sens venir que d'elle-même. Sa guérison est une mort. L'œuvre est de persuader à la nature de mourir. Il y a dans chacun de nous un principe qui doit mourir. Christ est mort le premier, pour nous engager à suivre ses sanglants vestiges. Il est l'auteur et l'initiateur de notre affranchissement.

Mais j'ai tort, Messieurs, d'anticiper sur les matières dont il me reste à vous entretenir, et de déranger l'ordre auquel nous nous sommes astreints jusqu'ici, dans le moment peut-être où l'ordre et la sévérité nous deviennent le plus nécessaires.

Nous avons marqué le commencement et la fin de l'œuvre restauratrice; nous en avons fait comprendre l'idée essentielle relativement au sujet et à l'agent du salut; mais nous n'avons rien dit du milieu, des moyens, de la manière, en un mot, dont l'œuvre s'accomplit. Nous ne l'avons pas fait, Messieurs, parce que la chose était impossible. Le comment et les moyens ne sont pas l'affaire de la pensée *a priori*, c'est à l'expérience à nous en instruire.

Je dis l'expérience, et sous cette notion compréhensive je fais rentrer la Révélation. En effet, Messieurs, je n'admets point, comme on l'a enseigné dans un temps assez rapproché de nous, que Dieu ait parlé pour nous apprendre un peu plus tôt des vérités que le raisonnement nous eût infailliblement enseignées un peu plus tard. Je me résignerais plus aisément à croire que Dieu n'a pas parlé du tout. Non, la philosophie ne saurait suppléer à la Révélation. Il faut croire à la Révélation (quelles que soient les limites précises de cette idée) pour connaître ce qui fait son objet propre et peut-être son unique objet, je veux dire le sacrifice de Jésus-Christ pour l'humanité. Mais comme le christianisme révélé s'adresse à la conscience morale, une philosophie fidèlement construite d'après les indications de la conscience morale nous démontre la nécessité du christianisme; elle lui fait sa place en dessinant la lacune qu'il doit combler.

Et comme elle appelle le christianisme, celui-ci la réclame à son tour. Nous l'avons déjà fait entendre, la distinction du naturel et du surnaturel ne se fonde que sur l'apparence. Le pur élément moral les unit en les dépassant. Mais l'œuvre du christianisme est toute morale; la philosophie qui a choisi l'idée morale pour critère et pour boussole, suivant constamment l'analogie du christianisme, peut donc en espérer l'intelligence. Ceci n'est pas, je crois, l'orgueil de la raison, mais plutôt la confiance de la foi. Autre chose est de deviner le christianisme, autre chose de le comprendre après qu'il nous a été donné. Plusieurs estiment que le christianisme ne serait plus divin si la raison parvenait à l'entendre. Je me demande si ces personnes, dont le sentiment est d'ailleurs infiniment respectable à mes yeux, se font une juste idée de l'harmonie qui doit régner dans toutes les parties de l'homme régénéré, et de l'influence que le christianisme lui-même est appelé à exercer sur la pensée. Non, le divorce de la raison et de la foi ne peut pas être éternel; et pourquoi, Messieurs, ajourner d'une vie cette réconciliation, qui est, elle aussi, une délivrance, si nous sommes véritablement sauvés dans celle-ci? Il faut que ce but soit atteint, ou l'humanité reste déchirée. Il faut donc que l'humanité arrive à l'intelligence du christianisme révélé pour que l'œuvre de régénération, de transformation, d'affranchissement et de salut dont le christianisme s'est chargé, soit réellement accomplie.

Mais si les titres que la religion présente à nos respects ne sont pas des titres faux, le moyen d'atteindre le but ne saurait être de rendre le christianisme raisonnable : la vraie méthode est bien plutôt de rendre la raison chrétienne.

Il s'agit donc d'une œuvre surnaturelle, qui cependant doit s'accomplir par des moyens naturels. On ne peut transformer la raison qu'en s'appuyant sur la raison, comme on ne peut changer la volonté qu'en employant la volonté. Science et foi, grâce et liberté, mensongères antithèses! la vérité n'est pas au milieu, elle est dans le tout. Il y a là, j'en conviens, une pétition de principes, on peut le reconnaître sans détour, car elle est sublime. Elle est sublime, Messieurs, parce qu'elle est fondée. L'humanité n'a-t-elle pas confessé sa corruption, et la raison son impuissance? Ont-elles besoin qu'on leur prouve qu'elles sont malades et qu'il faudrait guérir? Il y a donc réellement dans la raison quelque chose qui annonce la nécessité et la possibilité d'une métamorphose, puisqu'elle est évidemment construite en vue d'un but qu'elle n'atteint point.

Aussi nous ne prétendons pas que la philosophie qui réconciliera la pensée avec le christianisme s'élève indépendamment de l'influence chrétienne; mais la question de savoir quelles circonstances ont suggéré une doctrine est une question presque personnelle, à laquelle je ne crois pas qu'il fût, à la rigueur, nécessaire de répondre. Il suffit, pour en constater la légitimité philosophique, qu'elle ne s'adresse qu'à la conscience et à la raison.

Je dis à la conscience et à la raison, non à la raison seule, à la raison abstraite, mais à la conscience et à la raison, à la conscience élevée à sa vraie puissance par la raison, qui est, vous le savez, le sentiment de l'infini, à la raison contenue, orientée et pénétrée par la conscience. Peut-être en rétablissant la conscience morale comme critère de la vérité, la sincérité loyale d'un Kant, incrédule dans un siècle incrédule, a-t-elle fait autant pour une durable démonstration du christianisme que le sublime génie d'un Pascal. Mais je ne veux point opposer l'un à l'autre deux esprits si bien faits pour s'entendre. Ce que je tiens plutôt à marquer, c'est la nécessité de compléter l'apologie négative et de Pascal et des disciples chrétiens du plus grand des rationalistes, qui prouvent indirectement la nécessité de la Révélation en insistant sur l'impuissance de la pensée, par une apologie positive fondée sur la conscience, qui démontre directement la vérité du christianisme en faisant voir en lui la solution des problèmes que la pensée se pose, c'est-à-dire l'accomplissement de cette pensée, dont la gloire suprême est d'atteindre l'intimité du christianisme en s'identifiant avec lui. Oui, sans doute, il faut que la raison s'humilie, il faut qu'elle se prosterne, qu'elle s'abîme, et que, sans le comprendre, elle accepte le christianisme en adorant, sur l'autorité du besoin qu'elle en a. Mais, pour elle aussi, la mort est le chemin de la vie, pour elle aussi, le sacrifice amène la bénédiction. Une fois le christianisme accepté, l'humanité s'en pénètre et la pensée comme la société se transforment peu à peu à son image.

Cette transformation s'accomplit : notre siècle en marque une des phases : ce qui nous paraît l'immuable condition de la raison humaine n'est en réalité que l'état de fait de la conscience au moment précis de l'histoire que nous occupons. Plus l'assimilation s'avance, plus le christianisme devient naturel à l'intelligence des chrétiens. Qu'il y ait dans cette marche du ralentissement, des retours en arrière, que le sens de l'Evangile semble quelquefois se perdre même chez les gardiens de la foi, il n'importe. Là, comme partout, le mal et l'obscurité font sentir leur influence ; là, comme partout, le mal est surmonté par le bien. Pour moi je ne me flatte pas d'avoir atteint le but; je sens autrement que vous peut-être, mais non moins fortement que vous, l'imperfection des essais que je vous apporte; mais je suis profondément convaincu de la légitimité, de la nécessité de nos communs efforts. Je suis convaincu qu'il y a un chrétien en germe dans tout homme attentif à sa conscience, et que la raison éclairée par la conscience, s'appliquant à l'histoire universelle, s'appliquant au christianisme comme à un fait, comme à un problème, comme à un élément de cette histoire, doit trouver en lui la pleine satisfaction de ses besoins. Ne faut-il pas qu'il en soit ainsi? Quand le cœur est guéri, l'esprit pourrait-il rester malade? Mais si la raison est satisfaite par l'Evangile, c'est qu'il lui paraît raisonnable, et s'il lui paraît raisonnable, c'est qu'elle croit l'avoir compris.

Il faut donc, Messieurs, dans cette question grave et délicate des rapports entre la religion et la philosophie, distinguer la raison païenne de la raison chrétienne, et reconnaître, d'un côté, que la raison ne saurait comprendre le christianisme, sinon par l'influence et par la vertu du christianisme lui-même, de l'autre, que cette intelligence du christianisme est une partie de l'œuvre de notre rétablissement à laquelle nous ne saurions renoncer, parce qu'elle en forme un élément indispensable. Ajoutons que la différence entre la raison chrétienne et la raison païenne ne peut être appréciée d'après des marques sensibles. La régénération commence par la volonté. La condition de l'intelligence est avant tout la bonne volonté, la fidélité de la conscience[1].

[1] Voyez tome Ier, leçon V, pages 90-91.

En indiquant d'une manière tout à fait générale les moyens par lesquels s'accomplit la rédemption de l'Humanité, nous aurons donc à nous expliquer sur les principales doctrines du christianisme, que nous envisageons comme appartenant à la philosophie de l'Histoire, dont elles forment à proprement parler le centre et la substance. Nous ne pensons point que la raison naturelle eût prédit ces choses avant l'événement; mais nous pensons qu'après l'événement et sa proclamation dans l'Eglise, la raison chrétienne doit chercher à les entendre et qu'elle peut y parvenir. C'est dans ce sens que nous en revendiquons l'examen pour la philosophie.

Au surplus en avouant (soin superflu peut-être) la nécessité de la tradition pour connaître des faits historiques, nous ne soumettons l'interprétation de ces faits à l'autorité d'aucun symbole, d'aucune exégèse. Il m'importe assurément beaucoup que mes vues soient d'accord avec la conscience chrétienne, dans ce qu'elle a d'intime, de permanent et de fondamental; je mets le plus haut prix à les trouver confirmées par l'auguste autorité de l'Ecriture. J'ose penser qu'un examen sans préjugé rendra leur accord manifeste; mais le caractère de notre enseignement m'interdit d'exposer ici les motifs de mon espérance et de discuter les objections nombreuses et considérables qui pourraient m'être adressées au point de vue proprement théologique. Encore un coup, quelles que soient les sources de cette philosophie, elle n'a d'autre prétention que celle de toute philosophie sérieuse, la prétention de se fonder sur elle-même et de rendre compte des faits. D'ailleurs, indépendamment de ces raisons de forme et de convenances, une contradiction même incontestable avec tel ou tel mot de la Bible ne pourrait pas nous être opposée avant qu'on ne se fût préalablement entendu sur l'authenticité de chacun des passages du Canon et sur la nature de l'inspiration qu'on leur attribue, question complexe et difficile, où l'on peut varier sans cesser pour cela d'être chrétien.

Si nous voulions nous acquitter complétement de notre tâche, ce n'est pas le seul Evangile que nous aurions à résumer, c'est l'Histoire tout entière, dont le nœud sanglant et le couronnement suprême se trouvent en Jésus-Christ. Je dis l'Histoire tout entière, celle de la Nature comme celle de l'humanité.

La Nature est comprise en effet dans l'œuvre de la Restauration : nous essayerons de le prouver dans la leçon prochaine. Ensuite, sans nous arrêter aux phases antérieures à l'apparition de l'homme au sein de la Nature, nous chercherons à nous expliquer, au point de vue de la Restauration, la condition naturelle de l'existence humaine, les rapports essentiels de l'espèce et des individus, et nous arriverons enfin aux doctrines proprement chrétiennes, en dehors desquelles aucun problème ne peut être définitivement résolu.

VINGT-HUITIÈME LEÇON.

XXXIV. *L'Histoire de la Nature dans toutes ses phases est comprise dans la Restauration.* La nature porte les traces de la chute, nous l'avons vu. Cela s'applique non-seulement à la nature actuelle, mais aux époques antérieures à l'apparition de l'humanité, époques dont la comparaison atteste en elles un progrès constant, dont le terme est la production de l'humanité comme espèce.

XXXV. *L'apparition de l'humanité comme espèce sensible n'est qu'une phase dans la restauration de l'humanité.* La chute primitive est *notre* chute dans ce sens que chacun de nous est réellement compris dans le sujet qui a failli, autrement nous ne saurions en être responsables. D'autre part, la solidarité des destinées humaines nous atteste l'unité de la chute. L'humanité a donc existé d'abord dans la forme d'unité. La pluralité individuelle vient de la chute et doit s'expliquer par la restauration.

Messieurs,

L'idée de la restauration embrasse et résume l'histoire de la Nature comme celle de l'Humanité : la restauration, c'est l'histoire universelle, l'Histoire au sens absolu du mot. En effet la créature est essentiellement une comme l'acte créateur ; la chute primitive est une, et la restauration a pour but de rétablir la créature dans son unité en la rétablissant dans la vérité de son essence.

La nature des faits que nous avons allégués pour prouver la chute, a dû faire comprendre aux esprits réfléchis qu'il est impossible de considérer cet événement comme une perturbation arrivée au sein de l'économie actuelle du monde sensible, puisque le monde sensible est altéré par la chute jusque dans ses fondements métaphysiques. Il faut donc admettre que l'ensemble des phénomènes qui constituent la nature actuelle est postérieur à la chute, et pour cette raison déjà il faut voir dans la nature un appareil de restauration, un élément de l'œuvre de la restauration. La démonstration complète de cette vérité appartient à la philosophie de la Nature, qui s'appuierait essentiellement, pour la fournir, sur les résultats généralement connus de l'étude des êtres organisés dont l'écorce de la Terre renferme les débris[1].

Nul ne songe plus à le contester aujourd'hui : la planète que nous habitons a subi une série de révolutions dans lesquelles les formes de la vie organique ont été chaque fois détruites et renouvelées. Eh bien, dans toutes les périodes qu'elle a traversées, la Nature a présenté des phénomènes qui ne se justifient pas à la pensée sans une influence au moins indirecte du mal moral : désordre, perturbation, souffrance, mort violente, destruction des êtres sensibles les uns par les autres. Enfin l'organisation de ces êtres, du moins dans les dernières époques, révèle en eux la présence des instincts correspondant à nos actions coupables, et qui nous fournissent aujourd'hui des symboles pour désigner les

[1] Lorsque nous parlons de la Nature dans ses rapports avec l'humanité, il n'est pas nécessaire de porter nos regards au delà de ce globe. Le peu que nous savons des autres ne saurait modifier nos conclusions.

vices de l'humanité. Ainsi nous constatons, par ses effets indirects, la présence du mal moral dans l'économie de la Nature antérieurement à l'apparition de la race humaine.

Il y a plus, Messieurs. Les époques de la Terre contiennent les phases d'un développement physiologique universel. L'homme, considéré comme un être organisé, est le terme de cette progression, du moins pour une classe importante du règne animal, celle des vertébrés. Cette forme, évidemment la plus élevée et la plus parfaite, apparaît dès la première époque connue. Tous les autres genres d'êtres organisés soutiennent avec elle des rapports dont l'examen confirmerait, en en précisant la portée, le principe général que nous venons d'énoncer; mais contraints de nous renfermer dans les limites les plus étroites, nous nous en tiendrons à la classe dans laquelle la progression historique vers un type unique est incontestée. Les premières formes dans lesquelles se produit une classe de vertébrés sont généralement de celles que les principes de l'anatomie comparée placeraient au nombre des plus parfaites de cette classe, dont l'expression la plus simple, c'est-à-dire les moindres représentants, arrivent les derniers. Ainsi les mammifères de l'époque immédiatement antérieure à celle de l'homme l'emportaient sur les mammifères actuels, non-seulement par leurs dimensions, mais surtout par le volume de leur cerveau. Des observations multipliées constatent un fait très-curieux : dans l'époque qui précède l'apparition d'une classe importante, les êtres organisés semblent prophétiser sa venue, en se modifiant dans le sens de cette forme supérieure qui n'existe point encore. C'est ainsi qu'avant la venue de l'oiseau, l'amphibie en affecte les formes et les allures dans des types bizarres qui disparaissent absolument aussitôt qu'il existe de véritables oiseaux. La classe inférieure est emportée dans la direction de la supérieure, qui n'existe pas encore au dehors, et elle n'arrive à sa véritable expression que plus tard, lorsque la forme supérieure s'est dégagée et a conquis une vie à part. Mais il y a plus; toutes les classes sont entraînées dans la direction de l'organisme corporel supérieur, celui de l'homme qui doit venir. Quand l'homme surgit, elles rentrent dans leurs limites et réalisent alors avec pureté leur type animal primitif. Ce n'est donc que dans la création contemporaine que les espèces d'animaux conservées jusque-là ou produites alors pour la première fois, sont arrivées à la réalisation pure et simple de leur idée et se détachent librement les unes des autres. Tandis qu'auparavant tout était attiré çà et là par des forces étrangères, la création actuelle laisse à chaque être sa place et son originalité; les tendances supérieures à chaque type y sont réalisées et satisfaites avec la tendance supérieure à l'animalité tout entière. La série entière des vertébrés telle qu'elle apparaît historiquement dans les époques de la nature, se trouve donc dans un rapport physiologique avec l'homme. Il n'y a pas de vertébré, et il n'y en a jamais eu, qui, dans une classification véritablement scientifique, ne reçoive sa place en partant de l'homme, selon ses rapports avec l'homme et la distance où il est de lui.

Si ces propositions sont vraies, et nous les tenons pour démontrées, on en conclura sans trop d'effort que les principes réalisés aujourd'hui sous des formes distinctes, étaient tous présents à toutes les époques, cherchant à se dégager, à se séparer, à se produire chacun à part dans des corps appropriés à leur nature. Et pour nous en tenir au point qui nous intéresse, on en conclura que l'homme était présent, actif au sein de la Nature, avant qu'il y fût manifesté.

Cette idée, qui semble paradoxale, jaillit directement des faits. Elle est confirmée par de puissantes analogies. On a tant abusé dans la philosophie de l'histoire de la comparaison entre l'espèce et l'individu, que nous hésitons à la rappeler, même en cette matière où elle serait mieux justifiée. Veuillez pourtant y penser : nous ne voyons aucun être organisé sortir tout fait des mains du Créateur, comme un ouvrage de l'industrie. L'être vivant est créé sans doute ; mais c'est comme force qu'il est créé. Tout être vivant construit son corps lui-même. N'est-il pas naturel de penser que cette loi des individus s'étend aux espèces, qui sont aussi créées, mais comme espèces, c'est-à-dire comme idées, ou plutôt comme forces, et qui produisent aussi l'organe de leur manifestation ? L'analogie que nous invoquons devient bien puissante, lorsqu'on réfléchit qu'en produisant son propre corps l'être individuel élabore les germes qui servent de point de départ à la vie d'êtres nouveaux. Au fond, la génération d'un individu est un acte de l'espèce, et nous voyons sous nos yeux l'espèce conserver par une production incessante la forme visible de son existence. Où chercher le secret de son origine sinon dans la loi de son essence ?

Ainsi l'humanité visible s'est donné sa forme à elle-même, comme chaque individu se donne sa forme lui-même par le développement spontané de son germe. Le génie de l'humanité était présent aux époques de la Nature, il a eu sa part de ce laborieux enfantement ; et la science naturelle confirme, sans l'éclaircir, le mystérieux axiome de la métaphysique, selon lequel il faut que l'être libre détermine sa propre existence et soit son propre créateur. Cet axiome de la métaphysique est, Messieurs, la loi suprême de la Morale ; c'est la loi de la liberté, dont il exprime l'essence, et si la liberté est vraiment le principe universel, comment la loi de la liberté ne régirait-elle pas toutes les sphères de l'être? Il faut donc que l'homme, créé force libre, ait produit lui-même son organisation dans le sein obscur de la Nature, comme l'embryon produit ses organes dans le sein maternel. Les créations successives marquent les phases de cette élaboration de l'humanité. L'humanité sans doute n'a point existé dans la forme de plante ou d'animal avant d'exister dans la forme humaine, mais les végétaux et les animaux du présent, comme ceux du passé, ont été déterminés dans leur forme et dans leur être par leur rapport direct ou indirect avec l'organisme de l'homme, qui n'a paru qu'à son jour.

Si l'on reconnaît une progression dans les créations antérieures à la nôtre, si les rapports internes qui les lient entre elles et avec la nôtre, nous obligent à voir en elles des époques préparatoires ; si, d'autre part, soit les faits particuliers que nous avons cités, soit l'opposition entre tout ce qui pouvait exister dans ces époques et la création idéale que le motif du Créateur nous permet de concevoir, nous assurent que le principe du mal moral était actif dans le Monde à toutes les époques dont nous pouvons obtenir une connaissance expérimentale quelconque, nous devons avouer, par une conséquence forcée, que ces époques appartiennent au procès de la restauration, et que la chute les a précédées [1].

La vérité de cette conclusion ressortirait à nos yeux du seul fait d'une succession progressive. Pourquoi l'idéal n'aurait-il pas été réalisé du premier coup, s'il n'eût pas rencontré d'obstacles? L'humanité, qui voit dans le progrès la suprême loi de l'univers, se plaît à constater le progrès antérieurement à sa propre existence. Mais, encore une fois, une loi n'est qu'un fait, le fait universel est l'énigme universelle pour l'esprit qui cherche la Cause. Celui que des raisons intérieures ont contraint à placer la perfection au commencement, c'est-à-dire à croire en Dieu; celui qui voit dans le Monde l'œuvre libre d'un Dieu parfait qui veut la perfection, ne peut qu'être étonné du progrès partout où il le constate, car le progrès suppose l'imperfection au point de départ. Pour concilier ces commencements imparfaits que l'expérience lui révèle, avec la perfection de la création divine dont il est certain *a priori*, il faut qu'il admette une altération des rapports primitifs et l'introduction accidentelle d'un principe de résistance qui ne peut être surmonté que graduellement. Ce chemin lui est ouvert par l'idée de la liberté relative de la créature, qui est sa perfection essen-

[1] L'auteur a été obligé, dans ce qui précède, de s'en référer aux résultats de recherches dans lesquelles la philosophie a nécessairement une grande part, mais qu'il n'aurait pas pu reproduire sans changer toutes les proportions de son travail. Les questions qui surgissent ici n'intéressant pas directement la morale, il a cru devoir s'en tenir à de brèves indications, sans prétendre lever tous les doutes. On trouvera sur ce sujet quelques développements de plus dans un opuscule de l'auteur : *De l'âme et du corps*, dissertation académique imprimée à Lausanne en 1841.

tielle. Ainsi puisque nous voyons la loi d'évolution progressive régner dans le Monde avant l'apparition de l'humanité dans sa forme sensible, nous sommes obligés de placer la chute avant cette apparition.

Je me résume : L'histoire de la Nature dans les phases qu'elle a parcourues antérieurement à la race humaine, ne s'explique pas sans l'intervention des idées de mal et de progrès. Nous n'y trouvons pas sans doute des manifestations directes du mal moral, mais nous y trouvons des faits qui supposent l'influence du principe du mal. Et comme le mal ne saurait avoir d'autre origine que la volonté des êtres libres, nous sommes contraints de placer avant toutes les révolutions matérielles dont les sciences expérimentales nous permettent de remonter le cours, une détermination de la créature libre. La chute précède les révolutions naturelles et les explique. Mais elle ne les explique pas seule : avant la venue de l'homme naturel, de la race humaine, la Nature n'était pas livrée purement et simplement aux conséquences de la chute. Sa marche est un progrès, dont l'apparition de l'humanité forme en quelque sens le terme. La Nature subit avant l'homme l'influence du principe restaurateur.

Et cette chute antérieure à la constitution de la nature actuelle comme aux révolutions qui la préparent, est bien la Chute dans le sens universel, la chute de l'humanité et, négativement du moins, le point de départ et la raison d'être de notre histoire, comme la restauration dans la nature est le commencement de notre restauration, point de départ et raison d'être de notre histoire au sens positif. En effet nous y sommes intéressés. La chute et la restauration dont les périodes de l'histoire du Monde antérieures à nous conservent les marques, déterminent la condition de notre propre existence; et comme, d'après le principe *a priori* que nous avons adopté sur l'autorité de la conscience morale et de l'évidence intellectuelle, il appartient à l'être libre de déterminer sa condition lui-même, il est clair que cette chute est notre chute, cette restauration, notre restauration.

Indépendamment de ces raisons tirées des sciences d'observation, nous serions conduits au même résultat par une considération tout à fait générale, impliquée dans les derniers mots que je viens de prononcer.

C'est en analysant notre propre condition que nous sommes arrivés à l'idée d'une chute. La chute est une hypothèse imaginée ou plutôt accueillie, pour nous expliquer nous-mêmes. Dès lors, Messieurs, il faut admettre, comme nous l'avons déjà dit, que cette chute est notre chute, et que le sujet dans lequel s'accomplit cette catastrophe, la créature primitive dont nous avons parlé jusqu'ici, n'est en réalité que nous-mêmes. Autrement l'hypothèse de la chute ne nous servirait de rien. Il ne serait nullement conforme à la justice de Dieu et moins encore, si possible, à son amour, que nous fussions rendus responsables d'une faute que nous n'aurions point commise. Je ne m'arrêterai pas à le démontrer : l'incrédulité m'en évite la peine. On sait quelles armes lui fournit une interprétation superficielle du dogme de la déchéance. Ses coups sont ici redoutables, car ils nous frappent dans la meilleure partie de nous-même ; ils atteignent la conscience morale; et comment admettre, Messieurs, que la véritable religion contredise jamais la conscience, puisque c'est à la conscience que la religion en appelle pour témoigner de sa vérité? — Non, si nous sommes traités en coupables, c'est que nous le sommes en effet; et si nous sommes coupables dès notre naissance, c'est que nous avons commis le mal avant de naître. Il est vrai que nous n'en avons aucun souvenir, mais peut-être n'en sera-t-il pas toujours ainsi. Ce défaut de mémoire ne prouve rien, puisqu'il est certain que nous ne nous connaissons pas tout entiers. Il faut que de grands changements s'accomplissent en nous pour que nous réalisions notre essence; alors peut-être notre pensée remontera jusqu'à notre origine, et ce que nous affirmons maintenant sans le comprendre, sur la foi de l'idée morale, deviendra vérité d'expérience et d'intuition. Dans ce moment la question n'est pas de savoir si nous allons au delà de ce que l'expérience peut justifier; l'expérience n'est pas notre critère; la question n'est pas de savoir si nous pouvons nous faire une idée claire d'une faute par nous commise antérieurement à notre existence individuelle, notre critère n'est pas la clarté des idées; la question est de savoir si cette proposition est nécessaire pour que nous puissions reconnaître dans le Monde la réalisation parfaite de l'ordre moral, car la conscience morale est la pierre de touche qui nous sert à distinguer le vrai du faux; la loi de la volonté est le critère supérieur de la vérité; cela résulte directement de la manière dont nous avons déterminé le premier principe de l'univers [1].

[1] Voyez leçon XVI, tome Ier, pages 340-348, et leçon XVIII, tome II, pages 19-22. Comparez leçon II, tome Ier, pages 35-36. On voit par le

Posée ainsi, la question est résolue. Ceux qui expliquent la transmission du mal de génération en génération par des causes naturelles et comme un fait inévitable, sont dupes d'une étrange illusion. Cette nécessité, que nous reconnaissons exister dans le monde, est précisément ce qu'il faut concilier avec la justice. Il ne s'agit pas de décrire les phénomènes, il s'agit de sauver l'honneur de Dieu! Toute doctrine qui, faisant de Dieu une personnalité morale, arrive, sous une forme dogmatique, empirique ou rationnelle, peu importe, à dire que les conditions de l'existence ou de l'activité des créatures libres de ce Dieu sont altérées indépendamment du fait des créatures elles-mêmes, toute doctrine pareille est frappée de contradiction. Elle nie ou la souveraine bonté de Dieu ou sa Toute-puissance.

C'est donc nous qui avons failli, et non pas seulement l'auteur de notre race. La solidarité du mal dans le monde est un fait avant d'être un dogme; elle intéresse également les philosophes et les théologiens. Eh bien, Messieurs, au fond de toutes les explications que les théologiens et les philo-

rapprochement de ces passages qu'il y a un cercle dans la manière dont nous déterminons le critère. La conscience morale, loi de la volonté, est à nos yeux le critère supérieur de la vérité, parce que la volonté est le principe de l'être, proposition qui découle de notre définition de l'absolu. Nous avons justifié cette définition de l'absolu; mais nous la cherchions dès le principe : nous la cherchions parce que nous en avions besoin pour fonder la morale; nous la cherchions par respect pour la conscience morale. Ainsi nous avions, dès le principe, adopté la conscience morale pour critère. C'est qu'en effet l'autorité de la conscience morale sur la pensée n'a pas besoin d'être justifiée, mais seulement d'être expliquée. L'ayant d'abord reconnue, nous avons essayé ensuite de l'expliquer.

sophes ont essayé d'en donner, vous ne trouverez qu'une seule idée, que plusieurs admettent sans se l'avouer : cette idée, c'est l'unité substantielle de l'humanité. Si nous avons failli nous-mêmes, avant notre existence actuelle, ce n'est pas comme individus. Les mythes platoniciens de la préexistence des âmes qu'on essaye de rajeunir, ne suffisent pas mieux à rendre compte des faits qu'ils ne s'accordent avec la tradition chrétienne. En supposant que chaque individu souffre ici-bas d'une faute particulière qu'il aurait commise dans une vie précédente, on justifie à la vérité les misères de sa condition et l'altération de son caractère moral ; mais cette idée, en faisant de chacun de nous une création à part, un monde à part, contredit à la fois l'histoire et la conscience. L'expérience ne nous enseigne pas seulement que tout homme naît imparfait et disposé au mal ; elle nous enseigne la solidarité des individus, la solidarité des générations, la solidarité de l'espèce humaine. Le travail de chacun est un profit pour tous, la faute de chacun retombe sur tous ; nous ne pouvons ni nous élever ni descendre sans relever ceux qui nous entourent ou sans les abaisser. Ce qui est liberté chez les pères devient nature chez les enfants. L'idée de la solidarité domine l'histoire : la repousser, c'est nier l'histoire, et considérer les faits qui nous l'attestent comme des phénomènes passagers, sans influence au delà de la vie présente, sans valeur métaphysique et sans valeur morale, c'est briser par l'exagération d'un vain idéalisme les liens qui unissent le présent à l'éternité.

Nous le condamnons, cet idéalisme, non-seulement parce qu'il fait de la vie une vaine apparence et de l'histoire un mensonge, mais surtout parce qu'il insulte au sentiment moral. La solidarité que nous constatons en fait est pleinement fondée en droit. Si l'histoire nous parle de solidarité, le cœur nous parle de fraternité. Il n'existe pour l'homme aucun idéal de perfectionnement individuel indépendamment de ses semblables. Cet idéal de perfection égoïste est un idéal fantastique et vide. La loi du devoir nous commande de travailler au bien de tous. C'est sur ce fait concret du devoir de la charité que la philosophie doit avant tout se régler, parce que ce fait est pour elle irréductible. Elle n'a pas le droit d'y rien changer, mais il faut qu'elle en rende compte et qu'elle le place à son rang. Eh bien, cette loi de la charité, ce fait que chacun de nous est appelé du dedans à procurer le bien de ses frères, et qu'il ne peut réaliser l'idéal de son essence sans faire avancer autant qu'il dépend de lui l'humanité tout entière vers son idéal, ce fait, qui est la loi suprême, demeurerait inexplicable si l'individu était séparé des autres non-seulement dans son existence et dans sa responsabilité présentes, mais dans son origine, dans son essence et dans son but.

Le péché originel dont parle la Tradition, la solidarité que l'expérience constate, la charité qu'ordonne la Morale, sont les noms divers, les aspects divers d'une seule et même vérité philosophique : l'unité substantielle de la création morale, l'unité substantielle de l'humanité. Sans cette unité, le péché originel est une injustice, la solidarité humaine un mensonge, la charité une loi arbitraire et inexplicable. La chute est donc une, l'auteur de la chute est un seul et même être moral, l'auteur de la chute, c'est nous-mêmes. Nous étions un dans la chute, nous étions un avant la chute, comme nous sommes appelés à redevenir un par l'accomplissement de la Restauration.

De là résulte évidemment que la chute est, comme nous le disions, antérieure à la constitution de la Nature, et que l'origine de cette nature doit être cherchée dans le plan de la restauration. En effet nous ne pouvons point nous représenter cet être, auteur de la chute primitive, dont la personnalité renfermait toutes nos personnalités, dont la substance était identique à celle de tous les individus dont l'humanité se compose, et que par cette raison nous pouvons appeler l'Humanité. Nous en affirmons l'existence pour obéir aux nécessités de la pensée, nous ne réussissons point à la saisir directement, d'une manière intuitive, parce que l'expérience ne nous offre aucun secours pour cela. Un tel être ne ressemble à rien de ce que nous voyons dans le monde. Mais ce que nous comprenons parfaitement, c'est qu'il ne saurait appartenir à ce monde, et comme il est pourtant nécessaire à son intelligence, il faut bien qu'il l'ait précédé. Je n'insisterai pas. Il résulte immédiatement et nécessairement de l'idée que l'auteur de la chute est un principe universel dans lequel chacun de nous doit se retrouver, la conséquence que la chute est antérieure à la constitution présente du monde.

On objectera sans doute à cette théorie ce qu'elle semble avoir d'étrange, de fantastique. Je donnerais beaucoup pour éviter cette critique, mais j'aime mieux l'encourir que de simplifier la question en supprimant quelqu'un des éléments qu'elle renferme. En réalité la doctrine que je viens d'exposer est si peu l'œuvre de l'imagination, qu'elle passe en tous sens l'imagination, et c'est là proprement l'origine du reproche que nous pressentons. J'espère, Messieurs, que nos dernières leçons nous réconcilieront avec elle, s'il en est besoin, en nous montrant que cette doctrine, bizarre en apparence, quoique bien ancienne, satisfait seule aux exigences de la pensée et du cœur, exigences multiples, impérieuses, et qui d'abord semblent contradictoires.

Les théologiens demanderont si notre manière de comprendre la chute est d'accord avec l'Ecriture. Je répondrai que mon intention ne saurait être ni d'expliquer les récits de la Genèse, ni d'en fixer le sens, mais que je ne les contredis pas. En effet la Genèse ne prétend pas indiquer l'origine du mal. Lorsqu'Adam est tenté dans le Jardin, le principe du mal existe déjà dans le monde sous une forme personnelle; or la question que je me suis efforcé de résoudre est celle de l'introduction du mal dans le Monde, en prenant ces mots dans le sens absolu. Quant à la conciliation positive de mon point de vue philosophique avec le récit de Moïse, on pourrait la tenter, et peut-être de plusieurs manières; mais c'est une tâche que je ne dois pas entreprendre ici.

Je conclus donc, Messieurs.

La chute, acte d'un sujet moral identique à l'humanité, est antérieure à la nature actuelle.

La nature actuelle est un produit de la restauration.

Dès lors la forme naturelle de l'existence humaine, la pluralité des êtres moraux et sensibles, en d'autres termes, l'apparition de l'humanité sous la forme d'une espèce naturelle, dépend de la restauration. L'homme individuel doit s'expliquer par la chute et par la restauration. La multitude des générations qui se succèdent à la surface de la terre ne constitue réellement qu'un seul être, dont l'unité s'est obscurcie par l'effet de la chute, et doit reparaître par l'accomplissement de sa restauration.

Pour l'humanité qui est une, la forme individuelle est un moyen de salut. Voilà, Messieurs, la doctrine, encore énigmatique sans doute, qui découle inévitablement de nos prémisses. Il me reste à la développer et à l'éclaircir. La valeur positive et permanente de l'individualité ressortira clairement de cette exposition, si vous consentez à la suivre jusqu'au bout.

VINGT-NEUVIÈME LEÇON.

XXXVI. *L'humanité ne forme qu'un seul être; l'individu est un organe de l'humanité.* La question de savoir si les idées générales ont un objet réel ne relève pas de la logique, mais de l'expérience, qui la résout affirmativement dans certains cas et négativement dans d'autres. Le rapport de l'espèce et de l'individu est un rapport variable. L'unité des espèces naturelles se prouve par les lois qui les régissent, principalement par la loi de leur reproduction. L'unité de l'humanité ressort de la nature du langage, de la sympathie, et généralement de l'impossibilité où est l'homme de réaliser sa fin sans le concours de ses semblables. La preuve la plus forte se trouve dans la loi morale de la charité, car la loi morale exprime la vérité de notre essence.

Messieurs,

Nous voulons résumer la Restauration. Mais dans cette étude abrégée nous ne pouvons pas embrasser tout l'ensemble d'une œuvre si grande. Nous prenons le poëme au moment où apparaît le personnage principal : le genre humain. L'histoire dont je voudrais marquer le sens, s'il est possible, c'est l'histoire du genre humain. Et d'abord il faudrait voir en quoi celui-ci consiste. Selon les principes sur lesquels nous nous sommes constamment fondés, c'est par l'effet de la restauration elle-même que l'humanité devient une espèce. Primitivement elle est un seul et même être, parce que la chute n'est qu'un seul événement et que l'auteur de la catastrophe dont l'humanité subit les conséquences ne peut être que l'humanité.

L'individualité est donc une forme que l'humanité revêt pour accomplir sa restauration. Mais cette forme est une grâce. Elle résulte immédiatement d'un décret divin et participe au caractère absolu des volontés divines. Il y a quelque chose d'absolu dans l'individualité humaine et, par conséquent, dans chaque homme individuel. Telles sont les deux vérités fondamentales que nous devons mettre en lumière pour nous faire une idée précise du sujet de l'histoire proprement dite, en d'autres termes, de l'humanité dans sa condition présente.

Nous avons dit, Messieurs, que l'humanité est une originairement et dans son essence; ajoutons qu'elle n'a pas cessé de l'être. Pour être obscurcie, effacée, niée dans tous les sens et de toutes les manières, l'unité que nous avons réclamée au commencement et à la fin subsiste durant tout le cours des transformations, elle subsiste encore aujourd'hui. Je vais m'expliquer d'abord sur l'unité actuelle de l'humanité. Cette idée se lie étroitement à celle de son unité substantielle, dont nous avons déjà parlé ; aussi ne saurais-je vous promettre d'éviter absolument les répétitions. J'ai constamment sacrifié dans ce Cours l'élégance à la clarté ; vous l'avez supporté jusqu'ici, veuillez le souffrir encore.

Il s'agit des rapports de l'espèce et de l'individu. La matière est si vaste que je ne saurais vous en donner même un aperçu. Tout ce que je désire, c'est de faire sortir du fond de notre philosophie un point de vue nouveau sur la question, et d'opposer ce point de vue soit à celui de l'empirisme, soit à celui de l'abstraction panthéiste.

Quand on lui permet de choisir le nom qui lui plaît, l'empirisme, vous le savez, ne s'appelle pas l'empirisme, il s'appelle le bon sens. Le propre de ce prétendu bon sens est de ne tenir pour vrai que ce qui se voit et ce qui se touche. Dans le sujet qui nous occupe, il prend résolument le parti des individus contre la réalité de l'espèce, attendu qu'on ne voit et qu'on ne touche que des individus. Tous les actes apparents sont accomplis par les individus. L'expérience immédiate ne nous fait jamais voir l'espèce en tant qu'espèce, mais seulement des individus ou des collections d'individus. Le bon sens en conclut que l'espèce n'est rien, sinon une idée abstraite formée par un procédé artificiel de l'esprit, et qui sert à désigner tantôt les qualités communes à certains êtres individuels, tantôt la somme des êtres revêtus de ces qualités communes. Il n'y a de réel, de substantiel à ses yeux que les individus

Cette opinion, lorsqu'elle se produit en philosophie, se rattache à un point de vue systématique sur la valeur des idées générales quelconques et sur le mode de leur formation. L'empirisme considère toutes les idées générales comme le résultat d'un procédé artificiel de l'esprit. Elles ne sont, à son avis, que des signes collectifs, des noms. Cette manière de voir s'appelle le nominalisme. Le point de vue opposé selon lequel les idées générales possèdent une réalité substantielle, a reçu le nom de réalisme. La vieille querelle des réaux et des nominaux, qui a tant fait de bruit dans les écoles du moyen âge, est loin d'avoir été jugée irrévocablement. Il est même plus que douteux que la question soit susceptible d'une solution quelconque, dans l'absolue généralité des termes où de part et d'autre on l'a souvent posée. La saine raison veut qu'on la divise. Il y à du vrai dans le réalisme, et le nominalisme n'est pas non plus sans vérité. La forme que les idées reçoivent dans notre esprit dépend des procédés de notre esprit, dans lesquels l'observation constate effectivement d'inévitables artifices. Psychologiquement, la plupart des idées générales sont le produit de l'abstraction, et dans toute abstraction il y a quelque chose d'artificiel. A cet égard le nominalisme est bien fondé. Mais en décrivant le procédé suivant lequel se forment certaines idées, on est loin de résoudre toutes les questions qui s'élèvent sur leur objet, car autre chose est l'idée, autre chose est son objet; le nominalisme l'accorde lui-même pour les notions individuelles; on peut le contraindre à l'avouer pour les notions générales. Dans ces dernières il faut distinguer : il en est dont l'objet ne possède évidemment aucune réalité par lui-même; ce sont non-seulement les notions d'attribut, mais celles des objets artificiels; ainsi les mots : la table, le siége, ne sont sans contredit que des signes collectifs. Mais il peut y avoir d'autres idées, formées logiquement de la même manière, et dont l'objet possède néanmoins une véritable unité. De ce que la table en général n'est rien, il n'en résulte pas qu'une espèce naturelle, que l'humanité, ne soient rien. La question de la réalité des espèces ne relève donc pas de la logique abstraite et ne comporte pas de solution absolue. C'est une question complexe, dont le sens varie dans les différentes sphères de l'existence; elle est, selon les cas, métaphysique, physiologique ou morale. Nous n'avons point à la traiter dans toute son étendue. Il ne s'agit pour nous que de l'humanité ; c'est là l'expérience que nous demandons, les preuves de l'unité actuelle de l'humanité.

Nous ne pouvons plus éviter de jeter les yeux sur la nature sensible pour en consulter les analogies, car dans la forme actuelle de son existence l'homme est un être sensible, il appartient à la Nature.

Eh bien, Messieurs, dans la Nature, il est facile de se convaincre que l'individualité n'est pas quelque chose d'absolu, mais qu'elle résulte d'un concours de forces dont l'action comporte du plus ou du moins. On ne saurait avancer sans restriction que tous les individus de la même espèce naturelle soient autant d'êtres différents, ou plutôt lorsqu'au lieu de mutiler les faits pour les faire entrer dans des moules creusés d'avance, on s'efforce de calquer sa pensée sur les faits, on est bientôt obligé de reconnaître que l'opposition logique si élémentaire entre l'unité et la pluralité de l'être, n'a pas de sens précis et constant dans l'application qu'on en fait généralement à la Nature. L'individualité semble y être une forme que revêt l'existence ; elle a ses degrés, ses sphères, et, dans chaque sphère, son progrès. Ainsi la formation d'un cristal est une tendance à l'individualisation dans l'uniformité de la matière minérale. Le fruit est plus individualisé que le reste de la plante, et la plante en général, qui certainement forme un tout circonscrit, n'a pourtant qu'une individualité bien imparfaite et bien vague au prix de l'animal, surtout de l'animal des classes supérieures. Au bas de l'échelle des êtres, la vie de l'espèce est ce que l'on voit le mieux; elle s'y montre à nu pour ainsi dire; mais plus elle se fortifie en s'élevant aux degrés supérieurs, plus elle se concentre et s'approfondit, plus aussi elle se dérobe aux regards sous la variété des existences individuelles. La classe la plus fortement individualisée de la Nature est la classe supérieure, la race humaine; cependant, sous le voile de l'individualité, l'espèce y vit encore comme telle d'une vie régulière, soumise à des lois que les individus ne sauraient modifier d'une manière appréciable. Le rapport constant entre les naissances des deux sexes est un exemple remarquable de ces lois.

Mais sans descendre aux détails, nous pouvons dire que la réalité substantielle de l'humanité, comme celle de toutes les espèces de la nature organique, se manifeste dans la production des individus. Qu'il y ait création dans la génération, c'est ce que je ne conteste point; mais il y a aussi autre chose. L'observation la plus élémentaire fait voir que l'être organique, l'individu, se conserve en se reproduisant incessamment lui-même. Eh bien, la même évidence nous montre que la production d'individus nouveaux dans l'espèce est le procédé par lequel se conserve l'espèce. C'est l'espèce qui se conserve elle-même en se reproduisant, c'est l'espèce qui agit dans la génération, par conséquent l'espèce est réelle. Nulle part, Messieurs, même dans l'individu, le phénomène sensible ne constitue la réalité; ce n'est pas dans la matière organique continuellement renouvelée que nous allons chercher le véritable animal ou la véritable plante: non; ce qui est réel dans l'être organique, sa vraie substance, c'est ce qui subsiste en lui, ce qui persiste; et qu'est-ce qui persiste en lui, sinon la loi de ses transformations, le *nisus formativus*, comme dirait la physiologie, l'idée de l'être, son âme, si vous voulez, en un mot, le principe invisible de sa forme et de sa vie? Il ne faut donc pas conclure que l'espèce n'est pas substantielle de ce qu'elle n'est pas visible, puisque la substance réelle de l'individu ne l'est pas davantage. L'individu manifeste sa réalité par la production de ses organes, l'espèce manifeste la sienne par la production des individus. La génération est l'acte dans lequel la vie de l'espèce s'affranchit des barrières de l'individualité. Dans cet acte où la généralité naturelle apparaît seule, l'être particulier s'efface avec la conscience de sa particularité et la volonté de la maintenir.

Ceux qui pensent expliquer suffisamment la production d'un nouvel être organisé par l'idée d'une création immédiate de Dieu, c'est-à-dire par l'intervention directe d'une puissance souverainement intelligente, nous diront sans doute pourquoi cette production est toujours plus ou moins défectueuse. Nous leur demanderons surtout comment il se fait que l'on y voit assez fréquemment l'intention d'atteindre un but qui pourtant se trouve par le fait complétement manqué. Tel est le cas des monstres, c'est-à-dire des êtres organisés qui naissent privés des moyens d'entretenir leur vie. Des exemples pareils se rencontrent, vous le savez, dans toutes les classes, et dans la race humaine aussi bien que dans les espèces purement naturelles. Les monstres sont les faits les plus saillants, les plus grossiers, sinon les plus décisifs, qui prouvent la présence et l'action d'une puissance limitée, imparfaite, plus ou moins inintelligente dans la production des êtres organisés. Cette production n'est donc pas exclusivement et directement l'œuvre de Dieu. Mais qu'est-ce que la puissance imbécile dont nous parlons? La chercherons-nous dans le père et dans la mère? On le pourrait; cependant le père et la mère ne prolongent pas leur existence individuelle dans l'être auquel ils donnent le jour, et la preuve, c'est qu'ils continuent à subsister à côté de lui. L'agent aveugle que nous cherchons n'est pas le nouvel individu lui-même, pas du moins à titre d'individu, puisqu'il s'agit précisément de sa production, et que pour agir il faut être. Cette force bornée, imparfaite, qui s'individualise ou qui fait naître les individus, est précisément ce que l'on désigne sous le nom de Nature. Mais si la Nature en général est une puissance réelle, l'espèce l'est bien plus évidemment encore. Les contagions, les épidémies, le caractère particulier que les maladies prennent dans chaque époque, les transformations régulières qu'elles subissent, ces faits et tant d'autres ne prouvent-ils pas à l'observateur sérieux l'unité de l'espèce naturelle et la communauté de sa vie? Il en est de l'ordre physique comme de l'ordre moral; les individus (et pas tous encore) élèvent la tête au-dessus de la masse, mais ils y restent pris par les pieds. Nous vivons à la fois la vie commune de l'espèce et notre vie individuelle. Nous prenons racine dans la vie de l'espèce et, comme êtres naturels du moins, nous sommes avant tout les formes et les organes de cette vie de l'espèce. La faculté génératrice commune à tous les individus de l'espèce naturelle en manifeste l'unité, comme elle en circonscrit l'idée. Par les lois de la reproduction, la réalité des êtres génériques, l'unité substantielle des espèces devient une vérité d'expérience; et c'est en se fondant sur cette certitude expérimentale de l'unité des espèces que la pensée est conduite à attribuer au genre, à la classe, au règne, enfin à toute la nature vivante, une unité analogue quoique moins déterminée, moins évidente, moins certaine, parce que cette preuve palpable lui fait défaut. Mais nous n'avons pas besoin d'aller aussi loin; l'unité de l'espèce nous suffit.

Que si, montant plus haut dans l'ordre des phénomènes, nous passons des choses qui nous sont communes avec les autres êtres naturels à celles qui nous sont propres, nous rencontrerons d'abord, sur les limites de la matière et de l'esprit, le don le plus merveilleux de l'humanité, l'acte par lequel la pensée devient sensible et l'esprit manifeste à l'esprit : le langage. Quelque mystérieuses que soient l'origine du langage et sa véritable nature, toujours faut-il reconnaître en lui l'invincible démonstration de l'unité substantielle de l'espèce humaine. Supposer les premiers hommes dépourvus de cette faculté, faire inventer la langue par des individus qui ne parlaient point est une hypothèse décidément trop absurde : on a fini par l'abandonner. Il faut donc se représenter nos premiers parents en possession du langage. Mais ils ne le possédaient assurément pas comme un don fortuit, étranger à leur nature et postérieur à leur création; ils le possédaient par le fait de leur création, comme leur essence et leur nature. Il suffit en effet d'observer un peu l'enfance pour se convaincre que la faculté de créer et de développer le langage réside véritablement en chacun de nous, bien qu'elle ne puisse aucunement s'y réaliser sans le commerce et la coopération de nos semblables. Le langage, vous le savez, n'est pas nécessaire pour communiquer avec les autres seulement, mais aussi pour penser, de sorte qu'en réalité, sans le secours de l'espèce, l'individu ne penserait point. Ainsi l'élément de la pensée est un attribut de l'espèce, une fonction collective. Une langue d'ailleurs n'est pas, Messieurs, une chose morte, c'est une force vivante; elle se développe et se transforme d'après des lois qui lui sont propres, dont les individus subissent l'influence sans en posséder le secret. Le développement de la langue est spontané; les transformations des éléments matériels qui la composent ne peuvent être comparées qu'aux métamorphoses d'un être organique. La durée de ces révolutions, comme l'époque de la vie des peuples où elles tombent, prouvent assez que les volontés individuelles n'y entrent pour rien. La langue a sa vie propre, la langue est un organisme à part, la linguistique est une branche de l'histoire naturelle, un chapitre de la physiologie ou de la biologie universelle. C'est là une vérité qui a pris place dans la science; elle résume tout un ordre de recherches empiriques auxquelles elle a donné à son tour la plus vive impulsion; c'est un des féconds axiomes au moyen desquels la science moderne s'est constituée; ce n'est plus un sujet de controverse. Mais si la langue est un organisme, elle n'est pourtant pas un être indépendant; elle est tout simplement, je le répète et l'évidence le démontre, une fonction de la vie collective de l'humanité. En réfléchissant sans prévention sur la nature du langage, on y trouve donc la preuve certaine de la substantialité de l'espèce et de l'unité humanitaire.

Avec le langage, nous sommes entrés dans le domaine

de l'esprit. Ici encore tout témoigne de l'identité essentielle des individus, de la réalité de l'espèce. Au moral comme au physique, l'individu isolé n'est qu'une abstraction impossible. Comme son corps appartient à la grande Nature et lui revient incessamment, son esprit appartient à l'humanité. Tous les sentiments naturels à l'homme appellent et supposent l'humanité. Un phénomène moral domine tous les autres par sa généralité : je parle de la sympathie, dont la vanité, la honte et cent autres passions sont des formes dérivées. Toutes celles que la sympathie ne produit pas directement en reçoivent du moins le caractère et l'empreinte. A cette puissance de la sympathie correspondent les nécessités extérieures qui rendent le commerce de nos semblables indispensable à l'entretien de notre vie matérielle aussi bien qu'à notre développement intellectuel et moral; mais la sociabilité ne s'explique pas comme un résultat de ces circonstances extérieures seulement; elle a sa racine au plus profond de l'âme humaine. Que signifierait l'empire irrésistible des affections sympathiques si l'individu formait un tout par lui-même, s'il était un être complet, une réalité morale parfaite hors de la communion de ses semblables? — Non, si l'homme isolé ne peut ni se reproduire, ni même subsister, c'est que l'homme isolé n'est pas tout l'homme, et si dans l'individu quelque chose répond toujours à ses semblables, s'il jouit de leurs joies, s'il souffre de leurs douleurs, s'il pense leur pensée, c'est qu'il y a plus en lui qu'un individu. L'individu est toujours plus et moins qu'il ne semble. Il n'est pas un exemplaire indifférent d'un type multiplié avec profusion ; il est incomplet mais universel, à la fois tout et partie, organisme et fonction, il n'arrive à la conscience de sa plénitude qu'en accomplissant son rôle de fonction partielle.

Transformé par la pensée, élevé à la puissance de la liberté, le principe de la sympathie devient amour : non pas, Messieurs, la charité divine, qui ne veut que répandre le bien sans nul souci d'elle-même, mais l'amour humain, qui nous fait trouver dans le bien de nos frères, dans l'amour de nos frères, notre propre bien et notre propre bonheur. Pour l'âme la plus libre, l'amour est encore un besoin; c'est un besoin pour elle de se dévouer, un besoin de s'affranchir par l'action des limites de sa particularité finie, et de réaliser son essence dans la communion. Ainsi l'unité de l'essence humaine, l'identité intime des individus est distinctement écrite dans la structure de leur être spirituel.

Au dehors cette identité substantielle se manifeste, nous l'avons déjà vu, par l'impossibilité où nous nous trouvons de subvenir seuls aux nécessités de l'existence et de réaliser l'idée de l'homme; par l'action intellectuelle et morale que les individus exercent les uns sur les autres, par la communauté de sentiments et de pensée qui règne chez les nations, par la solidarité des destinées humaines, qui ne permet pas même à l'égoïste intelligent de demeurer insensible aux biens et aux maux des populations les plus éloignées, attendu qu'il finit inévitablement par en être atteint lui-même.

La thèse que je défends pourrait être appuyée par une infinité de considérations; j'y renonce sans trop de peine, car c'est une tâche ingrate que de développer un lieu commun. Si l'idée de l'humanité n'était qu'une abstraction, l'histoire ne serait qu'une vaine apparence, puisqu'elle n'aurait point d'objet propre, et partant, point de lois propres. Si l'humanité n'est qu'une collection, chaque homme est une monade, c'est-à-dire un univers impénétrable aux autres, et ce qui ne s'explique pas dans ce point de vue n'existe pas; mais rien ne s'explique dans ce point de vue. Au fond, l'unité substantielle de l'humanité est implicitement admise par tout le monde; il ne s'agit que de prendre la conviction universelle au sérieux.

La raison milite en faveur de cette idée d'unité; contre elle s'élève le préjugé des sens : la question est donc proprement de savoir auquel nous devons, en cas de conflit, accorder la préférence, de la raison ou des sens.

La discussion que nous avons engagée se résume en termes bien simples pour ceux qui choisissent la raison : Si l'homme individuel, nous dit-elle, est incapable de réaliser à lui seul, indépendamment de la société et de l'histoire, la mission que lui assignent son organisation physique et ses dispositions morales, il n'est pas un être réel à lui seul; mais l'être réel c'est l'humanité, seule capable de se conserver et de réaliser sa destinée. L'unité de l'individu est l'unité d'un organe. Les individus sont les organes de l'humanité, leur vie partielle concourt à la vie du tout, tandis qu'à leur tour ils en reçoivent continuellement la vie. L'individu est organisé et forme un tout en lui-même, comme chaque membre de notre corps, ou plutôt chaque ensemble d'organes, forme un tout en quelque façon; car la vie totale est une synthèse de vies partielles et relatives ; l'organisme corporel est un système de systèmes. Il n'en va pas autrement de l'humanité. Le système des systèmes, l'organisme des parties elles-mêmes organisées : tel est le véritable être et la réelle unité.

L'unité d'un être réel est toujours une unité synthétique ; elle comprend en elle-même une pluralité de parties réelles et concrètes, qui cependant ne sont pas des êtres distincts, parce qu'elles ne forment pas un tout par elles-mêmes. Eh bien, l'humanité est une, dans le sens où tout être réel est un, dans le sens de l'unité concrète. Les organes de cette unité n'adhèrent pas sans doute les uns aux autres. Le lien qui les unit n'est pas matériellement palpable, mais il n'est pas moins réel, pas moins puissant, pas moins évident pour cela. La conscience qu'a chacun de nous de sa personnalité distincte suggère contre ce point de vue une objection sérieuse ; mais si les hommes ont conscience de leur distinction, ils ont aussi conscience de leur solidarité, et cette conscience se développe de plus en plus.

Il est clair que l'humanité n'est pas une de la même manière que l'individu. Elle est une à sa manière, comme chaque ordre d'existence est ce qu'il est à sa manière. L'unité de la plante n'est pas la même que celle de l'animal, l'unité de l'humanité n'est pas non plus la même que celle de la personne physique, mais le trait fondamental n'en demeure pas moins. L'individu ne saurait exister indépendamment de l'humanité, donc l'individu n'est pas un tout, il est un organe du tout.

Si nous nous élevons assez pour embrasser d'un coup

d'œil le mouvement général des choses, nous reconnaîtrons dans l'individualité un caractère historique. Les progrès de la Nature sont marqués par les progrès de l'individualité, qui atteint sa perfection relative dans l'homme naturel. L'unité la plus forte est aussi la plus riche; c'est en elle que se combinent le plus grand nombre d'éléments. Avec l'achèvement de l'individualité naturelle, terme du progrès de la Nature, commence l'histoire proprement dite, qui tend au développement de l'individualité morale. La liberté politique, pour laquelle a coulé tant de sang et qui coûtera tant de larmes encore, n'a de prix que comme garantie du développement individuel. L'affranchissement de l'individualité est l'idéal de la culture intellectuelle.

Cependant, Messieurs, la formation des individus n'est qu'un côté, le côté négatif pour ainsi dire, du mouvement progressif de l'histoire. Le but direct de l'histoire est la constitution de la société, qui d'abord absorbe l'individualité, puis la limite, la comprime, et finit par l'émanciper et par s'appuyer sur elle. La perfection de la société exige le consentement volontaire des individus à s'employer comme moyen pour la réalisation du but commun. Elle suppose donc chez eux la conscience de la solidarité humaine. Aussi le progrès de la pensée marche parallèlement au progrès des institutions. La morale veut des hommes, des hommes libres; mais elle demande qu'ils se considèrent eux-mêmes comme des moyens : elle fortifie donc l'individualité, et cependant, loin de l'exalter, elle la subordonne. Le sacrifice volontaire d'un seul pour tous sera toujours l'objet de notre admiration. Plus l'individu se perfectionne, plus il devient lui-même, plus étroitement il s'unit à l'humanité.

Chacun de nous doit en réfléchir en lui-même les douleurs, les progrès, les espérances. Au terme, chacun de nous retrouvera dans sa propre conscience l'histoire entière de l'humanité.

Ainsi, Messieurs, dans la Nature l'individualité semble être une forme suprême; dans l'histoire, une transition. Elle est la manière de passer de l'unité abstraite, inorganique, purement naturelle, à une unité concrète, organique et libre. L'unité sentie et voulue, l'unité sociale, en un mot, telle est la seule forme de vie qui convienne à la créature dont l'essence est liberté. Obstacle et moyen à la fois, parce que le mal l'a souillée, dans sa signification primitive et pure l'individualité est un moyen, un moyen, je le répète, d'atteindre l'unité libre, l'unité vraie, l'unité voulue, l'unité morale, l'unité de la communion et, pour tout exprimer en un mot, l'amour.

TRENTIÈME LEÇON.

XXXVII. *Chaque individu possède une valeur absolue comme création directe de Dieu.* L'humanité, considérée dans son unité substantielle, est la créature primitive, modifiée par le principe restaurateur, mais encore à l'état de puissance, qui cherche à se réaliser sans pouvoir y parvenir d'elle-même. Elle ne se réalise que par le concours de la grâce, et cette grâce se manifeste par la production des individus. L'individu est donc conçu par l'espèce, créé de Dieu. L'individu est un don. De là résultent immédiatement les conséquences suivantes :

XXXVIII. *L'individu est en lui-même un but, en même temps qu'il est un moyen pour l'ensemble.*

XXXIX. *Les différences individuelles ont une valeur positive. La morale est à la fois universelle et individuelle.*

XL. *L'individu est immortel en tant qu'individu.*

Messieurs,

Les individus ne sont pas la réalité véritable ; la réalité véritable est l'universel, l'humanité ; et la pluralité successive des individus est une forme sous laquelle se manifeste la vie de cet être universel, dans son passage de l'unité inférieure dont il est parti à l'unité supérieure qui est son but : tel paraît être le résultat de nos dernières réflexions ; mais nous n'avons pas poussé ces réflexions jusqu'au bout, et leur conclusion, il est à peine besoin de vous le dire, n'exprime qu'un côté de la vérité.

Si l'affirmation de l'universel devait être entendue ici comme la négation du particulier, si l'idée que les individus sont des fonctions devait exclure l'idée qu'ils sont des buts, nous n'aurions fait qu'échanger la commune erreur contre une erreur plus grave et presque aussi vulgaire. La conscience immédiate, premier critère de la vérité philosophique, protesterait contre notre doctrine; la pensée morale, critère suprême, en démontrerait la fausseté, car l'annihilation de l'individu serait la ruine de la morale.

La conscience immédiate nous interdit de subordonner l'individu à l'espèce au point de ne voir en lui qu'un organe ou une forme. La raison qui nous a fait affirmer la substantialité de l'espèce, c'est que, selon les lois de la Nature, de l'histoire et de la morale, l'espèce nous a paru le but. Mais si l'espèce est un but, l'individu l'est aussi. Si l'individu sert de moyen à l'espèce; d'après les lois de la Nature, de l'histoire et de la morale, l'espèce est à son tour un moyen pour l'individu : la conscience exige que nous reconnaissions cette réciprocité, car la conscience nous atteste que nous sommes libres. La liberté est la preuve la plus certaine de la réalité, parce qu'elle en est la forme la plus élevée. D'après cet axiome, sur lequel reposent toutes nos convictions, il faut avouer non-seulement que l'individu est par lui-même un tout, une réalité, mais qu'il est plus réel que l'espèce même, car il est plus libre qu'elle. L'individu tient à quelques égards dans ses mains le fil de ses destinées, l'humanité n'est pas maîtresse des siennes; l'individu a conscience de lui-même, et non pas l'humanité; je parle de l'humanité dans sa condition présente. Chaque individu est donc une réalité distincte, puisqu'il est libre, et puisqu'il est libre, il est un but. Il répugne que, du moins en quelque sens, l'être libre ne soit pas son propre but. Cette proposition, évidente en morale, nous conduit à l'examen du second motif que nous avons invoqué pour repousser la théorie selon laquelle l'homme individuel ne serait qu'un mode ou un accident de l'humanité; je veux dire l'intérêt de la vérité morale. L'argument tiré de l'idée morale est seul vraiment décisif. Il est aisé de se faire illusion sur soi-même et de se croire quelque chose tandis qu'on n'est rien; mais nous ne pouvons pas mettre en question la morale sans contredire notre propre dessein, et personne ne peut le faire sans choquer le sentiment du devoir.

Eh bien, Messieurs, il est à peine besoin de prouver que tout système selon lequel l'individu cesse d'être un but, détruit la morale dans son principe, quels que soient les semblants de dévouement et de charité dont on cherche à le colorer. Si l'individu n'est pas un but, s'il n'est rien par lui-même et pour lui-même, ses actions non plus ne sauraient évidemment avoir aucun prix en elles-mêmes. Si la généralité seule est réelle, le seul critère du mérite ou du démérite doit être cherché dans cette généralité, c'est-à-dire dans l'influence de nos actions sur la masse, en un mot, dans leur résultat; mais l'intention, qui est le rapport entre notre acte et nous-mêmes, l'intention n'est plus rien du moment où nous ne sommes rien. Et cependant l'intention seule est libre; la liberté perdrait donc sa valeur, elle ne serait plus qu'un obstacle, et la moralité ne serait plus qu'une apparence. Tel est l'inévitable résultat de toutes les théories qui placent la mesure des actions dans une circonstance indépendante de l'auteur, c'est-à-dire étrangère à l'action. C'est la négation la plus complète de la morale. Le premier enseignement de la conscience morale, c'est que le bien et le mal ont leur siége dans la volonté. Nos actions sont bonnes ou mauvaises selon l'esprit qui les a dictées, quelles que soient les conséquences qui puissent en résulter. L'être libre est bon ou mauvais en lui-même, et par conséquent l'être libre est un but en lui-même. L'argument psychologique et l'argument moral se réunissent dans une même évidence qui rayonne du foyer de notre système. Il faut que l'individu soit réel, substantiel; il faut qu'il possède une valeur absolue, puisqu'il est libre. Quels que soient les droits de l'espèce, l'idée première de notre système nous fait un devoir de les concilier avec ce droit de l'individu. Maintenant, Messieurs, comment opérer la conciliation que je réclame? comment accorder l'unité substantielle de l'espèce, que nous ne saurions méconnaître, avec le caractère absolu de l'individualité, dont nous pouvons encore moins nous passer? Si le mot de l'énigme est quelque part, c'est dans la restauration, puisque l'idée de la restauration résume à nos yeux le plan du Monde. Cherchons donc la lumière dont nous avons besoin, et recommençons encore une fois par le commencement.

La condition de la créature morale avant la chute est couverte d'un voile épais. Un raisonnement que nulle intuition n'accompagne, nous porte à croire que son individualité n'était pas déterminée, puisque d'une façon générale son existence ne l'était pas. Il appartenait à sa liberté d'établir son rapport avec Dieu et avec elle-même, et de fonder par là sa personnalité. Si la première tentation, dont nous avons expliqué l'idée, eût été surmontée par elle, on peut croire que la créature se serait constituée comme une seule personne en s'assujettissant à Dieu. Le caractère relatif dont certains philosophes font un élément essentiel de la personnalité, n'aurait pas manqué à cette personne unique puisqu'elle eût été déterminée par son rapport avec Dieu. Quant à savoir si le nom d'individu eût désigné convenablement son universalité, cette question n'importe guère. Nous ne pouvons pas marquer non plus la place de la nature sensible dans cet ordre de choses séparé de nous par un profond abîme. Sur tout ceci nous sommes réduits à de vagues conjectures.

Ce que nous voyons mieux, parce que la nécessité de la pensée nous y pousse, c'est que la créature morale a été plongée par la chute dans un état de dénûment et d'impuissance absolu. Nous n'avons pu nous représenter cet état que comme un obscurcissement total de la conscience, une privation de toute énergie et de toute forme. Un poids irrésistible entraîne la créature dans le néant, sur les bords duquel une immuable volonté l'arrête. Mais cet état n'est qu'un instant, ou plutôt une abstraction de la pensée; car à la sévérité du décret créateur, qui veut que l'être moral subisse les conséquences de son choix, se mêle déjà l'influence de la miséricorde qui le rappelle à la vie par la conscience de son néant. Le moment de la chute est celui où paraissent les premières lueurs de la restauration; c'est le commencement des souffrances de Christ. La conscience de son néant est une douleur pour la créature; mais s'il en est ainsi, c'est parce que sa conscience s'élève déjà au-dessus du néant. Mieux vaut souffrir que mourir, dit le proverbe.

La conscience du néant en est la négation. Le sentiment de la misère présente est la condition d'un meilleur avenir, parce qu'elle fait naître le désir d'un changement ; ainsi la profonde amertume qui suit la chute est un premier fruit de la compassion. Du reste nous ne comprenons pas bien cet état, ne connaissant pas bien le sujet qui l'éprouve. Immédiatement après la chute nous ne pouvons pas attribuer à la créature une conscience distincte d'elle-même. Mais pour souffrir, il n'est pas besoin d'une conscience de soi bien distincte ; le sentiment est une forme élémentaire, une forme inférieure de la conscience, une idée confuse, comme disaient Leibnitz et Spinosa. Il est moins difficile de concevoir la douleur chez un être privé de conscience, que de lui reconnaître une intelligence, et cependant la Nature est inexplicable sans l'idée d'une raison inconsciente ; cette idée a acquis droit de cité dans la pensée philosophique, parce que l'observation des phénomènes nous y conduit nécessairement. Ne vous scandalisez donc pas trop, Messieurs, en m'entendant parler des douleurs de la créature universelle après qu'elle a perdu la conscience de soi. Ce n'est pas une hypothèse gratuite ; c'est l'inévitable conséquence de ce qui précède.

Dès son réveil dans l'impuissance et dans la misère, la créature est incessamment sollicitée par la volonté restauratrice, sollicitée de guérir. Sous cette influence incompréhensible, mais réelle, elle s'efforce de renaître à la liberté, condition de son obéissance, et par suite de l'expiation. Pour atteindre ce but, il lui faut des moyens, et tout d'abord une forme d'existence. La pensée *a priori* nous dit fort peu de chose sur la forme que la créature morale a dû revêtir pour recommencer son œuvre morale. Mais l'expérience nous enseigne que dans un temps déterminé, une race d'êtres intelligents et libres a surgi, revêtue de corps matériels, au sein d'une nature propice. Cette race est l'humanité. L'expérience nous apprend donc que la forme accordée à la créature morale pour accomplir l'œuvre de sa restauration, est la forme humaine. L'homme appartient à la Nature, et la Nature entière soutient avec lui d'intimes rapports. Toutes les substances, toutes les forces que nous trouvons dans le monde extérieur, sont unies et employées dans l'organisme humain. L'homme résume la Nature et la complète.

Mais la Nature n'est pas arrivée du premier coup à produire l'organisme humain et à fournir à l'existence de l'humanité un milieu favorable. Elle a subi, vous le savez, plusieurs révolutions préalables dont la série progressive marque clairement le but. Ainsi, dès l'origine, la Nature aspire à produire l'organisme dans lequel se manifeste l'être moral. Nous sommes allés plus loin ; nous fondant à la fois sur les traces du mal imprimées dans toutes les époques de la Nature et sur la supériorité que les créations antérieures présentent à certains égards, lorsqu'on les compare à la nôtre, nous avons dit que l'être moral lui-même est actif dans ces créations. Je n'ai justifié qu'imparfaitement cette thèse paradoxale; je ne veux pas en compléter la démonstration, qui nous mènerait fort avant dans la philosophie de la Nature; il suffit à mon dessein qu'elle soit bien entendue : La créature a besoin d'une forme propre à réaliser sa liberté. Elle s'efforce de se la procurer; l'histoire de la Nature raconte les phases de cet enfantement.

Les règnes de la Nature doivent être considérés par la philosophie, qui voit tout à la lumière du but suprême, comme les matériaux épars et de plus en plus organisés, destinés à produire l'homme. Ce n'est pas, je l'ai déjà dit, que l'être libre ait passé par les plantes et par les animaux avantd'apparaître dans l'organisme qu'il s'est donné, comme l'imagine une fausse philosophie; mais les animaux et les plantes ont été produits à l'occasion de l'organisme humain, dans un rapport intime avec lui; et c'est la créature libre, substance de l'univers, qui dans un certain sens en est l'auteur. Elle recouvre de plus en plus la conscience de sa force dans le progrès de ses formations. La variété, la profusion des classes, des ordres, des espèces naturelles, marquent la foule des possibilités accessoires qui se sont présentées à son esprit à mesure qu'elle avançait dans la conception de son produit principal, à peu près comme un poëte trouverait matière à une riche anthologie en recueillant, pour les développer à part, les idées dont il a été frappé pendant la composition d'une œuvre de longue haleine sans qu'il ait voulu s'en servir. La production de la nature actuelle est donc une phase de l'œuvre restauratrice; la nature actuelle est donc un des côtés de la restauration; la forme actuelle de la Nature est l'œuvre de la créature morale, qui, sous l'influence de la puissance restauratrice, s'efforce de produire l'organisme humain pour renaître à la liberté dans la forme humaine. Que la bizarrerie de cette thèse ne vous effraye pas. Le premier mérite d'une explication n'est pas d'être simple, c'est de rendre un compte exact du phénomène; or il s'agit ici d'un fait étrange et compliqué. La Nature est admirable, mais elle est imparfaite; tout observateur intelligent doit l'accorder; on méconnaît donc les conditions du problème en s'obstinant à lui assigner un auteur parfait.

Cependant, Messieurs, en disant que la Nature est l'œuvre de la créature morale, nous n'exprimons encore que la moitié de la vérité; cette proposition doit subir une restriction considérable, ou plutôt elle réclame un complément qui en fera disparaître les principales difficultés, et qui nous conduira directement au point que nous voulons éclaircir, je veux dire à l'essence de l'individu, dont nous n'avons donné jusqu'ici qu'une idée purement négative et fort incomplète. Le rapport entre la nature sensible et la forme individuelle de l'existence humaine est assez facile à saisir pour me dispenser de justifier la marche de cette exposition. En réalité nous allons au but en ligne droite. L'obscurité naît du sujet lui-même : nous retrouverons la lumière au bout du souterrain.

La créature a besoin, disions-nous, d'une forme propre à l'exercice de sa liberté morale; elle s'efforce de se procurer cette forme; la nature entière résulte directement ou indirectement de ce travail. Tout cela est vrai, Messieurs, mais il n'est pas moins vrai que d'elle-même la créature déchue ne peut rien produire. Hors de l'absolu, dont elle s'est violemment séparée, la créature ne possède aucune puissance réelle. Elle ne peut plus chercher le bien, et même en le cherchant, elle se consumerait elle-même, si la force divine n'intervenait directement. Tout ce que peut faire la créature sollicitée par la puissance restauratrice, c'est de concevoir, de suggérer, de solliciter les formes propres à la faire avancer vers son but : la réalisation n'en est possible que par la grâce de Dieu. Les choses finies sont donc, au sens idéal, produites par la créature universelle, mais réellement elles sont toujours une création directe de Dieu, et cette création est l'exaucement d'une prière. La créature déchue ne peut que désirer : tout vouloir véritable, tout acte véritable et toute réalisation proviennent de la grâce, car dans le monde de la chute rien n'est réel que par grâce. La même puissance divine qui engage la créature à demander, obtient aussi l'accomplissement des prières qu'elle inspire. C'est elle qui, par la communication de sa substance, accorde l'être aux conceptions de la créature, et cela, même alors que ces conceptions sont malheureuses, comme il arrive trop souvent, imparfaites comme toujours, alors même qu'elles retardent les progrès de la restauration plutôt qu'elles ne les favorisent. En effet Dieu demeure invariablement fidèle à son plan : même dans ces régions obscures où l'on ne soupçonne plus la liberté, la liberté de la créature est toujours respectée. Dans le but constamment poursuivi de sauver la créature par sa liberté, le Dieu réparateur crée dans les conditions qu'elle propose, il consent, pour l'éclairer par l'expérience, à donner l'être à ses aveugles conceptions. Douloureuses profondeurs, dont la charité seule adoucit les ténèbres. Dans toutes les imperfections de l'univers, dans toutes les misères de la Nature, l'âme contemplative reconnaît les souffrances du Sauveur.

Ainsi, Messieurs, tout être naturel est une idée, un vœu de la créature universelle, mais sa réalisation vient de Dieu. Son existence est l'effet d'un acte absolu. Il n'en est pas autrement de l'homme, quand l'idée de l'homme est trouvée. La créature revient peu à peu à elle-même ; elle s'arrache enfin au sommeil plein de rêves et de troubles où elle était plongée jusqu'ici. Elle n'a plus qu'à paraître, mais pour qu'elle paraisse, il faut que Dieu le veuille aussi. Ce concours, cette union des deux volontés est indispensable à tout ce qui doit exister réellement dans le Monde. L'apparition de l'homme sur la terre est le résultat d'un tel concours, dans lequel les deux volontés s'unissent plus intimement, plus sérieusement que jamais.

Eh bien, ce concours indispensable à l'apparition de chaque espèce naturelle, indispensable à l'apparition de l'humanité, la pensée le réclame également pour la naissance de chaque *individu :* disons mieux, l'union des deux volontés, nécessaire à toute production, *se révèle* dans la naissance des individus. L'espèce est une idée de la créature, l'espèce est la créature universelle elle-même dans un degré particulier de sa propre restauration ou, ce qui revient au même, de sa propre réalisation. Mais cette idée n'est exécutée, ce degré de l'existence n'est véritablement atteint que si Dieu l'accorde par la production des individus. Il est donc bien vrai que les individus sont des organes de l'espèce ou de la créature générique, des formes dans lesquelles se manifeste cet être universel mais créé ; il est bien vrai que leur substance est la substance de l'espèce ; il est bien vrai qu'ils sont un et identiques dans l'unité de l'espèce ; mais il n'est pas moins vrai que chacun d'eux est le fruit d'une création directe et spéciale de Dieu. Aucun individu n'existerait si Dieu ne l'avait voulu, si Dieu ne l'avait donné. Dès lors il faut reconnaître dans chaque individu un germe, une étincelle qui vient immédiatement de Dieu, et plus précisément, du Dieu restaurateur.

Et comme toute création proprement dite est une communication de substance, il faut dire qu'un germe du Christ est caché en nous, et que ce germe caché en nous est le principe même de notre individualité. La réalité de ces rapports appartient à l'ordre moral, dont l'ordre naturel est une imparfaite image. Dans la Nature comme dans l'humanité, l'individu est produit par un rapport déterminé de puissances universelles; ces puissances universelles sont présentes en lui et elles constituent son être; mais elles sont groupées dans des proportions variables autour d'un point fixe: ce point, c'est l'individu. Si l'on jette des grains de poussière dans certains liquides saturés de sels, chaque molécule devient un centre de cristallisation. C'est à peu près ainsi que je conçois le rôle de l'individu vis-à-vis de l'universel ou de l'espèce. La Nature elle-même me fournit cette comparaison, car dans la Nature, comme nous l'avons dit, la cristallisation semble être un premier rudiment et un symbole d'individualisation.

Ainsi les individus forment chacun un centre, et comme un noyau solide, les individus sont des touts, les individus sont des buts, puisqu'ils sont directement voulus de Dieu, et cependant ils servent d'organes à l'espèce, à laquelle ils offrent un moyen de progrès. Nous reconnaîtrons donc que les individus d'une époque représentent le génie de cette époque, dont ils sont les enfants; cela est vrai des époques de l'humanité comme des époques de la Nature; chaque individu est pour l'humanité déchue un moyen de restauration; il est un aspect d'un temps, une position que Dieu permet à l'humanité de prendre; il marque une halte, pour ainsi dire, dans sa pénible ascension. Il y a encore du mouvement dans cette halte ; les générations ne sont pas destinées à demeurer stationnaires, mais, à prendre les choses dans leur ensemble, chaque génération n'est qu'une ligne et chaque individu n'est qu'un point. Néanmoins il y a dans l'individu quelque chose d'absolu. Il est conçu par l'espèce ; il est accordé à l'espèce par la puissance restauratrice. Il est créé directement ; mais il est créé dans l'espèce et pour l'espèce, comme il est créé dans le temps et pour son temps.

La théorie que je viens d'esquisser très-imparfaitement prête à plus d'une objection, mais elle a l'avantage assez considérable de satisfaire aux conditions du problème. Elle concilie, en les corrigeant, les prétentions opposées de l'individualisme et du socialisme, de l'atomisme et du panthéisme, de l'histoire et de la morale, de la conscience et de la raison. Elle nous permet, c'est là ce qui la caractérise, d'affirmer simultanément et la substantialité de l'espèce et la substantialité des individus.

Pour lever les difficultés et les doutes qui se présentent à l'esprit, il faudrait indiquer encore par quelle raison l'unité première de la créature se transforme en pluralité, et marquer comment cette unité du point de départ, qui, dans le cours de l'existence présente, n'est plus qu'une unité de principe et d'essence, finit par se rétablir dans l'actualité ; mais nous ne pourrions aborder ce sujet maintenant sans abandonner l'ordre historique, auquel il nous a semblé naturel de nous rattacher dans l'exposition des phases de la restauration, qui n'est autre chose que l'Histoire, dans le sens le plus large que ce mot puisse recevoir. J'ajourne donc le complément que réclame notre doctrine, pour attirer votre attention sur les conséquences qui en découlent. Dans ce moment je n'en relèverai que deux assez importantes.

La première est toute pratique.

D'après la théorie que je viens d'énoncer, l'individu représente un aspect particulier du développement successif de la créature durant la restauration de sa liberté. Tel est au moins son idéal. Chacun a donc sa place, chacun a sa mission distincte de toutes les autres. Chacun possède une nature originale; la nature de l'individu est ce qu'il tient de la créature universelle; dès lors sa nature est déterminée par la position qu'il occupe relativement à celle-ci, et puisque toutes les positions diffèrent, toutes les natures individuelles diffèrent. L'idée du développement de l'être sous la forme individuelle implique une différence essentielle d'individu à individu. Cette différence vient de la Nature, elle vient aussi de Dieu, car tout individu est voulu à sa place, il est voulu tel qu'il est. Les différences individuelles ont donc une origine divine, d'où ressort immédiatement une grande vérité morale, j'entends que la morale elle-même est individuelle. L'application de la liberté de l'homme à sa nature ne doit point avoir pour but d'effacer les traits qui nous distinguent de nos semblables, mais au contraire de les conserver et de les développer en les purifiant. Il y a des devoirs individuels et, sans préjudice de son universalité, la morale présente une face individuelle. C'est là une vérité que les meilleurs esprits ont instinctivement aperçue; sans en avoir peut-être beaucoup cherché le principe, on la prêche depuis longtemps, mais sans grand succès, à ce qu'il me semble. Loin de cultiver l'individualité, la civilisation moderne ne la respecte pas même. L'éducation des écoles et celle de la société tendent plutôt à la comprimer et à l'étouffer.

La seconde idée qui ressort de notre point de vue sur l'individualité, est moins une conséquence tirée du principe qu'une forme particulière du principe lui-même : c'est l'immortalité de l'âme ou, mieux, l'immortalité personnelle.

En établissant que l'individualité est l'effet d'une création spéciale de Dieu, nous justifions au point de vue de l'ensemble la valeur absolue que la conscience morale nous oblige de lui attribuer ; l'immortalité n'est qu'un mot pour exprimer cette valeur absolue de l'être dans son rapport avec le temps. Ainsi, du moment où nous avons fait comprendre que l'homme individuel est l'effet d'une création spéciale ou d'un acte direct de la volonté divine, nous avons rattaché l'assurance de l'immortalité à toutes nos convictions scientifiques par un lien indissoluble. En effet l'immutabilité des décrets divins est la pierre angulaire de notre système. La théorie de la trinité de Dieu, la nécessité d'une restauration de la créature déchue, la possibilité de l'intelligence *a priori* des choses ou de la philosophie, dépendent également de cette immutabilité, que nous avons présentée, il vous en souvient, non comme une restriction de la liberté divine, mais comme un principe constitutif de notre raison et par conséquent comme le trait essentiel de la majesté dont il a plu à Dieu de se revêtir en se révélant à notre raison. Nous disons donc : L'individu est voulu de Dieu comme tel ; la volonté divine est immuable ; la réalité de l'individu est donc voulue d'une manière immuable, et par conséquent l'individu est immortel. Telle est la démonstration théologique et synthétique de cette grande doctrine.

Mais, Messieurs, une démonstration isolée ne dit pas grand' chose. Ce dont notre pensée a surtout besoin, c'est d'unité, pour elle-même et pour le Monde. Nous n'avons pas enseigné seulement que la volonté divine est immuable, nous avons enseigné qu'elle est *une*. Un seul acte, éternel, absolu, embrasse en lui la pluralité des existences et la succession des événements : comment cette unité supérieure du Monde dans l'acte divin s'accorde-t-elle avec la création spéciale des individus? Cette question reporte dans une sphère plus haute le problème que nous venons d'agiter ; nous ne pouvions pas éviter de la poser : après avoir concilié l'espèce et l'individu dans le Monde, il faut concilier en Dieu l'unité du vouloir et la pluralité des créations. La difficulté ne paraîtra pas bien grande à celui dont la pensée s'est familiarisée avec l'infini. L'acte par lequel l'absolu crée le Monde et se pose comme Dieu au-dessus du Monde, n'est pas un acte particulier et temporel, mais un acte infini et éternel. Il comprend en lui comme possibilité prévue toute l'œuvre de la restauration, par conséquent aussi l'humanité dans sa forme sensible et les membres qui la composent. Ce qui se manifeste dans le temps est voulu dès l'origine du temps. On peut donc affirmer simultanément la création spéciale des individus et l'unité du décret divin, aussi bien que la valeur absolue des individus et l'unité de l'être créé. Il n'y a pas du moins de contradiction logique insoluble dans ce point de vue. Quant au jugement définitif sur son mérite, nous ne saurions le porter avant d'avoir vu si l'unité supposée au commencement se retrouvera à la fin sans détriment pour l'individualité, ce qui implique la connaissance de toutes les phases de l'œuvre restauratrice et de son accomplissement suprême.

TRENTE-UNIÈME LEÇON.

Preuves de l'immortalité personnelle : La volonté de Dieu est immuable : chaque individu est voulu de Dieu ; donc chaque individu est voulu d'une manière immuable. — La mineure nous est fournie par notre théorie sur l'origine de l'individualité. On peut la démontrer en disant : L'objet propre de la volonté divine c'est la réalité de l'être, c'est-à-dire la liberté : la liberté réside dans les individus ; donc les individus sont l'objet propre de la volonté divine. — L'immortalité individuelle se déduit encore directement de la conscience morale : La rectitude de l'intention est, d'après la conscience, un bien en elle-même, et le seul vrai bien ; or la rectitude de l'intention n'aurait aucune valeur permanente si le sujet dans lequel cette intention réside n'en possédait pas lui-même. — La considération des idées de temps et d'esprit fournit un argument plus intuitif. L'essence de l'esprit se révèle dans son acte fondamental, l'acte de mémoire, la négation du temps ; donc l'esprit est immortel parce qu'il est esprit.

Examen des preuves tirées de la simplicité de l'ame, et de la nécessité d'une rétribution après cette vie.

Messieurs,

J'ai essayé de vous faire voir, en terminant la dernière leçon, que l'immortalité de la personne humaine est une conséquence rigoureuse de nos principes. Ce sujet est assez intéressant pour que nous ne regrettions pas de lui donner quelques moments encore. La doctrine de la résurrection était si généralement répandue parmi les nations les plus anciennes, qu'elle semble venir ou des traditions primitives de notre race, ou de la substance même de notre esprit, et peut-être ne serait-il pas facile de marquer bien nettement la différence qui sépare ces deux suppositions. Cette espérance suprême nous console et de la mort et de la vie. Complément indispensable de la foi dans la justice divine, elle tend incontestablement à nous détourner du mal, et c'est avec raison qu'on l'envisage comme une base de la morale et, par là, comme une garantie du bonheur des sociétés. Sans elle, le devoir n'en serait pas moins le devoir, je m'empresse de le reconnaître; mais, sans elle, la voix du devoir courrait grand risque de n'être point écoutée. L'idée de l'immortalité de l'âme est nécessaire pour donner un sens au progrès et par conséquent à l'histoire. Il serait beau d'offrir son être tout entier en sacrifice au progrès universel; mais le progrès universel n'en est un, nous l'avons déjà fait voir, qu'à la condition d'avoir un terme; or l'on ne peut se faire aucune idée de ce but final du progrès si l'on n'admet la permanence des individus ou leur immortalité.

La tradition et le sentiment, la raison et le cœur, plaident donc la cause de cette croyance. Cependant ces voix si puissantes ne font naître en sa faveur qu'un préjugé. Les traditions sont incertaines : on croit aisément ce qu'on désire : le progrès pourrait n'être qu'une illusion, et s'il est difficile à l'esprit convaincu que l'ordre moral est l'ordre absolu, de concevoir comment une illusion pourrait servir à nous rendre meilleurs et comment nous pourrions être corrompus par la connaissance de la vérité, l'expérience, hélas! rend bien problématique la rigueur abstraite de cet argument. La pratique immédiate ne comporte point de généralités absolues dans un monde où le bien et le mal sont aussi etroitement enlacés. Il serait téméraire d'affirmer que dans un état donné de l'humanité toute vérité lui soit bonne et toute erreur funeste, quoique sans contredit, dans les conditions normales, la vérité doive inévitablement produire le bien, et l'erreur enfanter le mal. L'inférence tirée de l'utilité morale de la croyance à l'immortalité de l'âme n'est donc pas décisive. En somme, le premier coup d'œil que nous jetons sur la question nous en montre l'extrême importance ; il nous pousse à désirer des preuves en faveur de l'affirmative ; il ne les fournit pas encore. Ces preuves, il faut les demander au système général du Monde, comme nous l'avons entrepris.

A nos yeux tout ce qui est réel est immortel. Ce qui est réel, c'est l'objet direct de la volonté divine ; car la volonté divine est invariable. Cette thèse forme la cheville ouvrière de notre système ; elle pourrait servir de prémisse à presque toutes nos déductions; nous l'employons ici comme majeure. La mineure est fournie par la théorie de l'individualité sur laquelle ont roulé nos derniers entretiens ; et le syllogisme conclut comme suit :

« Ce qui est immédiatement voulu de Dieu possède une » valeur absolue.

» Chaque individu en particulier est immédiatement voulu » de Dieu.

» Donc chaque individu possède une valeur absolue. »

Nous inférons de là qu'il est immortel.

Pour saisir la force de cette démonstration, il faut rappeler deux points qui nous paraissent impliqués dans le caractère absolu de la volonté divine : nous avons déjà noté l'un et l'autre. Le premier, c'est que l'opposition du but et du moyen ne saurait s'appliquer à Dieu. Dieu ne veut rien à titre de moyen seulement; les moyens sur lesquels se fixe son vouloir sont aussi des buts. Ainsi les individus étant directement voulus, ils le sont à la fois comme moyens et comme buts.

Le second point essentiel à la déduction n'est autre que l'identité de l'*absolu* et de l'*immortel* que nous venons d'établir. Tout ce qui, dans la pensée et dans la volonté de Dieu, possède une valeur absolue, est par là-même impérissable à nos yeux. Pour prouver l'immortalité de l'âme nous nous attachons donc à établir le caractère absolu de la personnalité finie. C'est là l'idée générale, dont l'immortalité n'est qu'un corollaire, ou plutôt un aspect; c'est l'objet essentiel de l'affirmation ou de la négation qui manifeste l'opposition des tendances et des systèmes. Si l'individu n'est pas impérissable, son individualité n'est proprement rien de réel; il n'est rien par lui-même, il n'est qu'un accident, une forme de la vie universelle, une vague de la mer. En prouvant la réalité de l'individu, on prouve donc à tout esprit sérieux son immortalité.

En considérant le plan général du Monde, nous tirons la preuve de la réalité substantielle ou de l'immortalité de l'individu, de ce qu'il est spécialement voulu de Dieu. C'est l'argument théologique dont nous venons d'esquisser la formule.

En considérant la nature intime des choses, en nous plaçant au point de vue proprement métaphysique, nous fondons l'immortalité de l'âme sur sa liberté. L'individu seul est libre ici-bas, l'espèce ne s'affranchit que par les efforts individuels. L'humanité ne sera libre, et proprement n'existera comme humanité que quand tous les individus affranchis seront animés d'un même vouloir. La réalité positive et substantielle réside dans l'individu, puisqu'il est libre.

Du reste, le fond de la métaphysique ne se trouve que dans la morale; aussi la vraie preuve de l'immortalité de l'âme est la preuve morale. Sans l'immortalité de l'âme la vertu serait un inexplicable accident et, disons-le hardiment, Messieurs, une idée contradictoire. L'âme est le siége de la vertu, la moralité réside dans l'intention, dans la volonté de l'individu. Si l'individu passe, sa vertu, sa qualité morale passe avec lui; il ne reste rien de ce qu'il voulut, rien de ce qu'il fut dans l'intimité de son être; il ne reste rien de lui sinon le succès, qui ne dépend point de lui. Pourquoi donc attachons-nous du prix à l'intention? Pourquoi y a-t-il quelque chose qui porte le nom de vertu? Pourquoi la vertu ne consiste-t-elle pas précisément dans la recherche du succès? Pourquoi, si cette intention, si cette volonté, si cette qualité morale ne constituent pas la réalité? En un mot, la conscience morale nous dit, avec Kant, qu'il n'y a rien d'absolument bon, c'est-à-dire d'absolument réel que la vertu ou la volonté droite; mais si la vertu est la plus haute réalité, l'individu en qui la vertu réside et sans lequel elle ne saurait se concevoir, doit aussi être réel.

L'argument théologique, l'argument métaphysique, l'argument moral reposent tous les trois sur la même prémisse, savoir que ce qui est véritablement réel est par là-même immortel. Je n'ai pas avancé cette proposition comme un axiome, bien qu'une haute évidence l'accompagne. Je l'ai fondée sur l'immutabilité de l'acte créateur, principe de toute notre philosophie et condition irrémissible de la possibilité même d'un système positif, c'est-à-dire d'une explication du Monde qui donne place à la liberté. Notre démonstration paraît donc régulière, mais elle est tout abstraite, purement formelle et ne fournit aucun secours à l'intuition.

S'il y a quelque moyen de corriger ce défaut, c'est dans l'analyse de l'idée du temps qu'il faut le chercher. Pour résoudre directement la question de savoir si l'éternité est un caractère de la réalité ou, en d'autres termes, si la réalité est supérieure au temps, il est clair qu'il faut comprendre ce que c'est que le temps. C'est assez dire que ce problème exige les plus grands efforts de la pensée, car s'il y a dans la métaphysique un sujet ardu et inaccessible, assurément, Messieurs, c'est le temps. Cependant nous l'avons effleuré quelquefois, nous avons entrevu déjà quelques côtés par lesquels on pourrait essayer de gravir cette cime.

L'idée de temps prise dans son abstraction est une idée contradictoire, car c'est l'idée de la production infinie du néant. Le temps est une succession d'instants, mais l'instant n'est rien; le temps est donc rien succédant à rien, rien sortant de rien; c'est la division absolue du néant considérée dans l'acte même par lequel elle s'effectue, de même que l'espace est l'infinie division du néant considérée comme accomplie. Il suit de là que le temps n'est rien en lui-même; il n'y a de temps que dans l'être et par l'être qui le produit et qui le remplit. Le côté positif de l'idée du temps est la permanence de l'être ou la durée, c'est-à-dire l'énergique affirmation, la sérieuse affirmation de l'être. Affirmer que l'être est, l'affirmer sans se contredire ni se reprendre, c'est dire : Il a été, il sera, il est toujours, il est éternel. Mais si l'être est éternel, il est éternellement ce qu'il est, il est éternellement tout entier; tout est donc éternellement identique. Il est le même hier, aujourd'hui et demain, par conséquent aujourd'hui ne diffère ni d'hier ni de demain. Demain était déjà dans hier, hier et demain sont dans aujourd'hui. Mais cette absolue simultanéité de l'être n'est pas le temps, c'est au contraire la négation du temps. Ainsi l'idée de l'être dont nous avons besoin pour comprendre le temps nous conduit d'abord à la négation du temps, c'est-à-dire à la négation d'une négation. Cette absolue simultanéité de l'être engloutit toutes les différences; elle confond la pensée et nous écrase. — Le temps suppose une succession réelle, c'est-à-dire la diversité dans l'être, et les différences, le changement, le mouvement, viennent de l'action, de la liberté. Le temps naît donc avec l'activité qui produit le multiple, le temps naît avec la création. Demander ce qu'est le temps, abstraction faite des choses finies, le temps pour Dieu, c'est demander ce qu'est Dieu en lui-même, c'est-à-dire poser un problème auquel il est impossible d'imaginer une solution. Il en est de l'idée de temps comme de celle de *nature*; il ne répugne pas moins de les attribuer au principe suprême que de les lui refuser expressément : il n'y a pas de genre commun au sujet et à l'attribut, et partant il n'y a pas de jugement possible. Si l'idée de la parfaite simultanéité où nous conduit la considération abstraite de l'être s'applique à un sujet réel, ce sujet n'est donc pas l'essence absolue, mais plutôt l'absolu positif, l'acte absolu, l'acte créateur, la volonté de Dieu à l'égard du Monde, dans l'unité de laquelle sont comprises toutes les déterminations, toutes les différences, tous les mouvements, en un mot, toute l'histoire qui se déroule dans le temps.

Le temps lui-même n'est rien, Messieurs, sans les êtres qui le mesurent; aussi n'est-ce pas le temps qui les dévore, comme on le dit; c'est leur imperfection ou, plus précisément, leurs contradictions intérieures. Le temps n'est que la loi des changements, et chaque espèce d'être a la sienne; ainsi, dans l'éternelle durée, chaque être a son temps particulier.

Autre est le temps pour la nature sensible, autre pour l'esprit.

Dans la Nature tout passe, tout se transforme, tout se renouvelle, tout meurt. Nous aussi nous changeons et nous mourons, non parce que nous sommes dans le temps, mais parce que nous appartenons à la Nature.

Dans notre esprit tout se transforme également, tout s'altère, tout s'efface, parce que notre esprit, uni à la Nature, est soumis à la loi de la Nature. Mais cette nécessité des changements et de la destruction n'a pas sa source dans l'essence de l'esprit. Plus l'esprit est puissant, plus l'esprit est esprit, moins il subit cette loi. Le Sommeil et l'Oubli sont les compagnons de la Mort; mais la Mémoire est la mère des Muses, la mémoire est le principe de la vie spirituelle, et la mémoire n'est rien de moins, Messieurs, veuillez y penser, que la négation du temps ou plutôt la négation de l'élément privatif du temps, la liberté vis-à-vis du temps. Nos plaisirs, nos douleurs, nos pensées, nos résolutions, tous les actes de notre vie se produisent successivement dans le temps; mais chacune de ces pensées, une fois conçue, n'est plus destinée à périr. Chaque fait accompli dans le temps produit une infinité de conséquences; il est toujours présent désormais, toujours actuel par ses conséquences; l'ignorance et la faiblesse empêchent seules de l'apercevoir dans le présent. Ce qui engloutit nos pensées, nos sentiments, notre volonté, c'est l'oubli, c'est-à-dire le contraire de l'existence spirituelle. Mais les fruits du temps, s'ils sont reçus dans une mémoire sans oubli, c'est-à-dire dans une véritable mémoire, jouissent d'une durée éternelle. Et par le fait, même ici-bas, les développements successifs de notre esprit se conservent simultanément; ils vivent dans notre souvenir, non sans altération il est vrai, car toutes nos facultés sont impuissantes, mais enfin ils y vivent et composent pour ainsi dire notre substance spirituelle. Ainsi, Messieurs, vous le comprenez, dans la vie spirituelle pleine et franche, il y a bien développement, transformation, même création successive; il y a bien par conséquent pour l'esprit pur une distinction d'époques, un passé, un présent et un avenir, mais cette succession n'a point le caractère privatif que nous lui trouvons dans la nature sensible et dans tout ce qui participe à la forme de l'existence sensible. Pour l'esprit dans la vérité de son idée, le passé est encore un présent, ou du moins il peut toujours redevenir présent au gré de la liberté. Il y a *devenir* pour l'esprit, son être s'enrichit successivement, mais ce qui existe une fois est pour toujours. C'est ainsi que chacun de nous porte naturellement en lui-même son enfer et son paradis peuplés des actes de toute sa vie. Au point de vue spirituel, le principe sur lequel nous fondons notre espoir d'immortalité acquiert donc une évidence intuitive en s'expliquant par les analogies de l'expérience. Ce qui est réel est immortel, bien qu'il ait apparu dans le temps, bien qu'il soit l'œuvre d'une époque; il sera toujours, bien qu'il n'ait pas toujours été.

Nous le voyons maintenant, la question de l'immortalité de l'âme se résout dans la question du spiritualisme en général. L'immortalité personnelle est prouvée si le point de vue spiritualiste est le vrai, si l'essence de l'individu est spirituelle, si l'essence de l'humanité est spirituelle, si les rapports de l'espèce et de l'individu sont spirituels, de même que les rapports de l'humanité et de Dieu. Nous avons conçu l'humanité comme une puissance spirituelle, car sa substance n'est autre chose à nos yeux que la première volonté divine. Nous comprenons l'individu comme le produit d'un double acte spirituel, d'un concours de volontés, d'une prière et d'un exaucement; nous reconnaissons en lui le fruit de l'humanité déchue, mais divine encore, et du Dieu libérateur. Dans l'accomplissement de l'histoire et du temps où nous voyons l'humanité réunie à Dieu, vivant en Dieu de la vie de Dieu, nous l'y trouvons avec tous ses actes, avec tous ses fruits, avec tous les rejetons issus de sa racine. Les êtres individuels durent éternellement dans la volonté, dans la pensée, dans l'éternelle dilection de Dieu. Ils sont immortels parce que leur création est un acte spirituel et que, de leur essence, les actes et les modifications de l'esprit ne sont pas transitives mais persistantes; l'apparence contraire naît de ce que notre esprit subit ici-bas les conditions de la nature sensible; si l'esprit fini réalisait son idéal, il imprimerait à ses œuvres le sceau de l'immortalité;

c'est là sa tendance manifeste; à plus forte raison reconnaîtrons-nous ce cachet dans les œuvres de l'esprit infini. Les individus sont donc immortels parce que l'esprit est impérissable. Ils sont immortels parce que Dieu les veut et que la volonté de Dieu est immuable; ils sont immortels parce qu'ils sont. Ce qui périt n'a jamais été; la mort n'est qu'une ombre, le temps n'est qu'un rêve, la vérité ne meurt point.

Vous le voyez, les mêmes principes qui nous ont permis de concilier l'unité substantielle de l'espèce et la réalité des individus, nous fournissent aussi les moyens de comprendre l'immortalité des âmes créées dans le temps. Ces principes, nous ne les puisons pas dans l'abstraction métaphysique, nous les empruntons à l'expérience; oui, Messieurs, à l'expérience, c'est-à-dire à la conscience. Le spiritualisme, s'il veut faire quelques pas du côté des solutions positives, ne saurait suivre d'autre guide. Il faut qu'il applique les données de l'expérience intérieure aux problèmes universels. C'est là, Messieurs, tout notre procédé; c'est le secret de ces hypothèses dont, au premier aspect, vous avez peut-être blâmé l'audace. Nous nous sommes efforcé de comprendre toute vie et toute production d'une manière analogue à notre propre vie et à nos déterminations morales, en tenant compte aussi exactement que possible des différences connues, à savoir, non-seulement de la différence entre le fini et l'infini, mais encore de la résistance que la chute apporte à la réalisation de l'esprit dans notre existence actuelle. La théorie que je viens d'esquisser sur la Nature et sur les fonctions de l'individualité, se présente d'elle-même à la pensée familiarisée avec cette méthode, que l'on recommande beaucoup et dont on se sert assez peu.

Toutes choses sont en Dieu, tout ce qui existe est par l'acte de Dieu, et ce qui existe c'est l'acte de Dieu : une volonté voulue, telle est la définition de l'être créé. L'individu est une volonté voulue, une détermination de l'esprit créé et de l'esprit de Dieu. La puissance infinie de cet esprit, lieu des esprits, est le garant de son immortalité. Il passerait, s'il arrivait à Dieu de perdre quelque chose, de changer ou d'oublier; mais ce danger n'est pas à craindre, ainsi notre confiance est assurée. Le point essentiel dans notre sujet, c'est que l'individu soit considéré comme l'objet d'une création spéciale. Mais tous les faits ne semblent pas s'accorder avec cette idée : si l'individu forme un tout à quelques égards, sous d'autres points de vue, il se lie à l'universel, et paraît moins un être qu'un développement de l'être. Pour concilier ces vérités contradictoires, il faut passer par la Chute et par la Restauration. Il faut dire que, à la vérité, Dieu crée les individus, mais qu'il les crée dans les conditions qui lui sont offertes par la créature primitive, *qu'il les tire du* fond altéré de cette créature, et que cette production est l'œuvre de la miséricorde, qui fournit des organes à la liberté pour accomplir la loi de la liberté. L'Eglise chrétienne a raison, Messieurs, de soutenir à la fois et la participation de tous au péché originel et la création spéciale et successive des âmes dans le temps, ce qui, à la première vue, semble le comble de la contradiction. Résoudre ces contradictions est la tâche imposée à la philosophie : la tâche de l'Eglise est de maintenir les bonnes thèses malgré leurs contradictions, et si l'Eglise manquait à cette mission, les vraies questions ne seraient jamais posées à la philosophie. De la foi à la vue, de la persévérance à la joie, tel est le chemin de l'humanité, le chemin de la Restauration, le chemin de l'amour, — tel est aussi le chemin de la pensée. Grâce aux deux principes, à la double origine que nous avons reconnus dans les individus, vous comprendrez très-facilement comment chacun d'eux apporte en naissant une nature déterminée, bien qu'il ait à déterminer lui-même sa nature. Vous comprendrez comment ils sont influencés par le milieu dans lequel ils se trouvent, dont ils sont le produit et sur lequel ils doivent agir à leur tour. Vous comprendrez comment les individus immortels sont pourtant de leur temps; comment ils réalisent sur la terre un certain temps, c'est-à-dire une phase, un côté du développement universel. C'est leur tâche de le réaliser, de l'agrandir, de le purifier, et s'ils sont fidèles à cette tâche, ils représenteront l'idée et la valeur positive leur époque dans l'éternité qui les attend.

Nous avons marqué plus haut le moment où naît la philosophie de la Nature. Ici nous signalons le point de départ de l'anthropologie ou de la psychologie. Il faudrait étudier avec détail le développement des facultés humaines à la lumière des principes que nous venons d'exposer, pour bien asseoir son opinion sur la valeur de ces principes. Un travail de ce genre ne serait pas sans utilité pour la science expérimentale elle-même. Quoi qu'on en dise, la théorie offre des secours à l'observation. Pour voir, il faut prévoir; ainsi la théorie guide l'observation en résumant le résultat des expériences déjà recueillies. En étudiant l'homme au degré de généralité convenable, nous voyons lutter en lui le bien et le mal, la nature et la liberté, l'individuel et l'universel : il est son but à lui-même si l'on en croit la raison; et cependant, constamment sacrifié par le cours des événements, il trouve au fond de son cœur la loi du sacrifice. Nous nous sommes frayé un chemin à travers ces contradictions multiples, nous avons accepté tous les éléments du phénomène, nous avons essayé de les expliquer tous. La proportion qu'il faut garder entre les matières nous interdit d'aller maintenant plus avant dans ce sujet. Du reste, le cours de nos recherches nous y ramènera bientôt. La théorie générale de l'individualité nous apparaîtra sous un jour nouveau, lorsque nous l'aurons appliquée au type unique et suprême dont la venue est le centre et le couronnement de l'œuvre restauratrice. Ce sera l'objet de nos prochains entretiens.

Pour terminer cette leçon, permettez-moi de revenir à son objet essentiel, à l'immortalité de l'âme. Nous avons ramené le problème de l'immortalité au problème universel de la Création. Comment un acte peut-il devenir substantiel? Comment ce qui dans le fond n'est qu'un vouloir de Dieu, peut-il se distinguer de lui au point d'entrer en commerce avec lui? Comment une volonté peut-elle vouloir? Telle est la question qui se dresse derrière toutes les autres. Nous sommes à cet égard dans une profonde et, je le crains, Messieurs, dans une incurable ignorance; mais lors même que nous ne savons point comment la chose est possible, nous sommes obligés de confesser qu'elle est possible. Il n'y a pour nous d'autre alternative que d'affirmer hardiment la création, en passant par-dessus tous ces embarras, ou de nier tout acte créateur, toute production réelle, et de nous retrancher dans un pur spinosisme en acceptant les difficultés non moins grandes, même au point de vue purement spéculatif, de notre position nouvelle. Mais si l'on accepte la création, si l'on entend la création de l'individu comme un acte spirituel, on proclame par là son immortalité, car les créations de l'esprit sont de leur essence immortelles. Tel est l'abrégé de notre doctrine sur l'immortalité de l'âme. Le trait qui la domine est la solidarité que nous nous sommes efforcé d'établir entre la réalité de l'être individuel et son immortalité. J'ai essayé de la justifier par la discussion des idées d'esprit et de temps ; j'ai fait voir que les actes successifs de l'esprit fini sont des enrichissements de sa substance, destinés à demeurer en lui aussi longtemps que lui-même. Dès lors, si les individus sont de vrais actes spirituels, ils semblent destinés à demeurer dans l'esprit qui les a produits. — Or, selon nous, ils sont à la fois des actes de l'espèce et des actes de Dieu, des désirs de l'espèce et des volontés de Dieu. Ils sont donc, d'après cette analogie, destinés à demeurer éternellement dans l'espèce et en Dieu.

Je voudrais maintenant, Messieurs, rapprocher cette déduction des preuves les plus communément alléguées en faveur de l'immortalité de l'âme. Vous reconnaîtrez aisément, je crois, que notre principe est impliqué dans ces démonstrations et qu'il en forme la prémisse tacite.

Il y a deux arguments pour établir l'immortalité de l'âme, que je puis appeler populaires : ce sont les seuls que j'aie dessein d'analyser. Le premier, métaphysique ou physique, se fonde sur la simplicité de l'âme. Le second, théologique et moral, part de l'idée que la justice doit régner dans l'univers. Voyons d'abord quel est le sens du premier.

L'âme est une substance simple; une substance simple ne peut pas être décomposée; or nous ne concevons pas qu'un être puisse périr autrement que par la séparation de ses parties; donc l'âme ne saurait périr. Voilà, Messieurs, la preuve classique de l'ancienne philosophie, telle que vous la trouverez partout. Il est inutile de la soumettre à une critique approfondie, on aperçoit du premier coup d'œil que le fond de ce raisonnement est l'idée que nous avons exprimée en disant : Ce qui est réel est impérissable. Ce qui périt ne saurait être qu'une forme, une manière d'être de la réalité, non la réalité elle-même.

L'argument que je viens de citer repose sur un système d'atomes ou de monades, et n'a de sens que dans un tel système. Tous les êtres sont donc ou des êtres simples ou des composés, c'est-à-dire des agrégations d'êtres simples. Mais les êtres simples seuls sont des substances, c'est-à-dire quelque chose qui existe par soi-même. Ainsi dans la vérité il n'y a que des êtres simples. L'agrégation n'est qu'une manière d'être, un accident dans l'existence des êtres simples indifférent à leur réalité. Il n'y a jamais ni plus ni moins de réalité dans l'univers, soit qu'un certain nombre d'êtres simples se trouvent associés ensemble de manière à former certain composé, soit qu'ils demeurent isolés, soit qu'ils se groupent de nouveau et se joignent à d'autres êtres simples pour former de nouveaux agrégats. Ainsi les composés ne sont pas de véritables êtres, mais une apparence produite par la situation passagère d'un certain nombre de simples. Rien ne périt dans l'univers; la manière d'être change seule, et ce changement amène la disparition de certains phénomènes qui sont remplacés par d'autres; mais ce qui fait la substance de ces phénomènes, ce qui seul est vraiment réel, cela ne saurait périr : Tel est le système et tel est l'argument.

Maintenant, Messieurs, cette manière de s'exprimer est-elle préférable à la nôtre? L'idée de substance simple désigne-t-elle bien exactement la nature de l'âme, c'est-à-dire d'une force incessamment active, que nous ne pouvons absolument connaître que par son activité, et dont l'activité n'est point simple, mais au contraire infiniment complexe, multiple et variée? Sait-on bien ce qu'on entend par la simplicité de cette âme, dans laquelle l'expérience nous fait reconnaître une pluralité de fonctions permanentes et simultanément en exercice, une pluralité de puissances, et non-seulement une pluralité, mais une opposition, une tension, souvent une lutte? Est-il convenable, est-il correct de parler d'un mouvement, d'une opposition, d'une lutte dans une substance simple? L'unité du moi, l'unité profondément réelle de la conscience, n'est-elle pas une unité synthétique, qui domine, subjugue et contient une pluralité de tendances et de forces, mais qui suppose par conséquent cette pluralité et qui ne saurait s'expliquer sans elle? Le mot *substance simple* appliqué à l'âme serait-il autre chose qu'une métaphore assez obscure et je dirais presque assez grossière? Je me borne à soulever ces questions, laissant à vos réflexions le soin d'y répondre. Mais ce qu'il importe peut-être de faire observer avant de passer outre, c'est que l'argument dont nous nous occupons prouve plus qu'on n'a généralement le dessein de lui faire prouver. Si la quantité totale de substance ne peut pas diminuer dans l'univers, si le nombre des substances simples ne peut pas diminuer, il ne peut pas non plus être augmenté, quels que soient les rapports qui s'établissent entre ces substances. Les âmes, qui sont des substances simples, ne sont donc pas seulement immortelles dès le moment où elles ont commencé d'être, mais elles sont éternelles, elles n'ont point eu de commencement. Cette preuve de l'immortalité poussée à ses véritables conséquences nous conduit donc à une multiplicité de substances éternelles, c'est-à-dire à un atomisme, fort proche parent de l'athéisme. C'est ce qu'ont bien senti les auteurs du système auquel appartient cette démonstration, particulièrement Leibnitz; aussi a-t-il mis un correctif à sa théorie de l'indestructibilité des substances simples. Il dit qu'elles ne peuvent être produites que par création, ni périr, sinon par anéantissement, c'est-à-dire que leur commencement et leur fin supposent un acte divin immédiat. Le remède est excellent, mais il enlève toute sa force à la preuve. Celui qui peut créer peut aussi détruire, la chose est évidente, elle est accordée. Les substances simples peuvent donc être détruites, elles ne sont point impérissables dans le sens absolu du mot, et nous ne savons point, du moins par les lumières de cette philosophie, si Dieu ne veut pas qu'effectivement elles cessent d'exister au bout d'un certain temps, nous ne savons point à quelles conditions est attaché cet anéantissement des substances simples. Ces conditions peuvent faire partie du plan universel, c'est-à-dire rentrer dans l'ordre de la Nature; par conséquent l'argument ainsi mitigé ne prouve rien, tandis que, poussé à la rigueur, il mène à l'athéisme. Il vaut donc mieux philosophiquement fonder l'indestructibilité de la substance sur la nature de l'acte qui la produit que sur une simplicité problématique, difficile à bien entendre et qui, même établie et comprise, ne donnerait pas ce qu'on lui demande. Mais, quoi qu'il en soit, au fond de l'argument tiré de la simplicité de l'âme se trouve notre axiome : Ce qui est réel est immortel.

Arrivons maintenant à la seconde preuve, à celle dont Kant fait usage dans sa Critique de la Raison pratique : « La lumière naturelle nous montre qu'il doit y avoir une corrélation entre le bonheur et la vertu. La vertu est digne de récompense, le vice mérite châtiment ; eh bien, cet ordre que réclament la pensée et le cœur, nous ne le trouvons pas sur la terre. Cependant il ne nous est pas permis de douter, même un instant, que cet ordre ne soit le véritable, car c'est pour nous un devoir de contribuer à son règne. Chacun de nous doit travailler pour son compte à réprimer le vice, à récompenser la vertu, en un mot, à faire triompher la justice. Nous devons donc croire que la justice est possible, sans cela nous serions incapables d'accomplir notre devoir, et le devoir exige lui-même que nous nous rendions capables de l'accomplir. Ainsi la loi morale nous impose l'obligation de considérer l'ordre moral comme la vérité du Monde et de la vie, de croire par conséquent qu'il se réalisera, dès lors aussi de croire que notre existence ne s'achève pas ici-bas, mais qu'une économie meilleure corrigera les défauts apparents de celle-ci et rétribuera chacun selon ses mérites. »

Vous le sentez, Messieurs, ce raisonnement des kantiens est beaucoup plus conforme que le précédent au style de notre philosophie. Je l'adopte avec empressement, avec joie. Seulement je fais observer qu'il est entendu dès l'entrée que l'individu possède une valeur par lui-même, que l'individu est un but. Si l'individu n'est qu'un accident ou une forme, s'il n'est que moyen, s'il n'est pas aussi un but, il est clair, nous ne saurions trop le répéter, que les destinées des individus n'entrent point en ligne de compte.

Et c'est bien ainsi que le comprend la moderne sagesse. « Il en est, dit-on aujourd'hui, il en est de l'histoire et des choses humaines comme de la Nature. Un but général se poursuit, non sans obstacle, mais on finit pourtant par l'atteindre, sur les débris des individus. Dans la Nature ils périssent par millions sans qu'on y songe; dans l'humanité pareillement: que tel jouisse ou qu'il souffre, qu'il se corrige ou qu'il se corrompe, qu'il vive ou qu'il meure, peu importe. Tel est l'ordre du Monde, l'ordre de fait, et cet ordre est l'ordre véritable, l'ordre absolu. Dieu ne s'inquiète pas de nous, dit la philosophie contemporaine, il ne s'inquiète que des peuples, et les peuples eux-mêmes sont sacrifiés à la réalisation de l'idée humanitaire. Il n'y a là aucune injustice, aucune perturbation; il n'y a que l'esprit universel accomplissant ses destinées. » C'est contre les doctrines panthéistes que je rappelle, qu'il importe surtout de faire valoir la dignité de l'individu. Mais si le panthéisme devient plausible et dangereux, c'est en faisant appel aux vérités d'expérience qui témoignent de l'unité de pensée qui règne dans le système du monde, de l'unité substantielle de l'esprit humain et de la solidarité de nos destinées. Ainsi pour réfuter le panthéisme d'une manière suffisante, il est besoin d'une doctrine qui reconnaisse et qui explique aussi bien que lui cette unité et cette solidarité, tout en faisant expressément à l'individu la place que réclament le bon sens, la morale et la religion.

TRENTE-DEUXIÈME LEÇON.

La pluralité des individus, la succession des générations, forme actuelle de l'existence humaine, viennent de la chute et de la restauration. De la chute, parce que la pluralité et la succession sont une négation de la réalité de l'être, qui implique l'unité et la simultanéité. De la restauration, puisque cette dissémination de la vie morale est le moyen d'atténuer l'effet du mal et d'empêcher une nouvelle catastrophe universelle.

XLI. *L'individualité morale se forme graduellement dans le cours de l'histoire.* Au point de départ l'individualité véritable n'existe pas encore, et les religions de l'humanité déchue s'imposent à la conscience des individus; la réflexion ne devient possible qu'au terme du procès mythologique. Le paganisme et le judaïsme, partis de points opposés, aboutissent également à la conception d'un individu élevé au-dessus du fini par sa perfection morale. Le premier le conçoit comme la divinisation de l'homme, le second comme l'incarnation de Dieu.

XLII. *La nouvelle période de la Restauration qui s'ouvre par l'apparition de l'espèce humaine, a pour but la restauration de la volonté morale dans un individu parfait. La part de l'humanité consiste à le demander. L'exaucement de ce désir est un acte absolu de Dieu par lequel l'humanité retrouve en Jésus-Christ sa pureté primitive.*

XLIII. *Durant la première période de la Restauration (époques de la Nature), la puissance restauratrice (le Fils) joue le rôle de puissance créatrice en donnant l'être, par une communication de sa substance, aux conceptions qu'elle suggère à la créature. Ce rôle est un rôle d'abaissement et de souffrance, car les conceptions de la créature altérée sont toutes défectueuses. — La même loi régit le rapport du Fils et de l'humanité. Chaque individu est créé par une communication de la substance du Fils, qui produit en lui une nouvelle liberté par l'équi-*

libre qu'elle oppose à l'impulsion de la nature déchue. Durant toute l'histoire Christ souffre donc pour l'humanité et pour les individus, dans l'humanité et dans chaque individu.

XLIV. *L'union de la puissance restauratrice et de la primitive substance de l'humanité s'opère graduellement durant l'histoire. Elle est virtuellement accomplie par la naissance d'un homme pur. Elle est consommée et consolidée par l'acte libre de cet homme nouveau, qui résiste à la Tentation à laquelle Adam avait succombé.*

Messieurs,

La production de la nature sensible ou la création de notre monde n'est qu'une première phase de l'œuvre restauratrice; cette production ne cesse point, mais elle se fixe, se subordonne et cesse de remplir la scène lorsque son but est atteint. Ce que nous appelons l'Histoire est un second acte du grand drame, caractérisé par la présence de la créature libre dans la forme d'une pluralité d'individus, dans la forme de l'humanité. Pour comprendre la signification de l'histoire, il importe d'en considérer sérieusement le point de départ, le fondement, qui est, encore une fois, l'existence individuelle.

Nous avons déjà fait entendre comment on peut s'expliquer que la créature morale, destinée, semble-t-il, à l'unité personnelle, ne reparaisse plus après la chute que dans la forme d'une pluralité d'êtres distincts, épars, étrangers, opposés les uns aux autres, tous imparfaits. Dans la pureté de sa condition première, la créature conservait la dignité de son origine. Il y a en elle une puissance universelle, il y a en elle de l'infini, elle est à sa manière un infini ; elle n'est pas finie dans le sens des êtres particuliers. Qu'est-ce que le fini, Messieurs, notre fini? C'est une moyenne bizarre entre l'être et le néant, ce qui change toujours, ce qui devient toujours sans être jamais. Infinie de son essence, mais incapable par la chute de se réaliser dans son infinité, incapable de vivre, incapable de mourir, la créature primitive devient finie; c'est l'expression naïve de la contradiction où elle est tombée : ainsi l'infinitude de son essence se traduit par l'infinité de la succession, par l'infinité du nombre; c'est l'infini condamné à devenir fini. La multiplicité des individus imparfaits tire donc son origine du mal, qui sépare tout, qui opprime tout, parce qu'il tend à détruire tout. La succession des générations semble venir de cette fatalité qui n'est surmontée que peu à peu et qui s'oppose à la réalisation d'un tout complet, à la réalisation de l'être véritable. Rien ne peut vivre dans l'atmosphère du mal, et la vie ne s'y manifeste que pour mourir. La vie ne peut pas vaincre, la mort ne saurait vaincre non plus; la mort opprime la vie, la vie se débat contre la mort : le résultat de cette guerre, c'est le *devenir:* permettez-moi cette locution barbare, je ne saurais exprimer autrement l'idée d'une production continuelle qui n'aboutit à aucun produit définitif. Mourir pour renaître et pour mourir encore, tel est le sort, non de l'homme, mais de l'humanité. Trouver à ses côtés les os de ses os, la chair de sa chair, l'âme de son âme et ne point la reconnaître; haïr, persécuter ce qu'on devrait chérir, se persécuter soi-même dans ses semblables, telle est notre histoire : c'est l'histoire d'un long suicide.

En un mot, Messieurs, la pluralité, la succession sont le contraire de l'unité et de la simultanéité, attributs positifs de l'être. La pluralité, la succession, aussi bien que la séparation, l'inintelligence et l'oubli qu'elles engendrent, tout cela vient du non-être, du non-être ou du mal métaphysique, qui n'est, à le bien prendre, qu'un reflet ou un prolongement du mal moral. Impuissance et ténèbres ! La malédiction de l'existence n'est pas encore conjurée, voilà pourquoi nous nous trouvons plusieurs quoique en vérité nous ne soyons qu'un.

Mais si nous trouvons le mal partout, si nous ne pouvons donner l'explication suffisante d'aucun phénomène du monde réel sans faire intervenir l'idée du mal, il n'est pas moins vrai de dire que le mal à lui seul n'explique rien, parce qu'à lui seul il ne produirait rien et ne laisserait rien subsister.

Rien n'existe sans la permission de Dieu ; cette permission que l'amour accorde a toujours la restauration pour objet. Les individus sont une conséquence de la chute, les individus sont un moyen de restauration. Puisque les individus sont voulus de Dieu, c'est qu'il était bon que l'humanité devînt une espèce, une armée, pour livrer au mal ses dernières batailles sous la conduite de son divin chef.

On en entrevoit les raisons : La restauration est une œuvre morale, elle doit s'accomplir par la liberté, et cependant elle doit s'accomplir. Que sera-ce donc si la volonté s'égare encore une fois, car elle le peut ? La grâce, nous l'avons dit, se déploie en ceci qu'elle renouvelle la liberté. Elle empêche qu'une détermination fausse ne tranche irrévocablement les destinées de l'univers. Néanmoins la loi d'après laquelle l'être libre se fait ce qu'il est, ne saurait être abrogée. Pour empêcher une seconde chute de déployer son effet, il faut l'empêcher d'avoir lieu. Il faut empêcher la liberté nouvelle de se dépraver tout entière, il faut prévenir des malheurs sans remède, et pour cet effet il convient de disséminer, d'étendre, pour ainsi dire, la spiritualité, que nous considérions précédemment dans la pureté de son idée ou dans un état d'entière concentration. En un mot, il faut donner le temps à la créature de revenir à elle-même. Les problèmes de la matière et du temps apparaissent ici sous celui de la restauration. La négativité du temps se présente d'abord comme un mal; elle est en effet un signe du mal, puisqu'elle contredit absolument la vraie spiritualité. Mais alors que l'esprit s'est tourné contre lui-même et s'est blessé, tout ce qui l'empêche de vivre trop fortement peut être considéré comme une grâce. Il s'agit de persuader la liberté de la créature, de la fortifier, mais tout d'abord de l'attendre, c'est-à-dire de lui donner du temps. La liberté dont nous usons naît de la grâce, le temps que nous vivons naît de la patience. C'est peut-être dans cet ordre d'idées qu'il faudrait chercher aussi la véritable raison de la pluralité humaine.

Quoi qu'il en soit, l'individualité de l'homme est le trait dominant, le trait positif du monde historique. Le salut est remis aux efforts individuels. L'individu est désormais l'agent de la Restauration. Dans ces mots, Messieurs, se trouve le secret de l'histoire. La créature divine, mais déchue, a revêtu la forme individuelle au commencement du monde, sous l'influence du Dieu sauveur. Le but de cette dispensation c'est que l'individualité naturelle s'accomplisse ou se réalise par la liberté, et que la divinité se rétablisse enfin dans l'humanité par l'acte libre d'un individu.

Il faut d'abord, disons-nous, que l'individualisation s'accomplisse; l'existence naturelle en effet n'est que la base, la condition de la véritable vie, qui est la vie morale, l'individualité naturelle, la condition de la personnalité morale. Nous ne pouvons pas remonter au début de l'histoire. La pensée réclame un commencement pour tout ordre de connaissances et le réclame en vain. Elle suppose les commencements, elle ne les connaît et ne les comprend jamais. Nous ne pouvons donc pas, je le répète, remonter au début de l'histoire; mais l'état le plus ancien de l'humanité sur lequel nous possédons des renseignements, paraît avoir été caractérisé par l'absence ou par la négation de l'individualité morale. Les premières civilisations sont despotiques, les premières religions, fatales. L'humanité semble n'être qu'une seule masse obéissant instinctivement à d'irrésistibles impulsions. La malédiction de la chute pèse encore sur elle. Au lieu de transformer sa nature en liberté en acceptant sa condition par l'obéissance, elle a voulu s'affranchir de la règle intérieure, et elle succombe sous le poids d'une contrainte extérieure. Telle nous paraît l'humanité dans cette période antérieure à l'histoire proprement dite, où l'autorité des religions mythologiques n'est pas contestée. Humanité sans histoire, parce qu'elle est sans conscience d'elle-même; humanité sans conscience, parce qu'elle est sans liberté.

Les dieux n'ont pas encore de noms, ils assaillent la

conscience humaine comme des fantômes. Il serait facile, en suivant les traces du philosophe contemporain qui a consacré ses méditations à ce sujet si grave, M. de Schelling, de montrer que les cultes païens ont été le résultat d'une impulsion irrésistible. Quelle que soit la valeur de la théorie de M. de Schelling sur les mythologies, il a certainement raison dans la généralité des termes où nous prenons ici sa pensée. Il suffit, pour s'en convaincre, de réfléchir à l'incroyable attachement des peuples anciens pour les usages les plus contraires aux sentiments de l'homme réfléchi, pour les sacrifices humains, par exemple. Quelle est cette sombre divinité qui oppresse ainsi la conscience des multitudes?

« Nous la reconnaîtrons sous les formes diverses qu'elle revêt successivement par l'influence du principe restaurateur. C'est le dieu dont l'homme a voulu secouer le joug, c'est la volonté créatrice primitive, car c'est la nature humaine, et la nature humaine n'est que cette volonté. La chute consiste en ceci, que l'homme se sépare du centre et se prend pour centre. Il s'adore lui-même; il le peut, en raison de la divine origine des principes qui le constituent. Il y a deux principes dans l'homme, sa nature et sa liberté, deux principes qu'il fallait unir et qui maintenant sont séparés. L'homme adore donc sa nature, le principe infini de la substance qui est en lui; mais il a perdu l'intelligence de lui-même en se séparant du foyer de l'intelligence, et la puissance intérieure à laquelle il s'est attaché lui apparaît comme une puissance extérieure et fatale.

Il s'agit donc pour l'humanité de se reconnaître dans le

dieu qu'elle conjure sans pouvoir l'aimer; elle y parvient effectivement au terme des développements mythologiques. Les dieux de la Grèce sont l'idéal de l'humanité naturelle. En atteignant cet idéal, la pensée s'est affranchie, le doute devient possible, la réflexion commence et les différences individuelles se prononcent. La culture antique tout entière a l'homme individuel pour fin suprême. L'art grec en conçoit le type; Rome garantit son développement par son droit civil, seul monument durable qu'elle ait laissé dans la sphère de l'intelligence. Rome, qui résume l'antiquité pour la transformer, se concentre elle-même dans un seul individu, le dictateur des premiers jours, qui sera l'Empereur quand Rome sera le monde.

L'esprit s'émancipant par la conception des dieux humains, des dieux individuels, a donné le jour à la philosophie. Les philosophes cherchent isolément, par la libre réflexion, le principe que les peuples cherchaient naguère collectivement et sans réflexion, ce principe que le dernier d'entre eux a trouvé, quoiqu'il ne puisse pas d'abord se rendre compte à lui-même de la portée de cette découverte, qui détermine toute sa vie. La spéculation, renouvelant dans l'esprit réfléchi le labeur des théogonies, atteint à son tour le même point; elle résout le même problème pour l'intelligence par l'organe de Platon et d'Aristote. Ce non-être qui est pourtant, mais qui ne doit pas être, cette puissance de devenir qu'il faut pourtant assujettir et transformer, c'est le vieux dieu des mythologies, c'est cette nature première qu'il fallait s'assimiler, cette condition qu'il fallait accepter, cette détermination passive qu'il fallait transformer en liberté par l'obéissance.

La philosophie est donc arrivée à comprendre, à sa manière, que la puissance naturelle et fatale n'est pas l'être positif, n'est pas Dieu, mais qu'elle n'est qu'une condition irrémissible de l'existence du monde et de l'homme, qu'il s'agit de concilier, par la subordination, avec l'élément spirituel et divin. La participation de tous les êtres à la nature divine est exprimée par Platon sous le nom d'*idée*, par Aristote sous celui de *forme*. Tout être est constitué par sa forme, qui est l'énergie, l'activité, en dernière analyse la liberté. Toute forme vient de la forme pure et sans matière; la forme est le cachet de la Pensée.

Il y a plus, Messieurs; la philosophie ancienne reconnaît que, dans l'homme tel qu'il est, l'union des éléments qui le composent et de son être entier à Dieu, n'est pas accomplie: il faut qu'il surmonte le principe de résistance; il faut qu'il s'élève à la contemplation des Idées par la purification, par le recueillement et par l'amour. La philosophie arrive donc à sentir que le problème est pratique et qu'il s'agit d'une conversion de la volonté. L'effort qu'elle fait dans Platon pour se rattacher à l'élément intellectuel par la doctrine que la vertu peut être enseignée et que nul ne fait le mal volontairement, cet effort presque convulsif montre mieux que toute autre chose que la pensée est arrivée au point qui sépare deux âges, deux mondes. La théorie veut tout embrasser, tout absorber, à l'instant où elle va mourir.

Elle va mourir parce qu'elle a vécu, parce que sa tâche est finie. La restauration de l'intelligence est bien loin d'être achevée, mais elle est parvenue à une limite que les efforts de l'intelligence ne sauraient dépasser. Idéalement sa restauration est accomplie. L'idéal est placé devant les yeux de l'humanité : l'union de l'homme avec Dieu, l'union de la nature et de l'esprit dans l'homme. La tâche est désormais de réaliser cet idéal, et cette tâche incombe à l'individu; cette tâche est toute pratique. Aussi les écoles qui succèdent au grand siècle d'Aristote et de Platon n'ont-elles d'autre objet sérieux que la morale, mais elles ne font que manifester l'impuissance de l'antiquité à résoudre la question morale. Du moment où il est constaté que l'inquiétude et le malaise de la pensée et de la société ne peuvent être calmés que par une révolution morale, dont le siége doit être l'âme des individus; du moment où toutes les questions de la science sont venues se perdre dans la question du souverain bien, la graine est mûre, et la plante peut mourir.

La satisfaction donnée à l'intelligence s'oublie, parce que la tâche n'est plus intellectuelle; la philosophie est devenue une affaire d'intuition, de volonté. Puis, la disproportion entre les moyens dont l'homme dispose et la régénération, qui est son but, cette cruelle disproportion se fait jour, et le découragement qui en résulte engendre l'indifférence, dont le scepticisme est l'expression. Enfin le sujet dans le sein duquel la transformation doit s'accomplir, mais qui en est incapable, essaye de s'anéantir lui-même dans le mysticisme.

La destination de l'espèce est donc arrivée à la conscience individuelle et, avec la conscience du but, la conscience de l'impuissance. Le terme où la pensée antique vient aboutir n'est pas la fin véritable; aussi l'antiquité ne meurt pas satisfaite; mais la mélancolie des jours suprêmes n'atteint que ceux qui ont refusé le remède. Pour elle, dans la succession de ses religions et de ses systèmes, elle a atteint le degré providentiel. Le problème primitivement posé à la volonté est redevenu le problème de la volonté. L'antiquité n'est pas un hors-d'œuvre dans l'histoire : elle a eu sa part du travail universel. »

Le paganisme ne présente qu'une face de l'antiquité. Parallèlement au paganisme se dessine le judaïsme, dont le caractère et la mission sont déterminés, comme le caractère et la mission du paganisme, que la Grèce accomplit et résume, par les premières crises dont la conscience humaine est le théâtre.

Le problème primitif et toujours identique posé à l'homme consiste à fondre dans l'unité sa liberté et sa nature ou la détermination primitive qu'il a reçue et qui en fait *un certain être*, un être relatif, en acceptant cette détermination et en la transformant en liberté. Cette détermination naturelle n'est autre chose que sa subordination au Créateur; c'est donc par une subordination volontaire que l'homme concilie les principes qui le constituent et transforme sa nature en liberté. En s'y refusant, l'homme a disjoint les éléments constitutifs de son essence; pensant atteindre la liberté absolue, il est tombé sous le joug de la Nature. L'œuvre de la restauration dans la sphère de la conscience religieuse doit être tout d'abord de lui faire comprendre que cette puissance, en apparence étrangère et hostile, est d'une nature homogène à la sienne, qu'elle est au fond sa propre nature, quoiqu'elle ne soit pas lui tout entier, enfin que, pour être divine, elle n'est pas Dieu tout entier. C'est ainsi que, m'appuyant sur M. de Schelling et sur ses disciples, j'ai pu m'expliquer, provisoirement du moins, l'origine et le développement des mythologies. La divinité de l'humanité reconnue dans l'anthropomorphisme grec, devient, à la suite du travail philosophique, l'idéal de la conscience réfléchie, et l'individu se propose enfin comme tâche pratique la réalisation de cet idéal. Là vient aboutir l'antiquité païenne.

Mais, comme nous avons essayé de rattacher hypothétiquement l'origine des différents ordres de créatures, dans le sens le plus général, aux différentes solutions dont le problème primitif est susceptible, il paraît loisible aussi, et peut-être plus naturel encore, de faire découler les grandes oppositions de l'humanité historique des diverses possibilités qui s'offrent à l'homme après sa déchéance. Cette voie reste ouverte à la pensée, soit qu'on adopte l'idée d'une seconde chute, pour conserver le sens littéral du récit de la Genèse, soit qu'on supprime cet anneau. « Nous trouvons le point de départ du paganisme dans la séparation de l'élément naturel et de l'élément libre qui constituent l'humanité, séparation qui entraîne comme conséquence l'adoration du principe naturel. Cette adoration ne s'adresse pas à Dieu, et pourtant son objet a quelque chose de divin : substantiellement, notre nature nous unit à Dieu, car elle n'est autre chose que l'acte par lequel Dieu nous fait sortir de lui. Mais le principe libre est divin aussi, et forme également un lien entre Dieu et nous, car c'est en lui que réside la faculté de nous rattacher à Dieu ; il est, virtuellement du moins, l'image de Dieu en nous. Une fois la séparation des deux principes consommée, on conçoit que la conscience, dirigée sans doute par une secrète impulsion de la puissance rédemptrice, ait pu s'attacher au principe de liberté que cette puissance restaure, aussi bien qu'à l'élément naturel, et se le représenter lui aussi d'une manière objective. N'est-il pas en effet le sceau, la révélation intérieure du Dieu libre au dedans de nous?

Ainsi le peuple juif nous semble être la branche de l'humanité demeurée fidèle à l'élément particulièrement divin de son être, à l'élément libre, tout en brisant son union avec la nature, c'est-à-dire en le faussant. — Dès l'origine le Juif adore un Dieu libre, arbitraire même en ses décrets, séparé du Monde et de la Nature, auxquels il se montre hostile. Ce n'est pas l'absolue liberté qu'il adore, c'est sa propre liberté qu'il se représente hors de lui et dont il fait son Dieu : de là son anthropomorphisme. La loi suprême des Juifs est l'obéissance aveugle aux ordres de ce Dieu, dont ils possèdent les promesses. Tous leurs succès sont rapportés à son bras puissant, eux-mêmes n'y entrent pour rien. L'antipathie de leur religion pour la Nature se manifeste dans leur loi liturgique, qui est sans contredit la partie la plus caractéristique de leurs institutions. Au début de leur histoire, à l'origine de leur nationalité, ils n'ont point de patrie; tout les tient donc éloignés de la Nature.

Il y a dans cette situation exceptionnelle quelque chose de violent, les Juifs le sentent eux-mêmes; aussi subissent-ils indirectement l'influence du mouvement mythologique; une fatale impulsion les pousse vers les hauts lieux, leur foi ne se maintient que par des efforts continuels. Aussi longtemps que l'œuvre religieuse, intellectuelle et morale de l'antiquité n'est pas accomplie, la fusion serait prématurée, et Dieu sait la prévenir; mais ce n'est que pour un temps.

Partant de l'extrême opposé au paganisme, les Juifs tendent réellement à la même conciliation, par des phases correspondantes. La mission des Grecs est de ressaisir l'unité de l'humanité et par là de rattacher l'homme à Dieu, idéalement, en spiritualisant la Nature. La mission des Juifs est de réaliser l'unité humaine et l'union de l'homme à Dieu, réellement, pratiquement, en faisant descendre dans la Nature le principe divin de la liberté, par l'incarnation du Messie. — Après la constitution du peuple grec, la subjectivité et la liberté commencent à se manifester en lui par l'organe des philosophes; pareillement, après la constitution du peuple juif, par la voix des prophètes. La mission des uns est semblable à celle des autres, mais leurs chemins sont opposés. L'antiquité païenne, qui voit Dieu dans le Monde, cherche la vérité du côté des origines; les regards du prophète sont fixés sur l'avenir. L'unité de la Nature et de l'Esprit que le sage démontre en principe, comme une vérité de théorie exprimant l'essence des choses, le voyant la prédit comme un fait, qui s'accomplira quand le temps sera venu. L'hostilité entre Dieu et le monde s'apaisera dans les jours du Messie : alors le désert fleurira comme la rose, alors l'enfant jouera auprès de la vipère et mettra sa main sans crainte dans le trou du basilic; alors les peuples monteront ensemble au sanctuaire.

Ce que font chez les Grecs Platon et Aristote, Ésaïe et Jérémie le font parmi les Juifs; ils réveillent dans les consciences le sentiment de l'union à venir, ils font pénétrer dans les âmes individuelles le contenu de la loi. Au sein de la nation ils font surgir des hommes. Alors aussi la nation, comme telle, a vécu, et la captivité de Babylone met fin à son indépendance. A la lumière prophétique comme à l'intuition spéculative succède l'époque de la réflexion individuelle, qui s'applique à déterminer les règles d'une sage conduite et la manière d'obtenir le souverain bien. Seulement, comme le Dieu des Juifs est hors du Monde, le souverain bien reste pour eux une promesse d'avenir. La loi est commentée par la libre réflexion, et des divisions pareilles à celles des écoles morales de la Grèce se produisent dans la synagogue. Si les stoïciens, en qui l'on voit se refléter le caractère juif, sont les pharisiens de la Grèce, les sadducéens, sectateurs d'un messianisme charnel, sont les épicuriens, c'est-à-dire les païens de Jérusalem, tandis que la secte des esséniens rappelle assez le mysticisme d'Alexandrie, sur le développement duquel elle ne laissa pas d'exercer une certaine influence. L'opposition entre les deux principes du monde ancien est émoussée, et leurs représentants, réunis dans le même empire, obéissent bientôt à l'impulsion puissante qui les porte à se rapprocher. Les Juifs étudient la Grèce, les savants grecs traduisent et méditent les livres mosaïques.

Enfin l'idéal éternel des Grecs prit place dans l'histoire, la prophétie des Juifs reçut son accomplissement. La paix entre la Nature et l'Esprit fut consommée dans la perfection de l'humanité. La Nature fut sanctifiée en devenant le corps de Dieu, et Dieu descendant sur la terre manifesta le miracle éternel de l'essence humaine par le miracle de sa vie temporelle au milieu de nous. Dans le monde païen comme dans le monde juif, l'histoire, brisant les agrégations naturelles, avait produit et fait régner l'individualité, qui se fatiguait dans l'impuissance d'atteindre une valeur universelle par la perfection morale. C'est alors que le rôle de l'individualité dans la restauration de l'espèce et de son unité spirituelle fut manifesté par la vie et par la mort de Jésus-Christ [1]. »

La venue de Jésus-Christ, Messieurs, est généralement considérée dans l'Eglise comme une intervention de Dieu directe et soudaine dans la marche du Monde, par laquelle beaucoup de choses s'expliquent, mais qu'il serait inutile et téméraire de vouloir expliquer. C'est l'incompréhensible par excellence. Nous n'essayerons pas d'ébranler cette opinion. Ce qui fait de la foi en Jésus-Christ le centre d'un système organique de convictions et de doctrines, c'est l'éclat dont elle illumine le monde, et non les faibles rayons que la pensée essaye de réfléchir sur ce divin mystère. Le don de Jésus-Christ est un fait absolu de Dieu, aussi bien que la

[1] Les idées brièvement énoncées ici sur le paganisme et sur le judaïsme ont été développées avec un grand talent par M. Braniss, professeur à Breslau, dans son *Introduction à l'histoire de la Philosophie moderne*. Je les ai recueillies, sous bénéfice d'inventaire, parce qu'elles m'ont paru se concilier avec notre méthode ; mais j'ai besoin de réserver mon opinion définitive sur ces grands sujets, qu'il était difficile de passer complétement sous silence. J'ai marqué par des guillemets le commencement et la fin de ce passage, pour indiquer qu'il est un emprunt et presque une traduction, mais surtout pour détacher ce qui me semble encore problématique, des points où ma conviction est mieux arrêtée. La lacune se trouve ainsi accusée plutôt qu'elle n'est comblée. Nul ne sent mieux que moi combien elle est grande.

Les idées de M. Braniss sur le Christ ne m'ont pas été inutiles non plus, et mon exposition en porte la trace ; cependant la christologie esquissée dans la seconde partie de cette leçon et dans la leçon suivante, diffère essentiellement de la sienne.

création du Monde. C'est une seconde création au sein de l'humanité. Les transformations préalables qui s'accomplissent dans la condition politique, intellectuelle, religieuse et morale de celle-ci, l'annoncent et la préparent; elles tendent à Christ comme à leur but; elles n'auraient pas de signification réelle sans lui, mais elles ne suffisent pas à le produire. Le fait reconnu par la philosophie comme éternel dans son idéalité, le fait annoncé par la bouche des prophètes, n'en est pas moins, lorsqu'il arrive, absolument nouveau, parce qu'il est d'un ordre nouveau, supérieur à tous les autres. Il dépasse la portée de la science. L'union de Christ à notre nature dérobe à la pensée son inexprimable intimité; il n'appartient qu'au seul amour, plus grand que la science, de pénétrer dans le mystère de l'amour.

Cependant, Messieurs, l'incapacité de la pensée à sonder la vérité religieuse ne doit pas être exagérée: je parle de la pensée fondée sur la foi et s'appliquant au contenu substantiel de la foi[1]. L'opposition entre l'ordre naturel et l'ordre surnaturel des événements ne possède une valeur absolue qu'au point de vue d'une théorie qui sépare entièrement Dieu du Monde. Cette séparation elle-même est un problème sur lequel il importe de bien s'entendre. J'ai hasardé là-dessus quelques idées; nous y reviendrons encore, car on ne peut trop approfondir les points qui déterminent toute l'économie de nos pensées. Avec les données, incomplètes sans doute, mais importantes, que le système nous fournit sur ce sujet si grave, avec le principe de la suprématie absolue de l'idée morale, enfin, Messieurs, et surtout avec

[1] Voyez leçon XXVII, page 186 et suivantes.

une foi sincère, on peut faire au moins quelques pas dans l'intelligence de la Rédemption.

Pour comprendre la nature du Christ et son œuvre suprême, il faut l'envisager dans ses rapports universels, c'est-à-dire dans ses rapports avec la Trinité divine et avec la Création.

La trinité de puissances ou de volontés personnelles dont je vous ai parlé, est une trinité à la fois supérieure et immanente au Monde. Les puissances divines résident dans le Monde, elles sont consubstantielles avec le Monde; cela est vrai de la première, qui forme la substance de toutes choses; cela est vrai de la seconde, principe universel du progrès et de la liberté; cela est vrai de la troisième ou du Saint-Esprit.

S'il en est ainsi, Messieurs, si Dieu n'est pas absolument hors du Monde, ni le Monde absolument hors de Dieu, si l'acte même de la Création établit entre Dieu et le Monde un lien que rien ne peut briser et qui forme après tout la substance véritable de ce monde lui-même, la manifestation de la Divinité dans le Monde sous la forme la plus parfaite ou la plus vraie de l'existence créée, paraît être l'accomplissement de l'ordre naturel en même temps qu'un événement supérieur à cet ordre.

Lorsqu'on y regarde de près, avec la sérieuse attention que ces sujets réclament, tous les mystères viennent se concentrer dans un seul mystère, le mystère de la création.

Ce qui fait l'autorité de l'idée de la création au sens positif où les modernes ont accoutumé de l'entendre, ce n'est pas seulement la Tradition, Messieurs, c'est l'expérience.

Nous avons conscience de notre personnalité distincte, nous avons conscience de notre liberté, et cependant nous avons conscience de nos limites et nous sentons que le principe de l'être ne comporte pas de limites; voilà pourquoi l'esprit adhère à l'idée de la création malgré les difficultés qu'elle offre à la pensée. Mais ces difficultés sont immenses : Si Dieu est l'absolu, si Dieu renferme en lui toute réalité positive, comment peut-il produire quelque chose hors de lui, quelque réalité positive qui ne soit pas lui? L'absolue liberté traverse comme un éclair ces ténèbres effrayantes, mais l'obscurité renaît sans cesse. En réfléchissant à l'état et à la destination de nos facultés, nous la voyons s'épaissir encore. D'un côté nous avons lieu de tenir notre raison pour l'organe d'une révélation divine, et d'estimer que Dieu veut en fait ce qui nous apparaît comme une nécessité de la pensée; nous devrions donc finir par nous dire : Dieu peut tout ce qu'il veut; cela est vrai; mais *il n'a pas voulu* créer hors de lui un être qui ne soit pas sa propre substance, ou du moins il n'a pas voulu me produire moi-même dans ce sens-là, puisque je ne conçois pas la possibilité d'une création pareille.—D'autre part, cette solution négative n'éclaircit rien, et les motifs que j'ai d'admettre une déchéance de ma nature morale me font douter de ma raison.

Sans doute, Messieurs, c'est en effet l'altération du principe de notre vie qui trouble ici notre regard; mais si l'être libre peut être réhabilité, c'est par son effort; et si l'intelligence doit avoir part à cette guérison, il faut aussi qu'elle y travaille. Acceptons donc notre condition, et puisque nous ne pouvons réduire à l'unité transparente les deux termes du problème, reconnaissons-les du moins avec franchise et retenons-les fidèlement en attendant que la conciliation s'opère.

Puisque Dieu est le seul être qui existe absolument de soi-même, il est clair que, lorsqu'il crée, il tire la créature tout entière de lui-même par sa seule volonté. La création est donc forcément une communication de substance; la créature n'a d'autre substance que la volonté divine. — Ainsi, dans un sens du moins, nous ne sommes pas hors de Dieu, nous ne sommes pas d'une autre substance que Dieu. — Néanmoins nous sommes distincts de Dieu, nous sommes libres. Le mystère est donc celui de la Création, et plus précisément, de la création d'un être libre. Nous en avons déjà marqué le lieu plus d'une fois, en nous demandant comment un être qui n'est proprement que la volonté divine elle-même, arrive à posséder une volonté propre. C'est là, je le confesse, un véritable mystère, mais un mystère philosophique, dont aucun système ne peut s'affranchir sans retomber dans un spinosisme impuissant.

Le nœud est tranché par le fait. Notre existence propre est un fait et l'existence de l'absolu une nécessité de la pensée. Quelques phénomènes intérieurs nous offrent une analogie équivoque avec ce que nous voudrions comprendre: nous voyons nos passions, qui ne sont d'abord qu'une expression, une fixation de notre volonté, acquérir une existence propre, une sorte d'indépendance, rallier autour d'elles les éléments de notre être et lutter contre notre volonté. Mais ce fait d'expérience, auquel nous avons déjà fait appel, semble plus propre à nous égarer qu'à nous instruire sur l'idée de la création. Décidément cette vérité dépasse la portée de notre logique. Il n'y a pas moyen de combler l'abîme ; il faut prendre courage et le franchir.

Mais, Messieurs, une fois ce pas fait, une fois la doctrine de l'immanence de Dieu dans le Monde et la doctrine de la Création conciliées, sinon par l'intuition que nous cherchons en vain, du moins par une foi énergique dans la raison qui les réclame toutes les deux, nous tenons un fil conducteur qui ne nous abandonne plus. Avec lui nous arrivons au seuil du sanctuaire où s'accomplit notre rédemption, au pied de la divine croix. Reprenons donc, à la lumière qui jaillit de ce foyer obscur, le récit de notre destinée.

La créature est de substance divine ; la volonté créatrice est une avec son produit et ne s'en sépare point ; ainsi la créature libre est divine par sa substance, virtuellement ; en s'unissant à Dieu par sa volonté, elle devient réellement divine. L'auteur de la chute, Adam, était une puissance divine, et l'humanité tout entière, toutes les créatures frappées par la chute, étaient en Adam. Nous sommes Adam, et Adam c'est nous. Ceci est encore un mystère, mais c'est un mystère évident. La vérité morale, notre règle absolue, ne permet pas que le mal frappe un innocent : puisque nous en subissons l'atteinte, nous n'en sommes pas innocents.

Il semble donc que l'auteur de la chute fut plus qu'un individu pareil à nous, puisqu'il résumait en lui la substance de l'espèce. Cependant aujourd'hui chaque individu résume encore l'espèce et la contient tout entière en quelque façon. L'identité substantielle des hommes est en même temps une solidarité morale; nous contribuons par notre conduite au salut ou à la perdition de nos frères, si du moins il existe un lien entre le visible et l'invisible, et si la vie entière n'est pas un mensonge. Il y a donc dans l'individu quelque chose d'universel. L'humanité fait et souffre ce que fait et souffre chaque individu. L'humanité est une en elle-même, elle est une avec l'auteur de la chute; nous étions un dans la chute et par conséquent nous le sommes encore. Ainsi, Messieurs, l'humanité est une et divine; la substance identique de l'humanité est au fond la première puissance divine, quoique cette puissance personnelle ne s'absorbe pas dans l'humanité. Voilà le premier point.

Ensuite nous avons vu que l'humanité déchue est rappelée à elle-même par une seconde puissance, qui produit en elle une série de transformations, dont l'étude remplit la philosophie de la Nature et surtout la philosophie de l'Histoire. Ces transformations ne sont pas toutes morales dans leur forme, mais elles convergent toutes vers une fin morale. Il s'agit du rétablissement et de la confirmation définitive de la liberté, par conséquent aussi du rétablissement de l'instrument extérieur de notre activité, le corps ou la Nature; mais l'affaire essentielle est le redressement de la volonté.

Il n'y a proprement de volonté que chez l'individu. La crise suprême de la restauration dépend donc de l'acte libre d'un individu. Il faut qu'il se trouve enfin un homme qui veuille pleinement ce que Dieu veut, et la délivrance aura commencé. Elle sera accomplie, l'unité humaine sera rétablie, alors que tous le voudront d'un même cœur. Il faut donc qu'il vienne un homme pur du péché, pour opérer l'œuvre divine. L'humanité ne saurait le produire, mais elle peut le désirer, l'implorer et l'attendre. Dieu l'accorde, il naît dans une étable et reçoit le nom de Jésus. Jésus naît pur du péché originel; il est donc rendu à l'innocence, replacé dans l'équilibre que le premier homme a perdu. Cette pureté est surnaturelle: Jésus est le terme de tout le travail de régénération qui s'est accompli jusqu'ici dans l'humanité sous l'influence de la puissance rédemptrice. Dans sa pénible ascension vers le bien, l'humanité doit retrouver d'abord la liberté d'indifférence. Jésus est donc un homme pareil à chacun de nous; il ne s'en distingue que par sa pureté, fruit béni des efforts et des soupirs de l'humanité tout entière; et comme le fruit contient la plante, Jésus contient aussi l'humanité tout entière. Le mouvement qui l'apporte est un mouvement universel; une puissance universelle réside en lui; sa mission est universelle, il doit accomplir la tâche de l'humanité.

Mais ce qui est demandé de l'humanité comme son devoir dans son intelligence renouvelée, c'est d'abandonner la position égoïste qu'elle a prise et dans laquelle elle s'est confirmée. La créature ne s'est réellement constituée que par le choix de cette position. Cette détermination fait tout son être, cette détermination est sa nature, nature fausse, et mortelle parce qu'elle est fausse, mais enfin c'est la sienne. Il s'agit donc pour elle de renoncer à sa nature, c'est-à-dire de mourir. Par l'intelligence qu'elle a reçue du Dieu rédempteur, l'humanité voit qu'elle doit se sacrifier elle-même. Le fruit de l'action continue de la seconde puissance sur elle, c'est qu'elle a recouvré la liberté d'accomplir ce sacrifice.

Elle l'accomplit réellement dans la personne et par l'acte de Jésus-Christ, qui est un homme et qui résume en lui l'humanité, car l'humanité n'a jamais cessé d'être une. L'humanité vit tout entière en lui, et s'il est pur comme individu, il porte néanmoins sur lui le fardeau de l'humanité.

L'humanité s'immole dans la personne de Jésus-Christ, elle meurt volontairement sur la croix de Jésus-Christ. Voilà pourquoi ce sanglant sacrifice est une expiation de ses péchés. L'humanité expie elle-même sa faute par une souffrance librement acceptée. Nous avons tous péché en Adam, nous avons tous porté la peine du péché en Jésus-Christ. Le caractère moral de l'économie universelle veut qu'il y ait identité entre l'auteur de la faute et le sujet de l'expiation. Nous ne pouvons pas être sauvés d'une peine méritée par le fait qu'un étranger souffre une peine imméritée, alors même que cet étranger l'accepterait volontairement, alors même que cet étranger serait un dieu. Non; mais comme Adam est nous-mêmes, Jésus doit être nous-mêmes, en même temps qu'il est un autre, sans doute, en même temps qu'il est Dieu. Nous sommes coupables de la chute, nous sommes attachés à la croix de Jésus-Christ, dans une forme et d'une manière que nous ne comprenons point, parce que notre intelligence est obscurcie, parce que nous sommes encore trop charnels, parce que notre régénération morale n'est pas assez avancée. Mais quand la sympathie et la charité auront assez développé notre conscience pour nous faire sentir la chute d'Adam au fond de nos entrailles, quand nous nous connaîtrons assez profondément pour nous repentir de la chute d'Adam; je dis pour nous en repentir, et non pas seulement pour nous en affliger ; alors aussi nous nous sentirons un avec Christ, alors nous serons réellement attachés à la croix de Christ, car nous concentrerons comme lui dans le foyer d'une âme ardente et pure toutes les douleurs et toutes les souillures de l'humanité ; alors, unis aussi au Verbe divin, nous serons réellement des chrétiens, nous serons les membres du corps de Christ, qui est notre tête et le premier des rachetés.

Ainsi, Messieurs, Jésus est un homme qui naît pur du péché originel, parce que l'humanité, conduite par le Verbe, est arrivée au point de concevoir la pureté, de désirer qu'il naisse un homme pur. Elle le demande, et Dieu exauce sa prière. Jésus est un individu, mais c'est l'individu central, l'individu par excellence, en qui l'humanité se concentre plus particulièrement qu'en aucun autre, parce qu'il est le fruit de son suprême effort. Pur du péché comme individu, mais renfermant en lui l'humanité, il peut expier la faute de l'humanité par son obéissance et par son sacrifice.

Voilà, Messieurs, l'un des côtés, mais l'un des côtés seulement de l'idée du Christ : il est l'humanité. Mais, d'autre part, il est le Verbe, il est la puissance restauratrice ; la puissance restauratrice est substantiellement unie à sa personne, elle est incarnée dans sa chair. Ce miracle n'est point un désordre : sans le pénétrer entièrement, nous y reconnaissons cependant la perfection de l'ordre. En effet, si vous appliquez à la seconde puissance ce que nous avons dit des puissances divines en général, savoir qu'elles sont les puissances de l'univers, qu'elles habitent dans la Création et ne se séparent point de leur ouvrage, vous reconnaîtrez évidemment que la souffrance du Christ divin commence avec la chute, puisque dès le moment de la chute il entre en rapport avec la créature déchue, c'est-à-dire qu'il commence à s'unir avec elle. La puissance rédemptrice unie à la créature, agit dans la créature et souffre avec la créature pendant tout le cours de la Restauration[1]. La liberté qui reparaît dans l'homme n'est pas seulement un effet de cette puissance, mais elle témoigne en nous de la présence du Sauveur. C'est lui qui fait contrepoids à l'impulsion de notre nature dépravée (de la primitive liberté changée en nature), et qui par là produit notre liberté de fait dans la mesure dont nous en jouissons. Tandis qu'il plane au-dessus de nous comme une Providence, il est substantiellement en nous, dans la créature dégénérée; il y est en germe, dépouillé de ses rayons, dépouillé de sa divinité, assujetti aux conditions d'un développement orageux et pénible. La puissance divine s'unit graduellement à la créature : à mesure que l'humanité se purifie, l'assimilation devient plus complète. L'union des deux principes, séparés durant

[1] Durant la première phase du procès de la Restauration, qui remplit les époques de la Nature et se termine par l'apparition de l'espèce humaine, la puissance restauratrice sollicite la créature à concevoir les formes dans lesquelles elle se réalise, et elle accorde cette réalisation. Elle joue ainsi le rôle de puissance créatrice. Cette fonction, qu'elle continue à remplir durant la période historique pour maintenir l'existence de la Nature et de l'humanité, est pour elle une souffrance librement acceptée, dans le but d'amener la restauration de la créature. En effet toute création est une communication de substance; mais les formes auxquelles la puissance restauratrice accorde l'être par la communication de sa substance, sont toutes imparfaites, puisqu'elles sont conçues par la créature altérée. La puissance restauratrice consent donc à revêtir des formes imparfaites et défectueuses.

toute l'histoire, s'accomplit en Jésus-Christ. La naissance de Jésus, pur du péché, lui fait faire un pas décisif. Le Dieu restaurateur est uni à l'humanité dans Jésus-Christ dès sa naissance d'une manière toute nouvelle, précisément parce que la purification graduelle de l'humanité sous l'influence du Verbe est arrivée à son terme avec Jésus-Christ. Enfin cette union se consomme, elle devient absolue par l'acte moral dans lequel Jésus-Christ repousse la tentation. Dès ce moment le Verbe et l'humanité sont identifiés d'une manière indissoluble dans une même personne individuelle : il n'y a qu'une volonté, il n'y a qu'une conscience, par conséquent il n'y a qu'une personne. C'est cette personne qui expie la faute de l'humanité en abandonnant librement sa vie.

L'humanité meurt en elle, elle abandonne sa nature, ainsi la faute est effacée;— le Fils, la seconde personne de la Trinité, meurt aussi, car il est inséparable de l'humanité. Il meurt pour le salut de l'humanité, et l'humanité ne saurait être sauvée sans sa mort. Mais il ne meurt pas pour dispenser l'humanité de mourir, il meurt afin de lui donner l'exemple du sacrifice et de le consommer avec elle. Il meurt pour rendre possible la mort de l'humanité.

Tels sont, Messieurs, les traits généraux de la christologie, telle qu'elle découle de nos prémisses philosophiques. Je maintiens absolument la rédemption par le sang de Christ, mais j'évite de fonder tout sur l'idée exclusive de la substitution. J'ai tenté de concilier cette substitution avec les besoins de la conscience morale sur lesquels repose l'autorité du christianisme, en prenant l'humanité de Jésus un peu plus au sérieux que l'orthodoxie n'a de nos jours coutume de le faire. Enfin et surtout, convaincu de la suprématie absolue de la vérité morale, je me suis efforcé de retrouver le sens moral de tous les éléments du dogme auquel notre espérance est attachée.

Aujourd'hui je n'ai pu vous donner qu'une ébauche très-imparfaite de cette théorie. Dans la leçon prochaine j'essayerai de l'éclaircir et de la justifier.

TRENTE-TROISIÈME LEÇON.

XLV. *L'accomplissement de la Restauration exige que l'Humanité se charge elle-même de la purification opérée en elle jusqu'ici par la puissance restauratrice. Il faut qu'elle abandonne volontairement la position qu'elle a prise par la chute et que la puissance restauratrice lui a fait abandonner. Il faut qu'elle se dépouille de sa nature, et pour cela, il faut qu'elle en comprenne toute la misère. Cette conscience et cette acceptation de la corruption humaine est le côté intelligible des souffrances de Jésus-Christ dans sa personne : cet abandon volontaire de la nature humaine fait en lui par l'Humanité est le côté intelligible de sa mort expiatoire.*

XLVI. *La puissance restauratrice s'étant identifiée absolument avec l'humanité purifiée en Jésus-Christ, n'y produit plus rien sans le subir en même temps. Ainsi la Passion et la mort de l'Humanité en Jésus-Christ sont en même temps la Passion et la mort du Fils. Il fallait que l'Humanité mourût, et elle ne pouvait mourir qu'avec le Fils et par l'initiative du Fils.*

Remarque : Ce rapport de réciprocité n'est pas entièrement nouveau, mais il se produit ici d'une manière absolue. Christ souffre avec la créature dès le commencement et jusqu'à la fin, mais la douleur universelle se concentre tout entière dans la personne de Jésus-Christ. Le sacrifice de Jésus-Christ sur la croix est la crise décisive de la restauration préparée par toute l'histoire antérieure et qui doit s'achever dans toute la suite des temps.

Messieurs,

L'humanité est sortie de sa relation naturelle avec Dieu. Elle a brisé le lien vivant qui l'unissait à son Père. Au lieu de mettre le sceau à sa divinité, virtuelle au point de départ, elle en a rendu la réalisation impossible, du moins à ses propres efforts. Cependant c'est la divinité réelle de l'homme qui était et qui est encore le but. L'idéal humain ne se trouve que dans l'homme-Dieu, sorti de Dieu, mais rentrant incessamment en lui, possédant d'une manière assurée la forme de Dieu et la vie de Dieu, manifestant Dieu dans le Monde comme le Dieu de ce monde et l'organe du Dieu éternel. La réalisation de ce but dépendait d'un acte moral, d'une détermination de la liberté, qui s'est prononcée dans le sens contraire. Si la chute est d'une portée infinie, c'est que l'auteur de la chute possède une valeur infinie.

Mais en succombant à l'épreuve, l'homme perd, avec la divinité promise, la liberté qu'il possédait déjà. Ainsi la créature déchue ne peut pas se relever par un acte moral, quoique sa réhabilitation soit irrévocablement attachée à cet acte moral. Cependant elle n'est pas absolument abandonnée : l'amour éternel l'accompagne, il la ramène graduellement à sentir son mal, à désirer d'en être guérie ; il lui rend une liberté limitée, par la communication d'un principe nouveau, et il mesure ses progrès à ses efforts. Le mouvement de restauration qui remplit la première période de l'histoire aboutit à ce point, que la conscience de sa valeur absolue, de sa divinité virtuelle, pénètre l'homme individuel. L'homme-Dieu est le sage idéal du Grec, le Messie attendu du Juif. Le Grec et le Juif savent également quel est le but, ils savent également que la réalisation de ce but ne peut être obtenue que par l'activité morale, par la volonté de l'homme individuel. L'insuffisance de leurs moyens et de leurs efforts frappe d'une langueur pareille leur pensée arrivée au même terme par des chemins opposés, et leurs civilisations se confondent dans une même douleur, dans une même prière : « Qui comblera le vide entre ma faiblesse et l'immensité de ma destinée? » Qui surmontera la barrière de la Nature et, sans s'égarer, relèvera l'infinie liberté qui soupire enchaînée au fond de l'âme? Ce ne sera ni l'essénien, ni le platonicien, qui veulent sortir d'eux-mêmes et qui n'y parviennent point. Il ne faut pas se perdre, il faut se posséder en se donnant. La Nature que nous avons déchaînée, la Nature qui pesait d'abord au-dessus de l'homme et qui l'écrasait, elle n'est point encore vraiment surmontée, elle s'agite en nous, elle nous étourdit et nous égare; il faut la faire mourir, cette nature, il faut la faire mourir rebelle afin qu'elle revive soumise. Il le faut. Qui le fera? — C'est le juste, c'est le saint, car il n'est besoin d'autre chose que d'accomplir enfin la justice et la sainteté. Le but est immuable : il faut que l'homme se subordonne à Dieu, qu'il se veuille lui-même pour Dieu, en un mot, qu'il aime Dieu.

Mais dans l'état d'innocence du premier Adam, sa nature n'étant autre chose que la relation qui l'unissait à Dieu, aimer Dieu signifiait pour lui accepter sa nature; maintenant, au contraire, qu'il s'est déterminé d'une manière égoïste, sa nature est l'égoïsme, c'est-à-dire l'exclusion de Dieu; pour se subordonner à Dieu il faut qu'il abandonne sa nature et revête une nature opposée, il faut qu'il fasse mourir sa nature. L'amour pour Dieu, qui était d'abord la confirmation, l'accomplissement de son être, en est devenu le sacrifice. Il faut donc qu'il se sacrifie. L'amour divin seul est capable de prendre une telle décision et de l'accomplir.

Cependant il faut le sacrifice de l'homme pour expier et transformer l'égoïsme de l'homme. Si l'œuvre de la Rédemption est une œuvre morale, il faut que l'agent soit un homme véritable. Pour la conscience comme pour la philosophie de l'Histoire, Jésus-Christ est l'Homme-Dieu, mais non pas un homme *et* un Dieu, car alors on a beau faire, l'homme disparaît toujours dans le Dieu. La doctrine des deux natures, vraie au fond, et bien supérieure aux hérésies contre lesquelles elle est dirigée, dessavoure pourtant l'Evangile, dans la forme où l'absence de toute conciliation réelle de ses éléments conduit la plupart des théologiens à la présenter. L'Evangile réclame absolument la réalité, c'est-à-dire la simplicité de l'humanité dans Jésus-Christ. La pureté de Jésus-Christ me touche et je lui vois une portée infinie, mais c'est à condition qu'elle ait une valeur morale réelle. Si la pureté de Jésus-Christ résulte de sa nature et de l'impossibilité où il se trouve de pécher, le récit sublime de la Tentation n'a plus de sens. La prière du Jardin des Oliviers : « Que cette coupe passe loin de moi, » me déconcerte, mais elle ne m'émeut plus, car je n'y attache plus d'idée. Ce que je comprends seulement, c'est que, dans le cas où cette manière de voir serait juste, la distinction pratique entre le bien et le mal n'existait pas pour le Sauveur, puisqu'il lui était naturellement impossible de faire le mal : Il n'y aurait donc proprement pour lui ni bien ni mal, et son œuvre surnaturelle ne serait pas morale.

Je ne reconnais dès lors en Jésus, du moins au commencement de sa carrière terrestre, que la nature humaine, mais la véritable nature humaine, et non pas la nature humaine corrompue et emprisonnée dans les limites d'une particularité accidentelle. Jésus est un homme et c'est l'homme, l'homme pur. Cet homme pur ne pouvait pas sortir naturellement de l'humanité dégénérée. Il est le produit d'une nouvelle création, d'un acte absolu de Dieu[1]. C'est le nouvel Adam, libre comme le premier, exposé à la tentation comme le premier; mais il la surmonte et il accomplit la tâche à laquelle le premier avait failli. Il est LE FILS DE L'HOMME, le fils au sens littéral, car entre le premier Adam et lui il n'y a qu'une génération; toute l'humanité qui n'a pas connu Jésus-Christ appartient à la première. Jésus est l'accomplissement, Jésus est la vérité de l'humanité. Il réalise en lui-même, pour la première fois et le seul sur la terre, l'humanité véritable, et telle est aussi sa divinité.

Ce qui met obstacle à l'intelligence de la parfaite humanité de Jésus-Christ, ce n'est pas que nous nous fassions de lui une trop haute idée; c'est que nous nous faisons de nous-mêmes une idée trop basse, et cette idée basse de notre nature nous empêche de parvenir à l'humilité véritable, à l'humilité du repentir. L'animal ne peut pas avoir honte d'être animal, ni la plante d'être plante; mais le roi du monde, l'esprit universel de la Nature et de l'histoire, celui qui devait être le verbe de Dieu dans la création, celui-là doit s'abîmer dans la poussière en se trouvant tel qu'il est. Nous ne nous comprenons pas nous-mêmes, et

[1] La pureté d'Adam (de la créature primitive) vient de la première volonté créatrice; celle de Jésus vient de la volonté restauratrice, qui est unie en quelque mesure à la nature primitive dans tout individu, et qui l'est en Jésus d'une manière nouvelle et plus intime, marquée précisément par sa pureté.

comment le ferions-nous? La parfaite intelligence de soi-même ne correspond-elle pas à la parfaite réalisation de soi-même? Et la tâche absolue de l'humanité dans l'histoire n'est-elle pas de se réaliser elle-même? Tout être libre est un problème; il est ce qu'il se fait, et ce qu'il a fait, c'est ce qu'il comprend. Si l'homme n'était pas l'esprit de la Nature, il ne chercherait rien dans la Nature; s'il n'était pas l'esprit de l'histoire, il ne chercherait rien dans l'histoire. Mais quand les sages de la Grèce ont entrevu l'unité de l'homme et de Dieu, quand Esaïe a chanté Dieu descendant parmi les hommes, c'est que les temps approchaient. Et si maintenant nous pouvons parler sans voile, c'est que les temps sont accomplis, c'est que l'humanité s'est enfin trouvée, c'est que le Messie est venu.

L'homme se faisant Dieu, tel est l'idéal du païen; Dieu se faisant homme, telle est l'espérance du Juif: tous deux possèdent la vérité, mais leurs pensées se confondent.

S'il y a création nouvelle dans la naissance de Jésus, ce n'est pas toutefois qu'elle soit sans rapport avec ce qui la précède. Elle se lie étroitement aux révolutions de la Nature jusqu'à l'apparition de l'homme individuel, et surtout au mouvement de l'humanité dans la période obscure des mythologies où s'élabore la conscience réfléchie, comme au développement de cette conscience dans la philosophie et sous la direction des prophètes. Le Messie apparaît quand la Terre est prête à le recevoir.

Nous avons cru marquer le trait caractéristique de l'individualité, en disant d'une façon générale que l'individu est le produit d'une seconde création, qui s'accomplit au sein de la première, dans des conditions préparées et proposées par la créature morale primitive, substance, mère et matière de l'univers. Ainsi l'individualité est une forme que reçoit la substance universelle, mais cette forme est un don immédiat de Dieu : ce don est la communication d'une divine étincelle ; de là suit la valeur distincte que nous attribuons à chaque individu en particulier, ainsi que l'immortalité personnelle. Cette doctrine associe le dualisme des Grecs au panthéisme spiritualiste, et tout en conservant la vérité relative qu'ils renferment l'un et l'autre, elle vient les fondre ensemble dans l'idée de la création. Comme ce point de vue nous donne la clef de la restauration universelle, nous en trouvons à son tour l'achèvement et l'explication dans la personnalité qui forme le centre et le sommet de l'œuvre du salut. Jésus est le centre de l'humanité et la clef de l'individualité. Lui aussi est une forme dans laquelle se réalise le principe universel du Monde, mais c'est la forme absolue. Lui aussi est produit directement, selon la condition amenée par les efforts antérieurs de la créature déchue : la condition de son avénement, c'était que l'humanité fût arrivée à comprendre son rapport avec la Nature et avec Dieu ; il fallait, pour qu'il parût, que les individus eussent la conscience de la valeur absolue de leur essence et de l'impossibilité où ils se trouvent de réaliser cette essence infinie : il fallait que l'homme comprît que le siége de son mal est dans sa volonté, et que le problème universel dépend de la volonté. Jésus aussi est l'exaucement d'une prière, et cette prière que le Fils a inspirée, cette prière qui s'élève du milieu des Juifs et du milieu des Grecs, c'est-à-dire du sein de l'humanité tout entière, c'est qu'il naisse un homme parfait. Jésus-Christ est l'homme parfait, l'individu absolu.

C'est l'esprit de la Nature et de l'histoire, le Dieu du Monde arrivant, par le concours et la grâce suprême du Dieu supérieur au Monde, à la possibilité de sa réalisation intégrale, et se réalisant en effet librement, se posant ce qu'il est, savoir le fils de Dieu, se proclamant Dieu par l'obéissance et par la charité.

La manière dont je conçois le christianisme repose sur l'idée que l'homme est divin dans son essence, parce que les puissances divines habitent dans la créature et que le producteur ne se sépare point de son produit. En y regardant de près on reconnaîtra que cette doctrine de l'immanence de Dieu dans l'homme découle nécessairement de la place que nous avons faite à la volonté. Si, comme le dit Kant, et comme je le crois avec lui, il n'y a rien de véritablement bon qu'une volonté bonne, il est clair que l'homme, étant appelé à la pureté morale, à la perfection de la volonté, est appelé à posséder le bien véritable, ou plutôt, comme la volonté est son moi, son essence, il est appelé à devenir le bien véritable; or entre le bien véritable et la nature divine je ne saurais découvrir aucune différence. Mais l'on ne devient que ce qu'on est. L'homme est donc véritablement de nature divine, et il le devient effectivement en Jésus-Christ. L'homme est le Dieu qui devient Dieu, procédant du Dieu éternel. L'homme est le Dieu immanent dans le Monde, procédant du Dieu supérieur au Monde et libre créateur du Monde. Cette humanité glorieuse réalisée en Jésus-Christ est l'esprit de la Nature : par conséquent Jésus exerce de plein droit la toute-puissance sur la Nature. Ce qui nous semble miracle, c'est l'affranchissement de la Nature qui, retrouvant en lui son principe, lu obéit spontanément. Rien de plus naturel que le miracle : le miracle apparent est l'ordre véritable ; mais la fatalité qui opprime la Nature et qui se traduit par le cercle perpétuel de ses révolutions, voilà ce qui n'est pas naturel, voilà l'accident et le désordre ! Le Fils de l'homme gouverne donc la Nature par le mouvement intérieur de son âme. Puis, comme il concilie la nature et l'esprit dans son humanité, il fait évanouir la résistance que la nature oppose à l'esprit, auquel il rend ainsi sa liberté primitive. Il le délivre de l'esclavage et le met en état de poursuivre le bien, où il le conduit par son amour. Telle est l'œuvre spéciale de Jésus pour nous, l'élément essentiel de la délivrance ou de la Rédemption que sa vie et sa mort nous procurent. Le complément de l'œuvre, il l'accomplit en nous et par nous.

Cette manière d'envisager la personnalité de Christ nous semble satisfaire les besoins du cœur et ceux de l'intelligence. Le cœur veut l'humanité et la divinité de Jésus-Christ, mais il les veut identiques, sinon l'unité de la personne n'est qu'une vaine affirmation. Le cœur ne se contente pas d'un semblant d'humanité ; il lui faut un Dieu qui soit réellement descendu dans l'homme et qui, par conséquent, ait traversé son histoire. La raison réclame à la fois un Dieu dans le Monde et un Dieu hors du Monde, un Dieu historique et un Dieu éternel.

Cependant, Messieurs, je n'ai exposé que la moitié de mon idée. Loin de contester la divinité de Jésus-Christ, mon but est de la mieux établir en la conciliant avec son humanité d'une manière intelligible dans l'unité réelle d'une personne, ainsi que le dogme le demande. Ce que j'essaye maintenant, c'est de traduire la formule orthodoxe en pensée. Je viens d'exposer comment Jésus-Christ peut être homme, en relevant l'élément divin de son humanité : cherchons maintenant l'élément humain dans sa divinité, et montrons en lui l'incarnation du Fils de Dieu.

Pour cet effet il convient de remonter encore une fois à l'origine de toute l'histoire.

La lutte et l'opposition ont été introduites dans le Monde par la déviation d'un principe sorti de Dieu, principe libre parce qu'il était de substance divine, sans que sa liberté fût absolue, parce qu'il n'était pas Dieu. La liberté de l'être créé était donc relative, relative à la volonté qui lui donnait la vie, c'est-à-dire qu'il avait une loi. En se déterminant contrairement à sa loi, il s'est constitué lui-même en principe de résistance. Cette résistance insensée le condamnerait à la contradiction absolue, à l'éternité de l'agonie, s'il n'était rappelé à lui-même par l'influence d'un nouveau principe, éternel en Dieu, mais dont l'activité distincte ne se manifeste que depuis la chute, dans l'intérêt de la créature. De ce déploiement de la grâce date l'histoire, qui est *une* dans son essence, et dont la formule absolue est le retour d'un principe originellement divin, mais dévié, à la condition qui lui était destinée, par l'activité d'un second principe divin.

Ainsi l'histoire offre deux mouvements opposés et convergents : la transformation du principe de résistance par l'effet du principe de grâce ou de la force active, et la réalisation de cette force dans l'élément de résistance. L'un et l'autre viennent aboutir à un troisième terme, produit commun des deux principes : c'est le premier transformé par le second, ou le second manifesté dans le premier ; c'est un principe nouveau distinct des deux précédents ; c'est le commencement et la fin de l'un et de l'autre.

La restauration embrasse le Monde, les lois de la restauration sont les lois universelles ; elles constituent la logique des choses. Partout nous rencontrons deux facteurs, un principe ancien, dévié, qu'il s'agit de ramener à son état primitif, et un principe nouveau, un principe de mouvement, qui combat l'ancien et qui cherche à se réaliser dans un produit nouveau. Le retour en arrière de l'un et le progrès de l'autre ne forment qu'une seule et même évolution. Tout progrès est une restauration et toute restauration est un progrès. Synthèse de l'élément ancien et de l'élément nouveau dans un résultat commun, qui forme un nouveau point de départ, jusqu'à la fin : telle est la loi de l'univers, qui se reflète dans toutes ses parties.

Ainsi, formule générale : un principe de résistance qui est le milieu, la matière, l'objet ; un principe actif qui se réalise dans l'objet en le transformant ; c'est la cause, c'est le sujet. Les périodes sont marquées par l'apparition d'un produit où les deux puissances coexistent et se concilient dans une mesure quelconque. Ce produit est le résultat des efforts antérieurs ; mais il constitue en même temps une création nouvelle et originale ; il est immédiatement donné, comme l'inspiration du poëte est un don, qui suppose l'effort de sa volonté et qui pourtant résulte d'une autre cause ; car le poète, qui a le sentiment de ses efforts, ne sait pas lui-même d'où vient l'éclair de son génie.

Dans la Nature le principe spirituel du mouvement cherche à transformer la force devenue inerte dans la matière, principe de résistance, pour exister en elle à titre de force, à titre d'esprit. La ferveur du travail s'apaise quand le principe du mouvement est effectivement arrivé à se réaliser parfaitement dans la matière dont il fait son organe.

L'homme n'est donc pas seulement l'accomplissement de la Nature, il fixe également en lui-même le principe divin qui poussait la Nature à s'accomplir. Il marque le retour de la Nature à la spiritualité primitive de son essence, mais il est aussi, ou du moins il est appelé à être une incarnation de l'esprit nouveau, de la puissance restauratrice.

Cependant avec la naissance de la race humaine, le mouvement n'est pas arrêté. Peut-être la venue de l'homme naturel, de l'espèce, ne devait-elle être qu'une halte et non pas un terme. Peut-être faut-il admettre que l'homme, replacé dans la liberté primitive à l'origine du monde actuel, appelé à se déterminer de nouveau et à consolider l'œuvre de la restauration, lui a imprimé un nouvel ébranlement par une nouvelle faute. Cette supposition n'est point exempte de difficultés. On peut, je crois, s'en passer sans compromettre aucun principe essentiel pour la pensée, pour la conscience morale et pour la foi chrétienne; mais elle paraît conforme au récit de la Bible, qui distingue de la chute du premier couple humain sous l'influence du serpent, la chute primitive des esprits, à laquelle un apôtre semble attribuer l'origine de la matière[1]. De plus, la supposition d'une se-

[1] « *Dieu n'a point épargné les anges qui avaient péché, mais les ayant précipités dans l'abîme, il les y a liés avec des chaînes d'obscurité.* » (II Pierre II, 4.) Le développement rigoureux du principe spiritualiste en philosophie conduirait à se représenter la matière comme une intel-

conde chute rend compte assez naturellement de l'origine de l'Histoire. Quoi qu'il en soit, Messieurs, que l'évolution historique continue simplement le procès de la Nature pour le conduire à sa fin, ou qu'elle tire son origine d'une nouvelle crise de la liberté, nous constatons dans l'Histoire, plus évidemment encore que dans la Nature, la présence du principe spirituel et divin au milieu d'un élément de résistance, et les efforts de l'esprit pour se réaliser lui-même dans cet élément de résistance, en le soumettant et en se l'assimilant. Ces efforts préparent une création nouvelle; leur terme naturel est le désir que l'humanité conçoit de cette création, leur terme véritable, l'exaucement de ce désir par l'acte immédiat de Dieu. L'analogie est parfaite. Seulement, dans ce nouveau procès, les deux facteurs sont élevés à des puissances plus hautes. Dans le premier, l'élé-

ligence obscurcie, comme une force enchaînée. Je ne veux du reste insister ni sur cette explication, ni sur ce passage. L'authenticité de l'épître est fortement contestée. Mais le point essentiel, la réalisation du mal moral antérieurement à la chute d'Adam et d'Eve, est indépendant de ce texte. Il se fonde sur le récit même de la tentation et sur toute la doctrine du tentateur. Pour écarter l'idée d'une chute d'une créature morale, ou de *la* créature morale, antérieure à la création d'Adam, tout en conservant ce récit, la théologie devrait pousser le symbolisme très-loin, jusqu'au panthéisme peut-être, ou se jeter dans le manichéisme. Mais si l'on admet une chute des esprits à laquelle l'humanité n'ait eu aucune part, comment a-t-elle pu modifier la condition de l'humanité? — Au reste, les questions soulevées ici n'ont qu'une importance secondaire. Tout ce qu'il importe de reconnaître, c'est que, d'après l'esprit général du christianisme, seul guide sûr dans l'interprétation des doctrines particulières, le péché originel ne peut signifier autre chose que l'universalité de la chute quant à l'humanité. La spéculation part de cette base, fournie par la conscience et par la foi.

ment de résistance, le μὴ ὄν, était la matière, et le but désiré et accordé, l'existence spirituelle, la conscience, la subjectivité, l'humanité. Maintenant l'élément qui résiste et subit les transformations est précisément la conscience humaine ; c'est elle qui est liée par ces chaînes d'obscurité dont parle saint Pierre ; c'est elle qui est matérialisée par l'adoration d'un Dieu matériel ; c'est la conscience qu'il s'agit de réduire, c'est elle que le principe divin veut s'assimiler, c'est en elle que l'Esprit veut pénétrer, c'est dans la subjectivité humaine qu'il veut s'incarner. Le terme naturel de cette évolution est son accomplissement idéal, le sentiment répandu dans l'humanité que Dieu doit s'unir à l'homme dans un sujet parfait, et le désir d'une telle union. Son terme surnaturel est l'acte divin par lequel cette prière sera exaucée, la naissance de Jésus-Christ.

Ainsi la venue de Jésus-Christ sur la terre n'est pas seulement la naissance d'un homme nouveau, pur du péché, mais c'est la réalisation dans la nature humaine de la Parole divine qui pousse toute l'histoire humaine à ses destinées. C'est la naissance de l'Oint éternel, c'est l'union absolue de l'essence divine à l'humanité. Mais cette union est préparée par tous les mouvements de l'histoire ; elle arrive dans l'accomplissement des temps, et dans ce sens elle est naturelle. Cette incarnation de la puissance divine dans l'humanité, cette union de l'humanité et de la divinité dans une même substance était le but de la naissance d'Adam ; cette union était préparée pour Adam ; il dépendait de sa volonté de l'accomplir dès l'origine et de sceller la divinité dans l'humanité. Mais au lieu de s'identifier avec la divinité, il l'a exclue. C'est sa chute qui, en rendant la naissance de Jésus-Christ nécessaire à la réalisation des fins suprêmes, l'a aussi rendue possible, et c'est pour cela, sans doute, que Jésus-Christ s'appelle constamment le Fils de l'homme. Il l'est dans le sens le plus rigoureux. L'humanité est sa mère, et il commence une seconde humanité.

L'identification des deux principes est donc une œuvre graduelle, une œuvre universelle, et dans ce sens une œuvre naturelle, même dans son terme surnaturel et miraculeux. Au fond, Messieurs, puisque la liberté dont nous jouissons depuis la chute ne peut être qu'un don de la grâce, une communication du Verbe réparateur, il faut avouer que les deux natures sont en chacun de nous, que leur union est préparée pour chacun de nous, et qu'elle s'accomplira lorsque notre humanité sera parfaitement régénérée. Mais c'est en Jésus que cette union s'est consommée pour la première fois. Lui seul l'a consommée sur la terre d'une manière absolue; et, ce qu'il importe surtout d'observer, il l'a consommée *pour tous*, car c'est *parce qu'il l'a consommée* que nous pouvons aussi la réaliser progressivement. L'union des deux natures est donc un fait universel en même temps qu'elle est un miracle absolument individuel.

Mais voici ce qui est plus important encore : La consécration divine de l'humanité en Adam devait s'accomplir par l'acte même d'Adam. De même l'union effective de la nature humaine et de la nature du Verbe en Jésus-Christ, s'accomplit par l'acte de Jésus. Il est Dieu, mais c'est lui qui, né pour être Dieu, s'est fait Dieu.

La tentation de Jésus-Christ, dont l'Evangile nous a conservé le mystérieux récit, est le point où se concentrent tous les intérêts du ciel et de la terre. Là se décide la grande affaire, là se joue la partie du Monde et de Dieu. Celui qui a été préparé, qui par la grâce divine a été demandé, puis donné, pour réconcilier définitivement Dieu et le Monde, se chargera-t-il de cette tâche? Lui, le nouvel Adam, ne faillira-t-il point aussi? L'Evangile n'a pas craint de nous dire que la question était ainsi posée et que les destinées de l'univers étaient confiées tout entières à la liberté morale de la créature nouvelle. Oui, Jésus pouvait faillir, et cela seul fait la moralité, cela seul fait la vérité de son œuvre expiatoire. S'il ne pouvait pas faillir, comment aurait-il été tenté? Y a-t-il dans l'Evangile quelque chose qui ne soit pas sérieux? Le rusé pouvait-il s'y méprendre? Au lieu de s'approcher de Jésus, n'aurait-il pas dit, comme les démons dans le corps des malades après que Jésus eût surmonté l'épreuve décisive : Qu'y a-t-il de commun entre moi et toi? L'Oint du Seigneur pouvait donc faillir, mais il n'a point failli, et la réponse de Jésus-Christ au Tentateur retentit d'éternité en éternité. L'humanité ne s'est pas trompée, l'union de la nature divine et de la nature humaine, la réconciliation du Monde avec Dieu s'accomplit réellement par un acte moral, par un acte libre. Jésus réalise en lui-même cette union préparée pour lui et pour l'humanité par son moyen. Il confirme ainsi, par son acte individuel, la pureté qu'il doit à la grâce, et transforme son innocence en sainteté. Alors sa nature étant parfaitement homogène à la nature divine, la pénétration réciproque est accomplie et le Verbe est incarné en lui actuellement d'une manière absolue, comme il l'était virtuellement dès sa naissance

La tâche qu'il a librement acceptée, il la poursuit dans l'admiration des anges. De nouvelles tentations viennent l'assiéger, une sueur de sang l'inonde, mais la puissance de Dieu qu'il a revêtue le soutient. Enfin l'humanité, qu'il contient tout entière en sa personne parce qu'il est le fruit du travail de l'humanité tout entière aussi bien que le don de Dieu, l'humanité se lave du péché, non dans la souffrance, mais dans l'acceptation de la souffrance, et rend son âme à Dieu sur la croix pour ressusciter en lui. C'est en mourant avec elle que Dieu a persuadé à l'humanité de mourir. C'est la vie totale de l'humanité résumée dans le Christ qui concilie avec la justice éternelle notre rédemption par le Christ. Cette justice n'est que l'amour, mais l'amour veut notre bien, et le bien de l'ennemi injuste est de se rendre, afin qu'il ne soit plus injuste; le bien du cœur endurci est de se fondre; le bien de l'égoïsme est de mourir. Voilà pourquoi l'amour de Dieu nous a persuadé de mourir en s'offrant lui-même à la mort avec nous et pour nous, car le Verbe éternel de Dieu meurt sur la croix avec le premier-né de l'humanité nouvelle, qui a restauré dans sa personne la divinité de sa nature première, et qui par là-même en a fait la demeure du Dieu rédempteur et s'est identifié avec lui.

Ainsi, Messieurs, on doit distinguer par la pensée l'humanité et la divinité de Jésus-Christ sur la croix; mais il faut reconnaître d'abord que son humanité elle-même est divine. Virtuellement divine dès sa naissance, parce qu'il naît pur du péché, elle le devient actuellement par son triomphe sur le Tentateur; dès lors elle est propre à ne former avec le Verbe réparateur et créateur qu'une seule personnalité concrète. Il n'y a qu'une seule volonté, il n'y a qu'une seule conscience et par conséquent il n'y a qu'une seule personne.

Il importe de remarquer ensuite que la sanctification de l'humanité en Christ et son union absolue avec le Verbe sont l'effet de la liberté morale de Jésus-homme, qui a terminé l'œuvre de toute l'histoire par un acte spontané, en écrasant la tête du serpent par la perfection de sa fidélité. Si l'on ne reconnaît pas cette vérité importante, les récits de l'Evangile sont inexplicables, les plus fortes expressions qu'il emploie perdent toute signification précise; enfin la personnalité de Christ et l'œuvre de notre rédemption prennent un caractère de magie et d'opération physique, pour ainsi dire, absolument contraire à l'esprit du christianisme[1]. Tout est moral dans l'Evangile; on trouve tous les dogmes dans la morale lorsqu'on la creuse jusqu'au fond, parce

[1] Dans les conférences qui ont servi de complément à ce cours, plusieurs objections ont été élevées contre la manière dont j'explique les deux natures de Jésus-Christ, et particulièrement contre le rôle que j'assigne à la Tentation. Je les rapporte, afin d'y répondre, s'il est possible, et surtout afin de circonscrire exactement ma pensée.

I. *La nature de Jésus-Christ est un mystère.* — J'en conviens; mais il ne s'ensuit pas à mes yeux que les recherches sur ce sujet soient interdites ou nécessairement infructueuses. Aux motifs de cette opinion déjà présentés, j'ajoute qu'une telle objection est tout à fait contraire à l'esprit des premiers siècles de l'Eglise et même à celui des temps dans lesquels a été élaborée la théologie sur laquelle nous vivons aujourd'hui. L'objection est essentiellement moderne. Il est d'ailleurs impossible de se faire une idée de l'*œuvre* de Jésus-Christ sans remonter à sa *personne*; or la théologie ne peut pas renoncer à comprendre l'œuvre de Jésus-Christ sans renoncer à son objet propre et à sa raison d'être. Quand on a

que tous les éléments de la divine histoire sont des faits moraux, non par un côté seulement, mais dans leur intimité et dans leur totalité. L'incarnation de Christ, la rédemption et la justification par la foi, ne sont pas moins des

cherché consciencieusement l'explication, on est toujours à temps pour confesser le mystère, ce que je fais franchement et volontiers.

II. *Jésus-Christ ne diffère pas essentiellement et primitivement d'un autre homme : tout autre aurait pu devenir le Christ.* — Ici le vrai et le faux se mélangent. En effet ma théorie repose sur l'idée que Jésus-Christ est l'individu par excellence, la clef de l'individualité et de toute réalité. Je voudrais, s'il est possible, reconstruire la science entière, logique, physique et morale, sur le type du christianisme. La nécessité de se proposer cette tâche me semble impliquée dans la foi chrétienne. Je crois donc que les deux natures *absolument* unies en Jésus-Christ, le sont *virtuellement* en tout homme, *actuellement* en tout chrétien et *pleinement* dans le chrétien mis en possession de la vie éternelle, quoique là même j'admette une distinction entre le Chef et les membres. Mais Jésus diffère *essentiellement* et *primitivement* de tout autre homme, en ce qu'il naît pur du péché; par cela même il est uni au Verbe d'une manière essentiellement différente de tout autre. Ce miracle est le résultat de l'histoire entière, le résultat des efforts convergents de l'humanité, dont Jésus est le sommet; mais comme l'humanité ne peut rien que par la grâce, la pureté de Jésus et l'union plus intime des deux natures en lui est un don de la grâce.

III. *Si l'union n'est consolidée et rendue irrévocable que par le triomphe de Jésus sur la Tentation, l'initiative appartient à l'humanité; l'homme se fait Dieu; et si Dieu se fait homme, c'est en obéissant à l'impulsion qu'il reçoit de l'homme. Cette doctrine renferme implicitement l'erreur du pélagianisme, dont elle outre même l'expression.* — L'objection que je viens de présenter, sans en affaiblir les termes, est la plus grave de toutes; mais je crois y avoir déjà répondu. L'esprit de ma théorie, prise dans son ensemble, n'est pas d'élever la liberté au-dessus de la grâce, ni de faire deux parts distinctes à la grâce et à la liberté, mais de les identifier, en montrant, comme je l'ai dit, qu'il n'y a de liberté que par grâce, et que la grâce se manifeste constamment dans la forme de la

faits moraux que la sanctification, et tous ces faits sont inséparables.

En examinant avec quelque attention la manière dont je viens de vous présenter le dogme principal du christia-

liberté. C'est cette idée générale qu'il s'agit de faire prévaloir en l'appliquant à la question suprême. Dans mon point de vue, c'est l'innocence rétablie en Jésus qui le rend capable de surmonter la tentation, et cette innocence est un don de la grâce, cette innocence est l'œuvre du Fils. De plus, le Fils, qui est uni plus intimement à Jésus qu'à tout autre homme, le soutient dans la tentation et l'en fait triompher; ainsi, de toute manière, la gloire revient au Fils : il ne pourrait y avoir sur ce point qu'une méprise volontaire. Mais il m'a paru important, pour plusieurs raisons, de revendiquer une signification positive à la doctrine de la tentation de Jésus et d'enseigner *en fait*, et non pas *en paroles seulement*, que Jésus a été tenté comme nous. Si la tentation de Jésus est quelque chose de réel, c'est qu'il pouvait faillir, cela me semble incontestable. Mais s'il pouvait faillir, l'union des deux natures, quoique réelle, n'était pas encore en lui indissoluble et rigoureusement personnelle; autrement il faudrait dire que Dieu pouvait faillir, ce qui est un blasphème, ou bien avouer que l'on n'attache pas d'idée précise à *l'unité de la personne* et que l'on n'y croit pas fermement. Voici les motifs qui me font attacher quelque prix à cette manière d'entendre le rôle de la tentation du Sauveur : 1° Si les principes dont je suis parti étaient inapplicables à ce fait central du christianisme, les conséquences de ce fait réagiraient contre mes principes et finiraient par les renverser; ainsi tous les avantages que j'ai cru trouver dans la philosophie de la liberté seraient perdus, ou bien la philosophie de la liberté s'organiserait de manière à former un tout en laissant en dehors d'elle le fait central du christianisme, et aboutirait à une forme de rationalisme plus ou moins nouvelle. L'histoire fait voir que telle a été l'issue de toutes les tentatives faites pour concilier la raison et la foi au moyen d'une délimitation de leurs domaines respectifs. 2° Ce que demande la conséquence du système me semble réclamé par l'esprit général du christianisme, qui est que Jésus soit notre modèle, que tous les dogmes prennent une signification morale et que tous les faits de la grande

nisme, vous reconnaîtrez que tous les traits de cette exposition découlent naturellement de nos principes sur la valeur absolue de l'idée morale, sur la Trinité divine, sur la substantialité de l'espèce humaine, enfin sur l'origine et

histoire du salut trouvent leur correspondant dans l'histoire intime de la conscience individuelle. C'est là une vérité reconnue dans tous les temps et qu'on ne peut pas sérieusement contester. Il est donc permis de l'appliquer au dogme particulier dont il s'agit, de chercher le sens moral de l'union des deux natures, et d'y voir un acte moral, *c'est-à-dire une œuvre de grâce*, une œuvre de la grâce et de la liberté dans leur pénétration réciproque absolue, qui se reproduit selon d'autres proportions, mais avec le même caractère essentiel, dans toutes les âmes régénérées. 3° Notre théorie semble dictée par la lettre de la Bible. J'en ai déjà indiqué plusieurs raisons; j'en ajoute une dernière: La tentation de Jésus-Christ occupe une place assez grande dans le récit évangélique; mais il n'y a rien d'inutile dans l'Evangile, rien qui ne doive acquérir pour l'âme du chrétien une signification positive. Dès lors, toutes choses d'ailleurs égales, il y a lieu de préférer une dogmatique qui rattache une idée déterminée à la tentation de Jésus-Christ, qui en fait une articulation dans le système des faits chrétiens, un moyen de progrès, un élément de la Rédemption, à celle qui n'en fait pas d'usage. Nous nous sommes conformés à la règle qui veut que le commentateur s'attache à donner à chaque texte toute l'importance possible. Cette règle résulte de l'idée de l'Inspiration et du but de la Révélation.

IV. *Le baptême du Saint-Esprit, dans lequel Jésus est proclamé Fils de Dieu, précède la Tentation.* Si l'on a compris que l'union du Verbe divin et de la créature est un fait universel, qui commence avec le rétablissement de celle-ci, qui se poursuit d'une manière organique et progressive, et dont la naissance de Jésus marque une phase considérable lors même qu'elle ne serait pas la dernière, cette objection ne semblera pas bien forte. L'idée du Baptême, telle que la religion la comprend et l'emploie, n'est pas celle d'une consommation, mais celle d'une consécration, d'une vocation. Le baptême de l'Esprit annoncerait l'œuvre préparée, l'œuvre pour laquelle Jésus est prêt et qui va s'accomplir

sur le rôle de l'individualité; mais cette conséquence logique est un mérite négatif dont je ne m'exagère pas l'importance. En effet, si le premier point que je vous ai signalé, la valeur absolue de l'idée morale, possède à nos yeux toute l'auto-

précisément par l'issue de la Tentation. Le Baptême conserverait quelque chose de prophétique, tout en indiquant la réalité présente.

V. *La difficulté de concilier l'infaillibilité inhérente à la divinité avec la réalité de la Tentation, n'est que reculée par la supposition que cette infaillibilité commence après que la tentation dans le désert a été surmontée, puisque l'Evangile attribue plus tard à Jésus d'autres luttes intérieures, qui soulèvent les mêmes questions.* Cette réflexion m'a vivement touché. En effet, dans le récit du désert, l'Evangile se borne à dire que Jésus fut tenté; dans celui de la Passion, il nous fait assister à la lutte elle-même: « *Que cette coupe s'éloigne de moi!* » Cependant le trait essentiel me semble ici la souffrance, et dans le premier cas, la tentation; or la possibilité de céder n'est pas indispensable à la réalité de la souffrance comme à la réalité de la tentation. D'ailleurs l'argument ne porterait pas seulement contre la vue particulière dont il s'agit, mais contre l'idée de l'unité personnelle, dans la plénitude du sens de ce mot, que cette union personnelle des deux natures commence avec la naissance du Christ ou seulement après la Tentation, qu'elle soit à la fois un acte moral et un miracle ou qu'elle soit un miracle seulement. La conclusion qu'il faudrait en tirer ne serait donc pas l'adoption de l'une des deux alternatives de préférence à l'autre, mais seulement l'aveu que la nature de Jésus-Christ reste mystérieuse après tous les efforts pour l'expliquer. Cet aveu d'insuffisance, d'impuissance, je l'ai déjà fait et je le répète.

Je désire seulement que l'on reconnaisse la légitimité de ces tentatives considérées en elles-mêmes. C'est à l'Esprit vivant dans l'Eglise qu'il appartient de prononcer sur leur valeur; mais il faut que les questions soient soulevées et débattues par l'initiative des individus. Si cette marche n'eût pas été suivie, le dogme n'aurait jamais été formulé, et l'absence du dogme ne ferait autre chose que de ramener dans une mesure beaucoup plus grande l'arbitraire des interprétations individuelles.

J'ai dit les motifs qui me portent à considérer le triomphe sur la Ten-

rité d'un axiome de l'intelligence et du cœur, il est difficile de voir dans les autres prémisses de notre théorie plus que des inférences tirées d'un certain nombre de faits, et dont la certitude se mesure à la manière dont elles expliquent l'ensemble des faits. Quelques esprits sévères iront peut-

tation comme l'achèvement de l'Incarnation. Lors même que cette opinion ne serait pas admise, on ne pourrait pas l'envisager comme une erreur de bien grave conséquence, si l'on se souvient que dans ce point de vue la pureté de Jésus-homme est un effet de la grâce du Fils, et que le Fils uni à Jésus le soutient par sa grâce dans la crise dont l'issue imprime à leur union son caractère définitif. En effet le danger d'attribuer à l'humanité le mérite de son propre salut étant ainsi écarté, il ne reste qu'une vue particulière sur la manière d'envisager la nature de Jésus avant la tentation du désert. A partir de ce moment, l'idée que nous nous en formons s'accorde avec l'opinion reçue dans l'Eglise, et nous ne nous séparons point d'elle dans la manière de considérer le sujet et l'œuvre de l'expiation. Le point capital pour la foi et pour l'harmonie de toutes les doctrines chrétiennes, c'est qu'en Jésus l'Humanité souffre elle-même sur la croix la peine de ses péchés, qu'elle accepte par la grâce du Fils, dans son union indissoluble avec le Fils, qui se sacrifie pour elle et avec elle. Puisque l'union de Dieu à l'Humanité était indispensable à la purification de celle-ci, le sacrifice de l'Humanité serait impossible sans le sacrifice de Dieu. — Cette manière d'entendre la Rédemption soulèvera peut-être aussi bien des objections. Cependant elle nous paraît s'imposer à la pensée des chrétiens qui, sur l'autorité de l'Evangile, reconnaissent l'humanité de Jésus-Christ et qui tirent avec sincérité les conséquences de ce grand principe. Elle rend intelligible cette reproduction de la Passion dans la vie et dans l'ame individuelle qu'enseigne la Bible et que la conscience religieuse réclame; mais elle n'a point pour effet de nous attribuer le mérite de notre salut. C'est uniquement par la grâce du Verbe et par son sacrifice que l'Humanité est rendue capable d'expier ses péchés en Jésus-Christ; c'est uniquement par le sacrifice de Jésus-Christ et par sa grâce que l'homme individuel est rendu capable de concourir à cette expiation.

être plus loin, et contesteront l'unité de notre point de départ, en disant que la substantialité attribuée à l'espèce humaine par notre réalisme, contredit la prétention de faire tout reposer sur la liberté, puisqu'il n'y a de liberté que dans l'être personnel. Nous n'accepterions pas ce dernier reproche, attendu que, dans notre système, la créature ne devient impersonnelle qu'en perdant aussi sa liberté par la chute, et qu'en recouvrant la liberté elle recouvre également la personnalité dans l'individu. Nous reconnaissons, il est vrai, une certaine mesure de spiritualité dans l'être impersonnel, mais l'évidence nous y oblige et le système ne nous l'interdit point. Dans l'idée de la créature universelle, soit avant la chute, soit après, il y a de l'obscurité, il n'y a pas de contradiction, ou du moins il n'y a que la contradiction qui gît dans les choses mêmes. Je crois donc que mes prémisses concordent entre elles; mais j'avoue que les conséquences de données hypothétiques sont elles-mêmes hypothétiques. Cet essai de christologie philosophique ne saurait donc avoir de valeur que pour ceux qui acceptent Jésus-Christ comme un fait. La question principale est de savoir s'il rend vraiment raison de ce fait, en d'autres termes, s'il répond aux besoins de la conscience chrétienne. Le jugement définitif sur ce point ne m'appartient pas, mais je puis indiquer du moins vers quel but a tendu ma pensée.

I. Le christianisme est une histoire. Je me suis efforcé de communiquer au dogme central du christianisme le mouvement historique et de marquer la continuité de ce mouvement. Autre est le rapport du Fils éternel et de l'humanité avant la naissance du Messie, autre durant le séjour de Jésus sur la terre, autre dans l'Eglise qu'il y a établie, autre dans le Ciel où nous le cherchons. Je me suis efforcé d'étendre l'application de cette vérité incontestable au temps si court, mais si plein, où Jésus vécut sur la terre, et de rendre intelligibles par la distinction des époques certains éléments de la pensée chrétienne qui paraissent absolument inconciliables entre eux sans cela. Ainsi il faut admettre que Jésus pouvait faillir, puisqu'il a été tenté. La tentation s'adresse à l'homme et non pas au Dieu ; mais si Jésus était déjà Dieu dans ce moment, on ne sait plus ce que devient l'unité de la personne. Cette unité disparaît presque entièrement dans l'orthodoxie de nos jours, qui touche par cet endroit à une hérésie fort ancienne. Elle considère tour à tour l'une et l'autre nature exclusivement, l'humanité dans la morale, la divinité dans la dogmatique. En parlant de Jésus-homme, elle oublie qu'il est Dieu ; en parlant du Christ divin, elle oublie qu'il est un homme et ne possède jamais Jésus-Christ entier. Ainsi toute sa théorie se fonde sur l'abus du *quatenus*, comme le système de Spinosa. Cela vient, ce nous semble, de ce qu'à l'instar de Spinosa, elle a méconnu le mouvement essentiel au sujet qu'elle étudie. Quant à nous, considérant l'objet de la foi dans son développement historique, nous ne voyons d'abord en Jésus qu'une nature, la nature humaine purifiée par tout le travail antérieur de l'humanité et par la grâce du Verbe divin. Cependant le Verbe réside déjà substantiellement en Jésus, il est uni à Jésus beaucoup plus étroitement qu'à aucun autre homme, car Jésus est le seul homme vraiment pur qui ait marché sur la terre ; mais cette union n'est pas consommée absolument jusqu'à la Tentation. En repoussant la tentation, Jésus accomplit donc dans sa personne unique la pénétration réciproque des deux natures : la nature humaine sanctifiée et rétablie dans la pleine participation à la vie divine, puis la nature du Verbe absolument incarnée et identifiée à la nature humaine, parce qu'en atteignant la perfection de l'amour, celle-ci s'est élevée à la puissance de l'infini. Ainsi dans sa Mission et dans sa Passion, Jésus-Christ absolument homme et absolument Dieu n'est réellement qu'une seule et même personne.

II. Considérer le dogme historiquement ou organiquement, c'est lui donner une signification morale. Pour nous la conception de Jésus sans péché est un fait moral ; c'est la grâce accordée aux prières de toute l'humanité. L'incarnation du Verbe s'élève également de l'abstraction métaphysique à la réalité supérieure de la spiritualité véritable. C'est en triomphant de la tentation que le nouveau-né de l'humanité, se plaçant lui-même dans la divinité promise au premier Adam, a consommé l'union surnaturelle des deux substances.

III. L'expiation enfin devient aussi pour nous une œuvre morale, et la satisfaction donnée à la justice reçoit ainsi un caractère intelligible. C'est l'humanité qui expie sa faute en Jésus-Christ, parce qu'elle est comprise tout entière en Jésus-Christ en vertu du principe de l'unité qui se traduit par la solidarité des existences individuelles. Ce point de vue trop négligé est indispensable à l'orthodoxie, car, de son aveu, si le Dieu a souffert en Jésus-Christ, l'homme a souffert pareillement ; il ne lui est donc pas permis de dire que l'homme demeure étranger à l'œuvre de son salut, et l'idée exclusive de la substitution se trouve condamnée par l'Evangile.

Du côté de la puissance restauratrice ou du Verbe, le mystère de l'expiation nous paraît consister en ceci, qu'il accepte volontairement la punition que l'humanité a méritée, parce qu'il est impossible à l'humanité de la subir autrement qu'avec le Verbe et par le Verbe. L'expiation ne gît pas dans la souffrance, mais dans son acceptation. Pour accepter cette souffrance infinie, il ne suffit pas que l'humanité soit purifiée, il faut qu'elle soit enveloppée, absorbée en Dieu, car Dieu seul peut l'accepter. Cette explication du dogme en conserve absolument la valeur religieuse. En effet, que l'humanité soit sauvée sans sa participation par la mort de Jésus-Christ, ou qu'elle ait expié sa faute originelle *en Jésus-Christ* d'une manière dont nous ne pouvons pas nous rendre compte, cela revient au même pour le chrétien; il n'est pas moins réellement sauvé dans l'un et l'autre point de vue, et il n'en doit pas moins son salut à la charité de Jésus-Christ; la personnalité concrète de Jésus-Christ n'en est pas moins l'auteur unique de son salut et l'objet de sa reconnaissance.

IV. La foi ne nous paraît donc pas atteinte par cette théorie sur la personne et l'œuvre de Jésus-Christ. En revanche la pensée religieuse en éprouve un sensible soulagement. Toutes les vérités du christianisme sont des mystères, mais des mystères enchaînés. La doctrine de la Rédemption, qui se présentait d'abord comme isolée de tout le reste, se rattache maintenant de la manière la plus étroite à la doctrine de la Création, qui la précède, et à celles de la Justification et de la Sanctification, qui la suivent. Le grand mystère est celui de la création et de la présence de Dieu dans ses ouvrages. Pour bien entendre la création il faut la concilier avec l'idée que Dieu doit être tout en tous. Si l'on attache à ce mot une idée positive, on est obligé de reconnaître que l'humanité est divine, elle aussi, qu'elle est divine dans son essence et qu'elle est appelée à vivre de la vie divine, alors qu'elle sera sanctifiée. Jésus-Christ-homme est déjà divin en tant qu'homme par la plénitude de sa sainteté ; la première personne de la divinité habite en lui. Ainsi dans l'incarnation du Verbe, les deux personnes de la Trinité mises en opposition par la chute sont réunies par un acte moral au moment où leur lutte extérieure acquiert la plus grande violence; et la troisième étant également réalisée par cette union, notre œil ébloui contemple sur la croix l'humanité tout entière et Dieu tout entier. Tel est le lien organique entre la Création et la Rédemption. Je parle de la création primitive et non de celle du monde sensible, qui est directement l'œuvre du Verbe, parce que ce monde est un appareil de la Restauration.

V. Le lien organique entre le sacrifice expiatoire de Jésus-Christ et la justification par la foi, n'est pas d'une moindre importance. L'orthodoxie unit étroitement ces deux idées, et c'est avec beaucoup de raison; mais dans le système de la pure substitution, cette condition attachée au salut évite difficilement le reproche d'arbitraire. Si nous sommes sauvés par les mérites d'un autre, si nous ne sommes décidément pour rien dans l'expiation de nos péchés, on ne voit pas pourquoi il est nécessaire que nous en ayons connaissance et que nous ajoutions foi à son récit. Comme l'œuvre est commencée sans nous, elle pourrait également, semble-t-il, s'accomplir aussi sans nous. Pourquoi le pardon ne s'étend-il qu'à ceux qui croient? Les mérites du sacrifice seraient encore plus grands s'il embrassait également les croyants et les incrédules. La nécessité de la foi paraît donc, à ce point de vue, un dogme détaché de l'ensemble et impénétrable non-seulement à la raison, mais à la conscience.

Il en est tout autrement lorsque l'on prend au sérieux l'humanité du Sauveur que nous enseigne l'Evangile, et que l'on voit dans son sacrifice l'abandon volontaire fait par l'Humanité de la position prise au commencement. Alors la nécessité de la foi devient tout à fait claire. L'Humanité doit renoncer à sa nature, mourir à sa nature. Cette mort a commencé en Jésus-Christ et par Jésus-Christ. En mourant, Jésus-Christ nous a rendu la liberté de mourir aussi de cette mort qui est le chemin de la vie. Telle est la valeur universelle de son œuvre; car si tous les faits accomplis par un homme ont une influence réelle pour l'ensemble, à combien plus forte raison ne faudra-t-il pas le dire de l'homme central, de l'homme pur du péché, que Dieu a donné aux prières du Monde et qui s'est uni au Verbe de Dieu par la grâce divine s'accomplissant dans sa fidélité? La mort de Jésus nous a donc acquis la liberté de mourir à nous-mêmes; mais il faut que chacun de nous meure effectivement à lui-même, et telle est l'œuvre de la foi.

La nouvelle du divin sacrifice nous transporte par la reconnaissance et l'admiration qu'elle nous inspire. Nous acceptons cette mort, nous voulons cette mort, nous commençons à mourir de cette mort. Ainsi la foi n'est pas une simple affaire de l'intelligence, mais un acte de volonté. Comme elle se lie organiquement à la rédemption, elle est le principe de la sanctification. La grande querelle entre la foi et les œuvres ne peut plus s'élever dès qu'on a compris, non-seulement que les œuvres véritables sont des actes de foi, ce qui n'est qu'un côté de la vérité, mais aussi que la foi elle-même est une œuvre. La foi est l'acte par lequel, sachant que Christ est mort volontairement pour nous, qui avions mérité la mort, ou, pour donner une expression plus intime à cette vérité; sachant que notre propre humanité était comprise dans la mort de Christ, nous nous plaçons au bénéfice de sa mort volontaire en ratifiant ce qu'il a fait. Le fidèle reconnaît cette mort pour sa propre mort, non dans sa pensée, car la foi n'est pas une affaire de pensée, mais dans sa volonté, c'est-à-dire qu'il veut mourir aussi comme Christ est mort. Et quand il veut mourir, l'œuvre est déjà commencée, car la volonté est le principe rebelle comme elle est l'agent de la conversion; c'est la volonté naturelle qui doit mourir.

On ne peut pas séparer les sentiments chrétiens de l'adoption du christianisme. Christ est mort volontairement, mourons aussi volontairement; voilà ce qui unit; mais celui qui dit : Loué soit Christ, qui par sa mort m'a dispensé de mourir! celui-là dit : Il est mort; pour moi je ne veux point mourir; c'est-à-dire qu'au lieu d'unir il sépare. Au fond, Messieurs, la foi est la reproduction de toute l'histoire humaine et de toute la Passion divine dans la conscience de l'individu. Par la foi, chaque individu réalise l'expiation du Christ pour lui-même en tant qu'individu, et dans sa communion avec Jésus-Christ, et par Jésus-Christ avec l'humanité, il se sacrifie, lui aussi, pour l'humanité dans l'abandon de sa volonté propre. La foi est donc l'acte qui, nous identifiant à Christ dans la volonté, c'est-à-dire dans l'intimité de notre substance, fait de nous des chrétiens ou des *Christ*, comme le disent énergiquement d'autres langues. Mais ici, hélas! nous ne pouvons que le devenir sans jamais l'être, parce que notre foi n'est point parfaite; aussi ne saurait-elle avoir de valeur que pour nous-mêmes. En voulant nous donner, nous nous sauvons, mais nul n'est sauvé que par Christ, car c'est Christ qui nous a acquis la faculté de nous donner.

La foi parfaite serait la parfaite sainteté, et la parfaite sainteté serait la vie éternelle. Un grain de foi transporterait les montagnes : dans le vrai croyant la nature retrouverait son maître légitime avec sa liberté; aussi ne faut-il pas dire que la plénitude de la foi sera suivie de nouveaux cieux et d'une nouvelle terre, mais plutôt qu'elle produira d'elle-même de nouveaux cieux et une nouvelle terre. La transformation de la Nature, la perfection de la foi, seraient les deux faces d'un seul et même accomplissement. Cet accomplissement est le but de l'histoire.

Christ dans l'humanité, voilà, Messieurs, toute l'histoire. Il l'accompagne du commencement à la fin. D'abord il est la puissance providentielle qui la pousse à ses destinées; il vit dans l'espèce, au-dessus des individus, qu'il pénètre de plus en plus. Puis, s'unissant à l'humanité purifiée, il devient lui-même un individu. Enfin il doit revivre dans l'espèce par l'intermédiaire des individus, vivre à la fois dans l'espèce et dans les individus, et rétablir ainsi l'unité spirituelle, l'unité libre de l'espèce. Il fallait donc qu'il cessât de vivre comme un individu au milieu des autres, et c'est avec raison qu'il a dit : Il est bon que je m'en aille.

TRENTE-QUATRIÈME LEÇON.

XLVII. *La mort de l'humanité en Jésus-Christ est exigée par l'amour lui-même; ainsi le christianisme se résume tout entier dans l'amour.*

Remarque. Ce que nous appelons la justice de Dieu est le respect de la liberté créée, qui résulte de l'amour créateur. L'idée de justice n'est proprement pas applicable au rapport de Dieu et de l'homme, attendu que d'un côté l'homme n'a aucun droit sur Dieu, tandis que de l'autre Dieu ne peut rien recevoir de l'homme. Il n'exige rien de nous en vue de lui-même : son but immuable est notre propre bien. Dieu déploie son amour dans ses châtiments, qui ont toujours le même caractère, quelle qu'en soit la durée.

XLVIII. *Le mystère du christianisme se reproduit tout entier dans chaque chrétien. Le salut est une mort volontaire par laquelle la nature humaine transformée s'unit substantiellement à Christ. Ainsi la sanctification et le salut sont une seule et même chose.*

XLIX. *La foi, condition du salut et principe de la sanctification, est un acte de volonté.*— La foi est l'adhésion du cœur à l'œuvre de Christ pour nous, dans le désir qu'elle s'accomplisse en nous. Cette disposition suppose que nous connaissons jusqu'à un certain point en quoi l'œuvre de Christ consiste et que nous croyons à sa réalité; mais il n'y a de foi véritable que dans l'adhésion du cœur.

L. *La foi est offerte à tous.*

Messieurs,

Dans la leçon précédente nous avons essayé de rendre compte du dogme chrétien par nos principes, sans mettre proprement la vérité du dogme en question. Nous avons accepté sur l'autorité de la Bible la doctrine fondamentale du christianisme, l'expiation de nos péchés par Jésus-Christ; et c'est en creusant l'idée chrétienne elle-même, c'est en rapprochant les éléments donnés par l'Evangile que nous avons cherché l'harmonie du dogme et de la conscience morale. Nous nous sommes donc placé sur le terrain de la théologie. Partant de la Révélation, nous nous sommes efforcé de la concilier avec la raison dans l'intimité de la conscience, parce que, à nos yeux, la conscience est en même temps le critère supérieur de la vérité scientifique et le commencement de la foi[1].

Il faut donc que tous les dogmes s'accordent avec l'idée morale. Il n'est pas moins nécessaire qu'ils s'accordent entre eux et particulièrement avec le dogme par excellence, c'est-à-dire avec l'idée de Dieu. Il faut qu'ils s'accordent entre eux, non par des limitations réciproques, mais en subsistant chacun dans la plénitude de sa force. La réflexion philosophique nous a conduit à définir Dieu l'amour absolu, parce que l'amour est le seul acte dans lequel nous puissions concevoir que la puissance infinie de la liberté se déploie sans s'amoindrir, et que la pure liberté nous a paru la seule notion vraiment inconditionnelle. Mais cette vérité philosophique est avant tout une vérité révélée. L'apôtre saint Jean a écrit cette parole éternelle : DIEU EST AMOUR. Dieu n'est pas ceci et cela; Dieu est simple ; Dieu n'est pas amour, puis autre chose encore qui limite et contredise l'amour; l'amour explique l'intimité de son être, l'amour

[1] Je me borne à indiquer le rapport entre ce point de vue et la doctrine du Saint-Esprit.

épuise sa notion ; pour que le texte cité subsiste dans la pensée, il faut que la théologie arrive à présenter le système des dogmes tout entier comme le développement naturel de l'idée d'amour.

On explique le sacrifice de Jésus-Christ par la nécessité d'une expiation ; et l'idée qui sert de fondement à celle de l'expiation, c'est que la justice divine exige que l'auteur du mal soit frappé par le mal, ou qu'un dommage positif corresponde à toute transgression de la loi.

En partant de cette notion de justice universellement admise, et qui semble dictée par la conscience elle-même, on ne manquera pas d'élever de sérieuses objections contre notre théorie. Nous avons dit que l'humanité expie sur la croix de Jésus-Christ la faute de l'humanité, et que le fruit de ce sacrifice pour chacun de nous est de nous procurer la liberté d'expier nos propres péchés par la souffrance du repentir et par la mort du renoncement, sans lesquelles il n'est pas de foi véritable. Mais l'humanité ne peut pas expier sa transgression, dira-t-on avec raison ; nul ne peut racheter la sienne ; la sainteté infinie exige un sacrifice infini ; il faut absolument la mort d'un Dieu ; et celui qui n'admet pas la substitution de l'innocent au coupable repousse aussi les promesses de la Rédemption. — Tout cela est vrai, profondément vrai ; mais ces vérités capitales de la religion ne sont pas toujours bien entendues, par ce qu'on les interprète au moyen de suppositions que la religion elle-même n'a pas fournies. Moi aussi, je crois de tout mon cœur à cette mort de Dieu pour nous, qui est le christianisme lui-même ; j'attache un beaucoup plus grand prix aux aspirations immédiates de la foi qu'aux analyses imparfaites et peut-être téméraires de l'intelligence; je ne voudrais point écarter l'idée de la substitution, qui doit être pleinement maintenue dans sa valeur religieuse, comme s'appliquant au rapport de Christ et du fidèle. Le fidèle est sauvé par Jésus-Christ, Jésus-Christ a porté la peine de son péché. Mais c'est là l'expression de la foi concrète, qui s'applique à Jésus-Christ tout entier; l'analyse n'y est pour rien, ainsi la foi ne préjuge rien en faveur de tel ou tel résultat de l'analyse plutôt qu'en faveur d'un autre; mais il faut s'efforcer de diriger l'analyse de telle manière qu'elle produise l'harmonie de tous les éléments de la foi. Nous accordons la grâce et la justice par cette idée, obscure sans doute, mais nécessaire, que Christ contient en lui l'humanité. L'interprétation selon laquelle la Rédemption consiste uniquement dans la substitution de l'innocent au coupable, me semble choquer la justice, précisément pour s'être trop appuyée sur l'idée de la justice, que l'on n'a pas comprise aussi longtemps que, sans en altérer la force, on n'a pas rendu manifeste son identité avec l'amour. Pour que la philosophie et la religion se pénètrent absolument l'une l'autre, pour que les éléments de la religion s'harmonisent entre eux, le principe de l'expiation doit être traduit en d'autres termes et présenté sous un autre jour qu'il ne l'est en général.

La justice est un nombre doublement carré, disaient les philosophes qui les premiers ont porté leur attention sur les choses morales. Par cette définition bizarre, les pythagoriciens voulaient sans doute exprimer l'idée que la justice se fonde sur l'égalité et sur la réciprocité. La justice est la sphère des droits et des obligations. A tout devoir de justice correspond un droit, à tout droit, un devoir. S'il n'y avait que des obligations d'un côté et des droits de l'autre, la notion de justice ne trouverait plus d'application. Ainsi le droit, qui peut créer des inégalités, suppose au point de départ l'égalité. En parlant des droits de Dieu sur nous, on énonce une vérité sans doute, mais dans une langue qui n'est pas celle du sujet. Pour qu'il pût être question rigoureusement des droits de Dieu vis-à-vis de nous, il faudrait que nous eussions des droits contre lui. Et c'est bien ainsi que l'entend la théologie vraiment conséquente à ce point de vue, celle du catholicisme romain. Jésus ayant payé la dette du fidèle, le débiteur devient créancier à son tour par la vertu de ses bonnes œuvres, qu'il applique à l'extinction graduelle des obligations d'autrui. La réversibilité des mérites est la conséquence extrême de la confusion introduite entre l'élément juridique et l'élément religieux et moral; mais cette confusion a jeté des racines très-profondes; elle pénètre le protestantisme aussi bien que le catholicisme, quoiqu'elle s'y produise sous des formes opposées.

Nous ne pouvons pas avoir de droit sur Dieu, parce que nous ne sommes rien vis-à-vis de Dieu; nous n'existons pas au même titre que Lui, et quand nous arrivons à la communion de sa vie, il est moins question de droit que jamais entre nous et Lui. Dieu n'a pas non plus de droits sur nous, au sens propre du mot, parce que le droit implique un intérêt; or Dieu n'attend rien de nous, il ne nous commande rien en vue de lui-même, mais seulement pour notre bien, ce qui ne constitue pas un rapport juridique, mais un rapport infiniment plus élevé. Puisqu'il n'y a pas de droit entre Dieu et l'homme, l'idée de Justice ne peut pas être attribuée à Dieu dans son acception ordinaire. On n'exprime pas l'essence divine en disant que Dieu est juste; cependant on a le droit d'user de ce terme dans ce sens que l'immuable volonté de Dieu prend la forme de la justice en descendant dans notre atmosphère.

Si l'idée de justice appliquée à Dieu n'a qu'une valeur relative, il ne faut pas penser qu'on ait tout dit en présentant la souffrance et la mort de Christ comme une peine infligée pour satisfaire à la justice. La satisfaction que reçoit la justice par la punition d'un innocent qui prend la place du coupable, est inaccessible à la conscience morale non moins qu'à la raison. Mais la punition du coupable lui-même ne se conçoit pas sans difficulté, si l'on entend par là que Dieu veut le frapper d'un mal en soi, d'un mal véritable. Dans ce point de vue, Dieu voudrait un mal; à la suite d'un autre mal il est vrai, provoqué par un autre mal, mais enfin il voudrait un mal, et c'est là ce que nous ne saurions entendre. Rien n'est admis plus aisément par le grand nombre que l'idée d'une telle rémunération, parce que le grand nombre ne comprend d'autres rapports moraux que les rapports des hommes entre eux. L'anthropomorphisme nous est naturel; il représente un élément de la vérité, mais il n'est pourtant pas la vérité. Ne pensons donc pas, Messieurs, que Dieu veuille le mal d'aucune de ses créatures. Disons plutôt que la souffrance qui suit le péché n'est pas un mal, quoiqu'elle ne s'explique pas sans le mal. Nous avons défini la souffrance : La conscience du désordre et de la désharmonie. Elle est donc la conséquence, le reflet, en un mot l'accompagnement nécessaire du mal. L'auteur du péché est aussi l'auteur de la peine : nous sommes nos juges et nos bourreaux.

Cette explication de la douleur est juste, je le crois; cependant ce n'est pas encore l'explication définitive, car l'enchaînement nécessaire des choses n'est le dernier mot de rien. Cette nécessité n'est que le fait lui-même et non la cause du fait. En constatant un rapport nécessaire entre deux phénomènes, on marque simplement que le lien qui les unit fait partie du plan de l'univers; mais l'univers est l'acte de Dieu, et la nécessité du Monde se résout, en dernière analyse, dans la volonté de Dieu. Nous ne pouvons donc point éviter la question à laquelle l'idée de rétribution ne répond que d'une manière insuffisante. Nous devons nous demander quel est le sens moral de la souffrance. La souffrance est-elle une nécessité de la chute ou bien une nécessité de l'amour?

Mais, Messieurs, il saute aux yeux qu'il faut dire : elle est à la fois une nécessité de la chute et une nécessité de l'amour; ou plutôt, lorsqu'on n'envisage que la chute, la souffrance apparaît comme une nécessité; mais quand on s'attache au côté divin des choses, on en reconnaît la signification positive; on voit en même temps qu'elle est positivement voulue et qu'elle est un effet de l'amour. La même parole qui nous dit : Pardonnez à ceux qui vous offensent, dit aussi : Dieu châtie celui qu'il aime. Telle est, Messieurs, la véritable signification de la souffrance. Ce n'est pas une peine prononcée par un juge, c'est un châtiment paternel. Entre la peine et le châtiment il y a la même différence qu'entre le juge et le père, entre le droit et l'amour. Le châtiment suit la faute comme une conséquence naturelle;

mais la nécessité qui les unit est une disposition d'amour. Toute douleur est, au fond, châtiment; le paroxisme de la douleur est encore un fruit de la grâce. Dieu est immuable, gardons-nous de l'oublier. En quelques lieux que nos pas s'égarent, nous le trouvons toujours au zénith, et le regard de sa tendresse descend toujours calme sur nos fronts abattus ou consolés. C'est nous qui changeons et qui produisons dans ses dispensations la diversité infinie qu'elles prennent à nos yeux. Mais quoi que nous fassions, quels que nous soyons, Dieu veut toujours notre bien. Nous avons beau essayer de toutes les façons, nous ne réussirons pas à mettre l'Eternel en colère et à lui faire vouloir ce qu'il ne veut pas. Il veut toujours notre bien, soyons-en sûrs. La seule question est de savoir où est notre bien, et cela dépend uniquement de la position que nous avons prise. Notre bien est que nous soyons bons. Si nous le sommes déjà, notre bien est que nous restions tels; si nous ne le sommes pas, notre bien est que nous le devenions, et nous ne pouvons le devenir que librement, car la bonté est l'effet de la liberté, comme elle en est l'expression. Le bien de l'âme éloignée de Dieu est donc de sentir son égarement, afin qu'elle s'efforce d'en revenir; le bien de l'âme déchirée est de sentir son déchirement, le bien de l'âme emportée est de s'arrêter, de se recueillir, de se retrouver, de se voir enfin telle qu'elle est : Son bien est dans la conscience du désordre où elle est plongée, dans la conscience de son mal; ainsi la douleur est son bien. Un moindre degré de souffrance serait un moindre bien et témoignerait d'un moindre amour. Aussi Dieu ne nous épargnera-t-il pas, il ne se lassera pas de nous frapper jusqu'à ce que nous ayons crié grâce, et qu'acceptant enfin le secours qu'il nous offre, nous soyons redevenus tels qu'il nous veut.

Supposer à Dieu l'esprit de vengeance est un blasphème; prendre pour motif de sa conduite à notre égard la satisfaction d'une justice abstraite est une confusion qui naît d'une imparfaite analogie : rien ne peut être élevé à l'infini s'il ne possède en lui-même la puissance de l'infini; or notre justice est une vertu bornée, qui n'a de valeur que pour nous. Mais c'est un anthropomorphisme plus grossier encore, et mille fois plus coupable, de s'imaginer que Dieu soit indulgent; car c'est modeler la perfection à la ressemblance de nos défauts. Nous ne réussirons pas mieux à le rendre faible que nous ne réussirons à le rendre méchant. Le rayon du soleil durcit la terre, il fond la glace, il fait fleurir la rose; concentré par le verre, il enflamme la poudre : c'est pourtant le même rayon du soleil. Il n'en va pas autrement de l'amour de Dieu : il est douceur pour celui qui l'aime, sévérité pour qui l'oublie; pour qui le repousse il est torture et convulsion. Rentrez au fond de votre cœur, et voyez s'il ne témoigne pas de la vérité de mes paroles. Quand, au milieu du malaise et du trouble que nous fait éprouver ou le mal commis ou l'intention de le commettre, nous essayons de lever les yeux au ciel, y trouvons-nous un maître courroucé? non; nous y trouvons encore l'amour, et, chose étrange, cet amour auquel nous avons fermé notre cœur, loin de nous consoler, il nous accable.

Si quelque chose pouvait nous faire douter de la bonté divine, ce ne seraient pas les malheurs des méchants, c'est leur sécurité et leur joie; mais cette sécurité, Dieu la dissipera; cette joie sera changée en deuil : Dieu les aime.

Dieu est patient, parce que le temps est à lui. Il veut amener toutes les âmes, il ne veut en contraindre aucune. Plus la distance qui nous sépare de lui s'est accrue, plus les moyens qu'il emploie pour nous ramener doivent être énergiques. Il y a donc des supplices, et même des supplices éternels, j'y consens; mais s'ils le sont, c'est du fait de ceux qui les subissent. Puisque la liberté ne saurait être forcée, il est clair qu'une âme peut s'endurcir de plus en plus dans le mal. Si la révolte dure toujours, la conséquence de la révolte durera toujours; mais les portes sont ouvertes, la clef n'est pas perdue. Une pensée d'amour ferait évanouir l'enfer. Avec l'amour, le malheur est impossible, comme le bonheur véritable est impossible sans lui. Le paradis promis à la fidélité n'est autre chose que la sanctification, avec l'ensemble des transformations qu'elle amène à sa suite lorsqu'elle est véritablement réalisée. L'enfer n'est que la contradiction de la volonté perverse dans son développement infini, avec le cortége des contradictions qu'elle entraîne. L'enfer et le paradis sont en germe dans la vie présente; l'enfer et le paradis reposent sur la liberté. La loi qui veut que la liberté de la créature soit respectée est une loi éternelle. La justice rétributive n'est autre chose que cette loi. Elle est éternelle, elle est absolue; cette loi, parce que, encore une fois, elle n'est que l'amour lui-même. Il n'est pas besoin de chercher la conciliation de la justice et de l'amour dans un appareil étranger aux notions morales; si la justice semble d'abord se perdre dans l'amour, elle s'y retrouve tout entière, lorsqu'on a compris l'amour.

La manière dont nous ramenons l'idée de la justice divine aux principes absolus de notre philosophie, s'accorde mal peut-être avec les idées de la dogmatique reçue ; mais nous n'avons pas à compter avec les systèmes, nous n'avons à compter qu'avec les faits. Le christianisme est un fait dont toute philosophie est tenue de rendre compte, soit qu'elle le considère comme une invention ou comme un produit involontaire de la pensée, analogue aux mythologies, soit qu'elle admette la réalité objective de son contenu. Nous avons embrassé la seconde alternative en raison de l'insuffisance des explications fondées sur les deux premières, puis surtout parce que notre raison, subissant l'influence funeste ou salutaire d'une conviction personnelle dont il nous serait impossible de faire abstraction, nous montre dans le christianisme un élément de l'ordre universel que nous n'aurions assurément point imaginé, mais qui nous est maintenant indispensable. Toutes les lignes parties de la conscience et prolongées par la raison, viennent aboutir au christianisme. Tel est le motif de notre foi. Il nous importe donc d'établir que rien de ce qui précède ne contredit l'Evangile, mais non pas les formules systématiques antérieures dans lesquelles on a tenté avec plus ou moins de succès de résumer les doctrines révélées.

Dans cette limite, la démonstration que nous désirons n'est pas impossible. Loin de là : en identifiant la justice et la charité dans l'acte absolu, en ramenant tout au point de départ, l'amour créateur, la liberté créée, nous saisissons les dogmes chrétiens dans leur unité vivante et nous les faisons arriver, sans les confondre, à la transparence lumineuse de l'idée morale. Pour faire jaillir la Rédemption de ces données premières de la conscience, il suffit d'y joindre l'idée de l'unité humaine, dont le sens moral nous apparaîtra bientôt clairement, mais que nous acceptons en attendant comme un fait d'expérience attesté par la Nature, par le sentiment intime et par l'histoire.

Dieu ne veut que le bien de la créature, et ce bien est un libre amour; de là résulte la possibilité de la chute. Après cette catastrophe, qui donne à l'homme une nature, mais une nature corrompue, le bien de l'homme est de se débarrasser de cette nature, de perdre sa nature ou de mourir. Cependant il ne faut pas seulement qu'il meure, il faut qu'il consente à mourir; aussi Dieu ne le tue pas pour le ressusciter, car son identité disparaîtrait et le but ne serait point atteint; non : Dieu l'amène à vouloir mourir. L'œuvre essentielle du Fils dans l'histoire, dans nos cœurs et dans sa vie au milieu de nous, se résume en cette idée : persuader à l'humanité de mourir. A cet effet il lui rend quelque liberté par la communication de sa propre essence, mais cette nouvelle création n'est pas substituée à l'ancienne. La volonté dépravée subsiste dans l'individu, parce qu'au sein de son esclavage actuel elle est encore la liberté. Il y a donc dans chaque individu une lutte, ou tout au moins les éléments d'une lutte, entre le vieil homme et l'homme nouveau. La nature, le vieil homme, ne peut plus agir efficacement dans le sens du bien; elle ne peut pas vouloir, elle ne peut que comprendre et désirer; mais la grâce de Christ assure l'accomplissement de ce désir, impuissant de lui-même. Et quand l'humanité a compris ce que c'est que la pureté qu'elle a perdue, quand, dans le sentiment de son impuissance, elle a soif de la pureté, alors, par une communication toujours plus intime de lui-même, Dieu la fait renaître pure dans le fils d'une vierge bénie. Conçu par la volonté sanctifiante, l'enfant des douleurs de l'humanité vient accomplir une mission suprême. Sollicité de l'abandonner, il s'y refuse, il renonce librement à tous les faux biens d'une existence séparée de Dieu, il renonce librement à sa nature et s'unit librement à Dieu. Par là il s'identifie avec le Verbe, qui était en lui comme il est en toute âme d'homme, et dans une communion infiniment plus étroite que dans toute autre. La barrière est brisée et les deux substances se confondent. Le Fils de l'homme apprend à ses frères, par l'exemple de sa vie, ce que c'est que l'humanité; de ses lèvres s'échappe cette parole de lumière dont l'éclat se voilait à demi dans les discours des prophètes et des sages. Enfin la mort qu'il a choisie, il la subit. Seul, il ne l'avait point méritée; mais l'humanité l'a méritée, et l'humanité tout entière est en lui, par son espoir, par son désir, par son effort suprême, dans l'intimité de sa substance. A celui qui doute que l'humanité puisse être comprise dans un individu préparé par le Ciel et par toute l'histoire, nous demanderons (sans insister beaucoup sur cette insuffisante analogie) s'il doute que la liberté de ses enfants ait à lutter contre les penchants qu'ils ont reçus de leur père? La solidarité naturelle et morale des individus est un fait certain; l'unité substantielle de l'espèce en est la seule explication possible, bien que cette explication soit une énigme. Ainsi, sans que nous comprenions comment l'Humanité pouvait être en Jésus, une méditation sérieuse nous fait concevoir qu'elle y était certainement.

Avec cette idée, le sacrifice de Jésus-Christ reste un mystère, un profond mystère; mais la conscience morale n'est plus inquiétée, elle reçoit une satisfaction positive, et c'est tout ce que nous demandons; cette clarté-là nous suffit, c'est la véritable clarté. La raison prime l'imagination, le cœur prime à son tour la raison. La raison comprend des théorèmes qu'il est impossible à l'imagination de se représenter; le cœur saisit des vérités où la raison ne pénètre pas. Ses réclamations contre le cœur ne sont pas plus recevables que celles que l'imagination a souvent portées contre la raison elle-même. Il n'est pas besoin que l'intelligence analyse, il suffit que la conscience adhère.

Ainsi l'humanité meurt sur la croix. Dieu meurt avec elle, parce qu'il ne forme plus qu'un seul être avec elle : c'est le côté métaphysique, le côté de la nécessité. — Il meurt avec elle, parce qu'il veut tout partager avec elle; il s'est uni avec elle pour l'inspirer, il meurt avec elle pour la soutenir, pour l'affermir et pour l'emporter vers le Père. Tel est le côté moral de ce mystère infini de l'amour. Voilà bien la preuve que le cœur surpasse la raison, car pour combler son vide immense, il faut absolument cette folie.

L'agneau de Dieu est immolé depuis les premiers jours du monde; son flanc percé saignera jusqu'à la consommation des temps; le sacrifice du Calvaire est l'apogée de cette douleur infinie; le drame universel se concentre dans le sein de Jésus-Christ, et l'éternité, dans les jours qu'il a passés sur la terre. Christ a été frappé pour nous; mais s'il a porté notre fardeau, c'est pour nous communiquer la force de le porter aussi; ce n'est pas pour nous en dispenser d'une manière absolue, puisque, selon les paroles d'un apôtre, nous devons achever ses souffrances dans notre cœur et dans notre corps.

La Rédemption s'explique à notre âme lorsqu'elle s'est pénétrée de la vérité que je recommande à vos méditations : L'amour lui-même exigeait que l'humanité mourût. Il faut que l'humanité meure, parce que sa vie est fausse et que la mort est le chemin de la vie fausse à la vie vraie. La primitive liberté doit être respectée jusqu'au bout, parce qu'elle est l'expression d'un amour parfait ; il faut donc qu'elle redevienne liberté en cessant d'être nature, pour fonder la vraie nature en se confirmant comme liberté. Il faut donc qu'elle fasse le sacrifice d'elle-même, afin que le but de l'amour créateur soit accompli dans le sujet de la création. L'amour exige que l'humanité meure. Tel est le décret immuable du Père, qui est amour.

Le Fils s'unit à l'humanité pour lui faire accepter cette mort et pour la subir avec elle. Il n'est plus qu'un avec l'humanité, il la recouvre et l'enveloppe de sa dilection suprême, c'est lui qui souffre, c'est lui qui meurt, mais l'humanité meurt en lui.

L'intelligence de ces rapports, sur lesquels se fonde notre rédemption, éclaire d'un jour nouveau le dogme de la Trinité. C'est l'amour qui ordonne notre mort, et c'est l'amour qui la partage; ainsi dans l'opposition des personnes divines l'acte divin demeure identique à lui-même, l'unité se conserve au sein de la lutte comme l'unité d'un même vouloir; le Père et le Fils sont constamment animés du même esprit; le Saint-Esprit devient pour notre cœur une réalité morale; nous ne disons pas seulement, mais nous sentons qu'il procède invariablement du Père et du Fils et qu'il pénètre le Monde à des degrés divers durant tout le cours de l'existence. Le Fils est compris dans le Père, puisqu'en nous soumettant à la souffrance Dieu veut la partager; le Père est compris dans le Fils, et celui qui a le Fils possède aussi le Père, puisque le Père est amour comme son Fils. Le Père et le Fils sont remplis du même Esprit, parce que Dieu est Esprit. — La puissance qui se manifeste la dernière dans le cours du temps, est la première dans l'ordre éternel; le Saint-Esprit unit le Père et le Fils dans les cieux, comme il unit à Dieu l'humanité sanctifiée. La trinité des puissances divines devient un fait d'expérience intérieure, et dans la création, dans la rédemption, dans la sanctification, nous trouvons Dieu tout entier.

Les rapports substantiels, métaphysiques, sur lesquels se fonde la doctrine orthodoxe ou supranaturaliste, comme on dit en Allemagne, sont des rapports parfaitement réels; mais la formule métaphysique de ces rapports n'est pas l'expression adéquate de leur vérité; la réalité concrète ne s'en trouve que dans leur signification morale, parce que l'essence universelle est la liberté, comme dit notre philosophie, ou, comme dit plus simplement une sagesse plus haute, parce que Dieu est Esprit. La métaphysique n'est qu'un intermédiaire entre la physique et la morale, comme la raison n'est qu'un intermédiaire entre les sens et le cœur; aussi la métaphysique, soit religieuse, soit mondaine, est-elle inévitablement condamnée à l'obscurité et à l'abstraction; la morale seule est transparente. Entre le matérialisme, fondé sur la vie des sens, et la science du cœur, fondée sur la vie du cœur, il n'y a que des intermédiaires transitoires, assujettis par leur essence à de continuelles transformations. Le rationalisme et la dogmatique ont ceci de commun dans leur opposition, d'appartenir à cette sphère moyenne et mixte, parce qu'ils reposent l'un et l'autre sur l'emploi des mêmes facultés. La fatalité des systèmes fondés exclusivement sur l'élément intellectuel est de rester inintelligibles : il nous faut absolument l'expérience. Pour devenir une affaire d'expérience, la métaphysique religieuse doit se fondre dans la morale ; mais elle ne se perd pas plus dans cette fusion que la justice divine ne se perd en se résolvant dans l'amour.

C'est à l'expérience de l'âme qu'il appartient de réaliser l'identité des contraires, dont la philosophie moderne sent profondément le besoin sans réussir à la rendre évidente. Comme la grâce et la justice s'unissent dans le Saint-Esprit, à la lumière duquel nous voyons la sévérité dans la tendresse et la tendresse dans la sévérité ; comme la mort de l'homme et la mort de Dieu se confondent dans une seule mort, qui est le chemin et le commencement d'une nouvelle vie où l'homme ne se sépare plus de Dieu, mystère inaccessible à la pensée, mais qui devient lumineux et simple quand nous sentons Dieu dans notre cœur : de même l'accomplissement de la loi, la condamnation du péché dans la chair et l'abrogation de la loi, la condamnation de Christ à la place de l'humanité coupable, le salut gratuit de l'humanité, se confondent dans une seule et même pensée, qui est, je le crois, la pensée de l'Evangile. A proprement parler, la sentence de malédiction n'est pas révoquée, ni transportée sur un autre ; mais en s'exécutant elle se change en bénédiction par la puissance de Celui dont l'immense amour la fait accepter à l'humanité.

Ces vérités sont obscures aussi longtemps que nous les considérons hors de nous-mêmes, dans l'œuvre générale que Jésus est venu accomplir pour tous les hommes en vivant et en mourant sur la terre comme un homme semblable à nous; mais elles deviennent claires et s'imposent à la conscience lorsque nous les appliquons directement à nous-mêmes. Quiconque croit en Jésus-Christ est sauvé. Mais qu'est-ce que le salut? — Le salut ne consiste pas seulement dans l'exemption de certaines douleurs; le salut est un bien positif, le salut est la vie éternelle. En quoi donc peut consister la vie éternelle? — Ce n'est pas dans des jouissances sensibles, mais dans un bonheur spirituel, dans la possession de Dieu, c'est-à-dire dans l'amour de Dieu. L'essence du salut, c'est l'amour de Dieu, en d'autres termes, c'est la sanctification. Entre les notions de sanctification et de salut il n'y a pas seulement correspondance, il y a parfaite identité. Aussi, selon le christianisme, la sanctification n'est pas un devoir, elle est un don; la sanctification est la promesse faite à la foi, la promesse des promesses, la promesse du bien suprême dans lequel sont compris tous les autres biens.

Mais la foi, dans son commencement, nous trouve charnels, esclaves de notre nature, dont nous apercevons la corruption sans en avoir encore secoué le joug. Pour passer de cette vie à la vie éternelle, il faut que cette nature soit transformée, il faut mourir à nous-mêmes. La mort est pour nous le chemin de la vie, la mort est un élément de notre salut, elle est la base obscure sur laquelle s'élève l'édifice glorieux de notre sanctification, et si nous regardons à l'œuvre intérieure, on voit que réellement Jésus-

Christ, en mourant pour nous, ne nous a pas dispensés de mourir, mais qu'il a changé le caractère de cette mort, en rendant possible ce qui naturellement nous était impossible, et en transformant en bénédiction la loi sous laquelle nous nous sentions écrasés.

Ce n'est pas qu'il soit sans travail et sans douleur, le chemin qu'il nous faut poursuivre. S'il est difficile de consentir à la mort physique, il n'est pas moins difficile de mourir à sa volonté propre : la vie du chrétien est un combat perpétuel contre le monde et contre lui-même ; mais il est soutenu dans ce combat. Si de puissants attraits le ramènent à la terre, un attrait supérieur l'en détache. A l'amertume du renoncement se mêle une douceur secrète. Il trouve la paix et la force et la joie dans l'Ami dont la tendresse a vaincu son cœur, et les cris de la nature expirante se perdent enfin dans un hymne de triomphe.

Il n'est pas besoin, Messieurs, d'un très-haut degré de vie religieuse pour consentir à l'identification des idées de salut et de sainteté que nous réclamons dans ce moment ; il suffit pour cela de la connaissance la plus élémentaire du christianisme. Il est clair que toutes les transformations de notre condition extérieure, de nos rapports, de nos facultés, que nous pouvons attendre d'une vie future, sont une conséquence de la spiritualité véritable à laquelle nous sommes appelés, et qu'elles supposent le fond de cette spiritualité, c'est-à-dire la sainteté. Aussi l'apôtre ne dit-il point : Celui qui croit que Jésus-Christ est le Fils de Dieu *aura* la vie éternelle, mais il *a* la vie éternelle. Il la possède déjà maintenant dans ses traits essentiels. Mais cette vérité si simple projette des rayons lumineux tant sur l'œuvre du

Calvaire que sur celle qui doit s'accomplir en nous. Arrêtons-nous à celle-ci :

Le salut est la sanctification, disons-nous, le salut est la perfection de la volonté ; mais c'est la foi qui nous assure le salut, c'est la foi qui nous justifie. Qu'est-ce donc maintenant que la foi ? Est-ce une simple persuasion de l'intelligence, que Jésus-Christ ayant expié nos péchés, nous n'avons plus rien à faire ? L'erreur de cette opinion, contre laquelle nous nous sommes déjà prononcé, ressort manifestement de ce qui précède. Prétendre qu'il suffit pour être sauvé, de s'imaginer fortement qu'on est sauvé, reviendrait à dire qu'il suffit pour être parfait, de s'imaginer fortement qu'on est parfait, ce que l'expérience dément tous les jours. Nous n'imputons cette opinion à personne. Mais, sans l'adopter dans sa crudité, plusieurs chrétiens sincères semblent s'en rapprocher plus que la vérité ne le permet. Comme ils creusent un abîme entre le Monde et Dieu, entre cette vie et la vie future, ils tiennent que si nous reconnaissons la vérité des faits racontés dans l'Evangile, notre volonté renaîtra pure d'égoïsme et pleine de Dieu, lors même que nous n'aurions nullement cherché dans ce monde à combattre nos penchants égoïstes et à nous pénétrer d'amour pour Dieu. Ils pensent que cette mort de la nature coupable, cette transformation de l'être moral, dans lesquels ils voient avec nous la condition et l'essence du salut, s'accompliront instantanément, sans notre concours, par une opération dont ils ne se croient point obligés de rendre compte.

Tout n'est pas à rejeter dans cette opinion. Nous ne pouvons rien sans la grâce : la grâce peut tout. Le temps et les moyens sont à Dieu, la mort est son secret. Mais il n'est proprement question ici ni de temps, ni de moyens : quelque abrégée, quelque facilitée que l'on suppose la conversion de notre volonté, c'est de la conversion de notre volonté qu'il s'agit ; or il est impossible de comprendre ni d'admettre que la volonté puisse être changée sans sa participation. L'initiative et l'efficace appartiennent à Christ ; il agit pour nous, il agit en nous, mais il agit avec nous ; sans cela notre identité personnelle serait anéantie et ce n'est plus nous qui serions sauvés. Il y a deux volontés dans l'homme : la volonté nouvelle, qui est de Christ, et l'ancienne, qui est d'Adam ; mais, encore une fois, l'œuvre n'est pas de substituer l'une à l'autre ; le but, c'est qu'elles se fondent en une seule par l'assimilation de la seconde à la première. Il faut donc que la volonté naturelle subsiste et cependant qu'elle change ; voilà la conversion ! Ainsi la conversion consiste à vouloir autre chose que ce que nous voulions précédemment. La conversion consiste à renoncer à soi-même pour donner son âme à Dieu. La conversion consiste dans l'amour de Dieu. Le salut est la plénitude de cet amour, la foi en est le principe. La foi est un commencement d'amour pour Dieu, la foi est la volonté d'aimer Dieu. La foi est un acte de volonté. Si l'on repousse cette idée, la justification par la foi implique une contradiction radicale. Nous ne saurions être sauvés sans que notre volonté change, puisque le salut n'est autre chose que ce changement : or la volonté est une force qui a le principe de son mouvement en elle-même et qu'il est impossible de mouvoir du dehors ; telle est sa définition. Nier toute participation du libre arbitre à l'œuvre de notre salut, ce n'est pas seulement offenser la majesté de Dieu et froisser dans son intimité la conscience morale, qui nous conduit à la croix par le sentiment de nos péchés, c'est, d'une façon générale et absolue, nier l'existence du libre arbitre et de la volonté.

Ici se présente une objection naturelle. Vous me direz : La foi dont vous parlez, cette foi du cœur par laquelle la Passion de Jésus-Christ se reproduit intérieurement en nous, cette foi qui comprend et la mort et la vie, et qui nous met ici-bas en possession du salut, elle suppose pourtant à son point de départ une admission du fait objectif par l'intelligence à laquelle la liberté ne saurait avoir de part, puisqu'il ne dépend pas de nous de croire ou de ne pas croire à la vérité d'un récit. L'acte intellectuel de croire n'est-il pas déjà la foi, et le sens du dogme n'est-il pas : « Ceux à qui il a été donné de croire seront sauvés, et par conséquent ils subiront tôt ou tard les transformations intérieures que vous considérez avec raison comme nécessaires au salut. Il faudra qu'ils y consentent, il faudra qu'ils les veuillent, mais ils les voudront, car ils en ont la promesse ? »

Ici encore la vérité se mêle à l'erreur. Il est bien certain que la conviction de l'esprit a pour effet naturel de toucher le cœur et de le conduire avec l'assistance d'En haut à de saintes résolutions. Dans ce sens elle est le commencement de la foi et peut mériter ce titre ; mais une foi qui s'arrêterait à ce point, sans rien changer dans nos habitudes, dans nos affections et dans notre âme, serait ce que l'apôtre appelle une foi morte, laquelle ne saurait constituer une justice d'après les Ecritures, non plus qu'au point de vue de la philosophie et de la conscience. Mais il y a plus, Messieurs, il y a beaucoup plus. La conviction de l'intelligence agit sans doute sur le cœur une fois qu'elle est établie; mais il serait fort peu judicieux d'en conclure qu'elle naisse et s'affermisse sans notre concours. Il est vrai que la foi est un don, mais il n'est pas moins vrai que, pour que Dieu nous accorde même les choses conformes à sa volonté, il faut les lui demander. Et l'expérience nous prouve assez qu'on ne croit pas à l'histoire du salut comme à toute autre histoire. Elle ne nous laisse pas indifférents, toujours elle excite ou l'amour ou la haine. Pour l'admettre, il faut en éprouver le besoin, il faut sentir sa misère, il faut se repentir, il faut lutter contre l'orgueil de la nature, contre l'orgueil de la raison. Ainsi le travail de la foi commence avant que la conviction soit arrêtée et la connaissance complète. Et quand nous avons cru, quand du moins nous pensons avoir cru, d'où vient que le flambeau pâlit et vacille? d'où viennent ces doutes qui nous assaillent précisément alors que nous sommes tentés par quelque passion? Ces faits, que la frivolité seule songerait à contester, ne prouvent-ils pas qu'il y a toujours un effort dans la foi, un effort de la seule faculté de notre âme qui soit capable d'effort? La volonté du cœur n'est donc pas seulement nécessaire pour féconder la conviction, mais encore pour la faire naître et pour la soutenir. Cette volonté ne peut rien sans Christ; la foi est l'œuvre du Christ, mais de Christ dans notre cœur. Si nous ne comprenons pas ce travail de Christ en nous et avec nous, nous ne pouvons nous faire de son sacrifice pour nous qu'une idée confuse et qui, lorsqu'on cherche à la préciser, devient aisément blasphématoire.

Pour nous, Messieurs, nous évitons ces difficultés en

expliquant le christianisme par la conscience, qui nous mène à lui.

La justice absolue qui nous condamne est une volonté d'amour. Les Personnes de la Trinité divine sont unies dans un même amour. La sentence qui veut la mort du coupable n'est pas révoquée, mais, par le sacrifice de Jésus-Christ, elle est accomplie et changée en bénédiction. La condamnation est enveloppée dans le salut. Le salut consiste à mourir à soi-même, pour revivre en Dieu. Le salut et la sanctification sont une seule et même chose. La justification a pour essence un changement de notre être intérieur. Nous sommes tenus pour justes lorsque, par la grâce de Christ, nous formons le vœu sincère de devenir justes en lui. La justification est le réveil du germe impérissable de Christ en nous, dont la sanctification est le fruit. Ce réveil est l'effet d'une volonté qui ne s'appuie plus sur elle-même, mais sur Christ, et cette volonté est la foi, don gratuit offert à toute âme d'homme par la miséricorde infinie, don gratuit, mais qu'il faut accepter. Courbés sous le poids d'une nature corrompue, nous ne pourrions le faire de nous-mêmes, si le sacrifice de Jésus-Christ, en nous lavant de la tache originelle, ne nous en eût déjà rendu la faculté; car la peine du péché dont il nous affranchit, c'est la nécessité de pécher encore. Ainsi nous acceptons librement le don de la grâce, mais la liberté que nous avons de le recevoir est elle-même une grâce.

Ajoutons, malgré les apparences, mais sur la foi de l'Evangile et du respect que nous devons à Dieu, que cette première grâce est accordée à toute âme d'homme au temps que le Seigneur connaît. Tous sont appelés par le Sauveur, et tous sont libres de le suivre. Christ lui-même est l'auteur de cette liberté.

Voilà, Messieurs, comment les principaux dogmes chrétiens, sans rien perdre de leur réalité historique et substantielle, nous semblent s'harmoniser parfaitement avec la conscience morale et par là se légitimer aux yeux de la raison, lorsqu'on les ramène tous à cette idée : La liberté divine se déployant en forme d'amour dans la création d'un être libre.

Je ne considère pas la présence active de Dieu dans la créature spirituelle et l'unité de celle-ci comme des principes subsidiaires, mais comme deux théorèmes fort élevés que la raison peut déduire du principe absolu que je viens d'énoncer. Tout revient donc, comme essence, à la liberté, et comme existence, à l'amour.

TRENTE-CINQUIÈME LEÇON.

LI. *Par l'accomplissement de la conversion, l'individu, s'unissant en lui-même et s'unissant à Dieu, réalise la liberté, qui est son essence, et acquiert ainsi le* SOUVERAIN BIEN.

LII. *Le changement du centre doit amener un changement dans les conditions générales de l'existence, qui les rende conformes à l'idée de la spiritualité. C'est la* VIE ÉTERNELLE, *dont l'un des traits doit être l'affranchissement des restrictions que le temps et l'espace apportent actuellement à la réalisation de l'esprit.* En effet, le temps et l'espace sont des attributs de l'être; leur signification varie selon la nature des êtres. L'esprit cherche à s'affranchir ici-bas du temps et de l'espace, sans y réussir, à cause de son union avec la nature sensible. Ainsi la manifestation de l'esprit suppose une transformation de la Nature.

LIII. *La réalisation du souverain bien dans le sens universel, implique la conversion de tous les individus. Tous concourant au même but, chacun à sa manière, formeront un organisme absolu dans lequel tout sera commun et tout individuel. Ainsi la créature morale sera rétablie dans son unité par la restauration de sa liberté. Cet organisme absolu est l'*ÉGLISE. Remarque : La créature, étant une et libre, doit réaliser son unité par sa liberté. Telle est la cause finale de la pluralité individuelle et son explication positive.

LIV. *L'unité organique absolue de l'Eglise suppose non-seulement la sainteté morale de ses membres, mais les transformations métaphysiques et physiques que la sainteté doit amener. Ainsi l'unité, réalisée dans le fond dès qu'elle est voulue, obtiendra la forme qui lui est propre. Les individus se sentant tous pleins d'une même volonté, chacun se retrouvera dans tous les autres, et par l'intuition que les individus posséderont les uns des autres l'unité substantielle se réalisera dans la conscience comme dans la volonté.*

LV. *L'histoire de l'humanité, depuis Jésus-Christ, tend à la constitution de l'Église*. **Elle présente deux mouvements parallèles, dans la société et dans la conscience. 1° Formation de la chrétienté et du dogme. 2° Emancipation de l'Etat et de la Pensée. 3° Liberté dans la formation de la communauté religieuse, assimilation de la libre pensée et du dogme chrétien.**

Messieurs,

Nous avons étudié la restauration de l'être moral dans son sujet, l'homme individuel, et dans Jésus-Christ son auteur : il nous reste à la considérer dans son accomplissement, soit au point de vue de l'individu, soit au point de vue de l'ensemble.

L'œuvre de la restauration doit s'achever dans l'individu, puisqu'il possède une valeur absolue. Nous avons essayé de concilier cette vérité de conscience avec l'unité que la raison réclame, en remontant à l'origine de la pluralité individuelle, et l'immortalité de la personne humaine s'est offerte à nous comme une conséquence de cette déduction.

L'accomplissement de la restauration dans l'individu n'étant rien moins que la perfection morale absolue, on serait tenté de penser, en comparant cet idéal à notre nature finie, qu'il doit rester un idéal, d'après lequel il faut régler nos efforts, sans que nous puissions jamais l'atteindre. La croyance à l'immortalité de l'âme semble confirmer cette opinion en la complétant, et nous conduire à l'idée populaire d'un perfectionnement à l'infini. Pourtant, Messieurs, ce n'est là qu'une première apparence. J'ai déjà fait remarquer qu'un progrès sans terme est illusoire; j'ajoute qu'un tel progrès serait un véritable tourment : plus l'âme avancerait dans la connaissance du bien, plus elle sentirait la distance infinie qui l'en sépare. La supposition, veuillez y penser, implique une distance *toujours* infinie. Cette supposition, étrangère à la pensée chrétienne comme à la vraie métaphysique, se fonde sur la séparation absolue que le déisme établit entre le Créateur et la créature. Nous repoussons et la conséquence et le principe. Séparée de Dieu, l'âme humaine n'est pas seulement limitée, elle est vide et la contradiction fait tout son être ; mais lorsqu'elle sera entrée en communion avec Dieu, lorsque dans un autre monde, dont les conditions naturelles correspondront à la transformation morale qui doit s'accomplir en elle, elle vivra réellement de la vie de Dieu, alors elle sera élevée à la puissance de l'infini que son désir implore et prophétise. Miroir du monde et miroir de Dieu, incessamment complétée par l'amour qu'elle aspire et qu'elle exhale, les limites de son existence particulière ne seront point un obstacle au repos de la perfection.

Il est donc, pour l'être individuel, un but, un terme, un souverain bien. En principe, ce bien est acquis par la conversion ; l'âme le possède entièrement lorsque l'œuvre de sa conversion est achevée. Alors le but final de la création est atteint quant à l'individu par l'assimilation de sa volonté à la volonté divine. Il réalise son essence, il réalise sa liberté. Mais, du changement qui s'accomplit dans le centre, il doit résulter un changement dans les conditions générales de son existence. L'esprit rétabli dans la pureté de son essence revêtira une forme appropriée à la spiritualité. Nous en sommes certains, si nous avons compris le but de la création ; car nous sommes certains que le but de la création sera atteint. C'est de cette transformation suprême, c'est de la vie éternelle que nous nous entretiendrons aujourd'hui.

Ce qui donne quelque crédit au progrès sans limite, c'est l'impuissance de l'imagination à se représenter l'éternité autrement que comme un prolongement infini du temps. Ces deux points de vue sont inséparables; mais, si je ne me trompe, nous les avons déjà dépassés. La prolongation infinie du temps actuel ne se conçoit pas, car le temps actuel n'existe pour nous que parce que nous sommes des êtres sensibles. On ne peut en comprendre la continuation qu'avec le maintien de notre existence physique, du moins dans ses conditions générales; or, quelles que soient nos pensées à ce sujet, quelques motifs philosophiques ou religieux que nous puissions avoir pour croire que la nature extérieure aura sa part dans la restauration, comme elle a sa part dans la chute, nous ne saurions admettre la durée perpétuelle de l'existence sensible que nous connaissons, puisque nous savons qu'elle est altérée par la chute et que nous la voyons tous les jours se dissoudre par la mort. La manière dont nous subissons le temps dépend de notre assujettissement aux lois de la Nature. Ce temps ne s'explique donc que par la chute, et par conséquent il doit finir avec l'accomplissement de l'expiation.

L'éternité qu'attend notre espérance n'est pas le prolongement indéfini du temps, mais la restauration du temps, c'est-à-dire la restauration de la liberté vis-à-vis du temps, ou, ce qui est la même chose, la réalisation de notre essence spirituelle dans une forme appropriée à sa nature, tandis qu'elle ne trouve dans le temps qu'une forme contraire à sa nature.

L'éternité, Messieurs, je veux dire l'éternité pour nous, c'est la possession simultanée de toutes les facultés, de tous les éléments de notre être. Vivant à la fois toute notre vie, nous nous verrons enfin tels que nous sommes, nous serons ce que nous sommes. Nous posséderons simultanément ce qui se réalise ici-bas successivement et ce qui par conséquent n'est jamais réel. Nous nous transporterons donc, par la seule puissance de notre volonté, dans tous les temps de notre vie, parce que nous nous connaîtrons.

Liberté vis-à-vis du temps, intelligence de tous les temps, telle est, ce me semble, la seule idée positive de l'éternité; comme la liberté vis-à-vis de l'espace, non l'impossible négation de l'espace, est l'idée positive de la spiritualité, par opposition à la matière, que l'inertie paraît caractériser. Ainsi, dans l'éternité, chacun de nous restera lui-même, mais il sera lui tout entier; il sera réellement *pour lui-même* et de fait ce qu'il est actuellement *en lui-même*, idéalement, ou dans la pensée divine, qui embrasse d'un seul coup d'œil l'ensemble de notre vie dans ses rapports avec l'univers. Nous serons nous-mêmes et par conséquent nous serons de notre temps; nous représenterons notre temps, le temps où nous sommes faits; comme dans la durée si courte et si lente à la fois de la vie terrestre, chaque génération représente le temps où elle s'est formée, le beau temps de la jeunesse, qui a produit ses opinions, ses affections et tout son caractère. Nous représenterons notre temps dans sa valeur positive, dans la réalité de son idée, dans l'élément de bien qui était en lui. Alors aussi nous nous comprendrons parfaitement nous-mêmes et notre temps dans leurs effets et dans leurs causes, double chaîne qui embrasse le monde : l'histoire du Ciel et de la terre sera l'aliment de nos pensées. Nous nous transporterons à notre gré dans tous les temps de notre économie, comme dans tout l'espace de notre univers. C'est ainsi du moins qu'en suivant les faibles lueurs de l'analogie, je me représente ce côté de la vie éternelle. Nous ne soulevons qu'avec peine un coin du voile qui nous dérobe notre avenir. Nous ne comprenons que la vie actuelle, dans la mesure de notre action, et mieux nous la comprenons, plus elle nous paraît incompréhensible. Il y a cependant dans notre expérience intérieure des choses qui nous forcent à regarder plus loin : une méditation persévérante prolongerait les lignes de ces angles dont le sommet est dans notre cœur et qui nous ouvrent sur l'infini quelques lointaines perspectives. Pour moi, Messieurs, je suis réduit à vous donner ici la formule abstraite d'une vérité probable.

Le progrès dans l'ordre sensible est marqué par le passage de la succession à la simultanéité, dont l'apparition est signalée par le mouvement volontaire. Il doit en être de même dans l'ordre spirituel. A la succession qui nous dépouille, succédera la liberté vis-à-vis du temps, la vérité de la mémoire et de la pensée.

Il y a lieu de penser que cette transformation ne s'accomplit pas d'une manière instantanée et violente, mais, suivant la loi universelle, par le moyen d'un travail intérieur. Si nous consultons le symbolisme profond de la Nature, nous serons conduits à envisager l'époque qui suit immédiatement la rupture des liens terrestres comme le temps où notre âme se recueille, se rassemble et ressaisit avec tous ses actes particuliers les forces qu'elle a dépensées pendant son séjour ici-bas : période de ressouvenir et de purification, dans laquelle le développement successif est ramené à la simultanéité. Un homme qui a le droit de parler sur de tels sujets, a conclu de certains phénomènes que, durant la formation du fruit, la plante (qui est une force, c'est-à-dire une sorte d'esprit) repasse intérieurement par toutes les phases de son développement et résume ainsi l'histoire de sa vie inconsciente. De même le recueillement de la tombe mûrit sans doute le fruit de l'éternité. Là aussi se trouvent les douleurs, le repentir, les expiations suprêmes. Eclairée par celui qui descendit au sépulcre avec elle, l'âme prononce son propre jugement et se dépouille de ce qu'elle ne saurait emporter au séjour de la lumière.'

Ainsi, Messieurs, l'âme est immortelle, et comme elle a tissu l'enveloppe grossière, et pourtant si belle, dont elle se couvre ici-bas, de même, rentrée au sein maternel, elle tissera sa robe incorruptible. Suivant la loi que nous trouvons partout écrite, son histoire deviendra sa nature, mais son histoire purifiée par l'effusion d'un sang divin. Dans la communion de la vie absolue, elle demeurera parfaitement distincte, avec la conscience de son identité et de sa distinction, conscience non plus impuissante et superficielle comme sur la terre, où, dans ses moments les plus lucides, son regard n'atteint jamais les profondeurs de notre nature, mais conscience permanente, actuelle, transcendante, dont le rayon nous pénétrera de part en part, parce qu'il n'y a plus rien d'opaque devant le soleil de Dieu.

Leibnitz, dont toute la philosophie repose sur l'individualité, qu'il a comprise aussi bien qu'on peut le faire dans un point de vue exclusif, assigne trois caractères à la monade : 1° La monade est universelle, par ses rapports avec toutes les autres, rapports qui ne sont cependant que des déterminations intérieures de son activité : l'infini se réfléchit dans l'atome ; chaque monade est un univers. 2° La monade est impérissable : elle ne peut être détruite que par un acte de Dieu dont nous ne saurions concevoir les motifs. 3° Enfin chacune diffère absolument de toutes les autres ; deux êtres indiscernables à l'œil qui les verrait parfaitement, ne formeraient qu'un seul et même être. — En nous appropriant ces résultats de l'analyse abstraite, nous les avons élevés à une signification positive. Il n'y a d'unité réelle que dans la réalité de l'être ; il n'y a d'être réel que celui qui est son but à lui-même ; l'être moral est seul son propre but. Kant complète Leibnitz et le corrige ; la personnalité morale est la vraie monade. Cependant elle n'est pas, comme le veut Leibnitz, un monde séparé des autres mondes ; elle forme un élément organique d'un tout réel, parce que l'harmonie qui l'unit aux autres n'est pas cette harmonie abstraite de Leibnitz, résultat d'une loi fatale et que la monade n'aperçoit pas, mais une harmonie sentie et voulue, qui se réalise par la libre activité des individus, et dans laquelle les êtres finis trouvent enfin la réalité de leur essence infinie. La valeur universelle de l'individu s'explique par sa fin, qui est la perfection morale, c'est-à-dire la participation réelle à la vie absolue. L'indestructibilité naturelle devient une immortalité voulue, dont nous apercevons le motif et que Dieu lui-même ne saurait menacer, car ses décrets sont immuables. Enfin la différence intrinsèque des individus entre eux ne conserve pas non plus la dignité problématique d'un axiome; nous devons la comprendre par son origine et par sa destination.

En marquant le but positif des différences individuelles, nous donnerons à notre théorie sur l'humanité le genre d'évidence qu'elle réclame. Jusqu'ici, j'en conviendrai, cette théorie est restée plus ou moins hypothétique, malgré les preuves dont nous l'avons entourée, parce que nous n'en avons indiqué que très-fugitivement la signification morale. Ainsi l'unité de la créature est une supposition imaginée pour expliquer la solidarité qui règne entre les hommes; la théorie sur l'origine des individus est une seconde supposition, qui nous sert à concilier l'évidence des faits avec l'unité précédemment admise. Il nous reste à faire ressortir le sens moral de la pluralité individuelle comme celui de l'unité substantielle. L'enchaînement de notre système l'exige sous deux rapports, d'abord pour mettre nos preuves en harmonie avec notre critère de vérité, puis pour mettre nos propositions d'accord entre elles.

L'idée morale est notre critère; nous devons donc fonder soit l'unité, soit la pluralité, telles que nous les concevons, sur les exigences de l'idée morale. Nous avons vu dans la pluralité des êtres moraux un effet de la chute; nous avons indiqué comment elle peut servir à la restauration; cette pluralité nous paraît donc un mal, un moyen, une transition; mais nous n'y reconnaissons encore ni un but, ni un élément du but; et cependant nous la considérons comme destinée à persister, puisque nous enseignons l'immortalité de l'âme. Nous devons concilier la permanence des individus avec la fonction que nous leur avons assignée. Dieu, selon nous, ne crée rien à titre de moyen seulement, car sa volonté est immuable. Ainsi nous devons comprendre les individus à la fois comme des moyens et comme des buts, puisque nous prétendons qu'ils sont créés directement de Dieu. Nous devons comprendre comment les individus immortels servent de moyens à l'unité : la seule affirmation ne nous suffit pas. Il s'agit de constater le sens moral de l'unité et de la concilier avec la permanence des individus. Ce problème est résolu lorsqu'on a reconnu la valeur positive des différences individuelles ; mais pour comprendre le but de ces différences, il faut comprendre le but final de l'humanité, l'accomplissement des choses, le souverain bien dans le sens absolu. Ce problème est le dernier : vous ne vous étonnerez pas que nous ayions différé de le poser.

Durant le procès, durant l'histoire, le rapport de l'homme et de l'humanité reste couvert d'un voile, parce que l'humanité, comme telle, n'existe pas ; mais si la restauration a une fin, l'unité doit s'y trouver réalisée et le rapport des deux termes doit s'éclaircir. Il y a plus : tout marche dans le Monde, le chemin de Dieu ne revient jamais en arrière, toute restauration est en même temps un progrès. Ainsi le problème exige que l'individualisation amène un progrès, c'est-à-dire, Messieurs, un progrès dans l'unité, puisque l'unité est notre essence. Dans l'accomplissement de l'Histoire il faut retrouver l'unité substantielle de l'humanité transformée en unité morale, et il faut que cette unité morale surpasse en réalité non-seulement l'unité substantielle, mais jusqu'à l'unité de la personne. Il faudrait comprendre l'état définitif de la créature comme une unité où nous subsistions tous dans notre personnalité distincte, et qui néanmoins, disons mieux, par cela même, soit plus réelle et plus parfaite que celle à laquelle était appelé le premier Adam. Nous n'irons pas jusque-là, parce que le terme de comparaison nous manque, mais nous essayerons d'établir que l'unité morale fondée sur le maintien des individualités libres est la plus haute forme d'unité concevable dans la créature. Cette preuve nous est imposée : l'unité parfaite est un élément du souverain bien. Si la créature est une en principe, et si sa fin est la perfection, l'idée de sa fin comprend en elle la parfaite réalisation de l'unité.

Pour accomplir la tâche que je viens d'accepter, il n'y a qu'à décrire un idéal gravé dans toutes les âmes.

La créature, une et libre de sa nature, doit réaliser son unité par sa liberté. La liberté est son essence, la liberté est sa *forme*, la liberté est le caractère de tous ses attributs. L'unité première est imparfaite par cela même qu'elle est naturelle; l'unité dernière doit être libre. Il faut que la créature se la donne par son propre fait. Cette unité sera la plus forte et la plus vraie, précisément parce qu'elle sera libre. Comment la créature aurait-elle transformé son unité naturelle en unité volontaire, si la chute eût été évitée? nous ne le comprenons qu'imparfaitement. Mais comment les hommes produits de la chute et de la rédemption servent à réaliser l'unité libre où s'accomplit l'œuvre restauratrice, cela, Messieurs, nous le savons, car nous le sentons au fond de notre cœur. L'unité de la créature morale est rétablic, elle est réalisée dans sa forme suprême par le fait même que les individus, cédant à la grâce, rendent personnel leur rapport substantiel avec Dieu. L'unité suprême est réalisée par la conversion de tous les individus. Tous aiment le même Dieu ; ainsi l'unité règne dans la volonté. Chacun sait que Dieu est aimé de tous et s'en réjouit, parce qu'il l'aime ; ainsi l'unité règne dans la conscience. Et cette unité elle-même est voulue, car ils s'aiment les uns les autres, et chacun, se sentant aimé de tous, se trouve complété par tous. Telle est l'unité véritable, l'unité libre, l'unité parfaite. Tout être est un, comme tout être est en Dieu ; mais ce ne sont là que les conditions abstraites de l'existence en général. L'être libre doit être tout ce qu'il est par sa liberté. Il doit être en Dieu par sa liberté : « Tu aimeras le Seigneur ton Dieu de tout ton coeur, de toute ton ame et de toute ta pensée. » Il doit être un par sa liberté : « Tu aimeras ton prochain comme toi-même. » Le sommaire de la Loi est aussi le sommaire de la philosophie. L'unité n'est point compromise par la multitude, si tous se comprennent, si tous s'aiment, si chacun vit en tous et pour tous, et si chacun apporte à tous un complément de force et de joie.

Toute unité réelle, même celle de l'esprit individuel, est une unité concrète, une synthèse. Le rapport constitutif de l'unité des êtres est un rapport variable, dans lequel l'expérience constate une progression. L'unité la plus puissante est aussi la plus riche ; c'est celle qui comprend les éléments les plus nombreux, les plus dissemblables et les plus développés. Au terme de cette série nous trouvons l'idée de l'unité parfaite fondée sur la parfaite liberté des membres qui la composent. Ainsi l'analogie de l'expérience nous conduit à concevoir un organisme supérieur à l'organisme individuel, en ce que chacun de ses membres, libre vis-à-vis du tout, possède en lui-même la conscience de la vie du tout.

Nous saisissons avec clarté maintenant la signification positive et permanente des différences individuelles. Les différences rapprochent lorsqu'elles sont aimées et comprises. Par la pluralité des individus l'humanité devient à la fois et plus une et plus riche; les oppositions ne se déploient que pour accroître l'harmonie. C'est parce que l'individu fait partie d'un tout qu'il doit développer les côtés de sa nature qui le distinguent des autres. S'il n'en différait pas, il n'apporterait rien à l'ensemble; mais dans l'unité véritable, la particularité de chacun devient un bien de l'ensemble. Ainsi l'unité naturelle devient unité libre et voulue. L'amour de Dieu forme le principe de la société parfaite, et dans la société parfaite réside la véritable unité de l'être moral. La restauration des individus rétablit d'elle-même l'unité de l'espèce, l'unité du Monde, dans la forme d'un organisme absolu fondé sur la liberté. Cet organisme s'appelle l'Eglise : L'Eglise est donc le souverain bien. La certitude que cet idéal sera pleinement réalisé est impliquée dans la certitude qu'il existe un Dieu parfait. Sa réalisation progressive est le but de notre activité morale.

Dans l'organisme absolu de l'Eglise, chaque élément, formant un tout par lui-même, devient librement une fonction, et la perfection du tout se reproduit dans chaque élément sans s'altérer, sans s'amoindrir. Cette forme de l'existence, la plus élevée que nous puissions concevoir, est réalisée dans son trait essentiel du moment où elle est voulue. Par le fait de sa conversion, l'individu devient membre de l'Eglise et concourt à former l'Eglise. L'entière régénération de tous les hommes produirait d'elle-même l'organisme absolu.

Cependant, pour en obtenir une idée approximative, il ne faut pas l'envisager uniquement comme le but de nos propres efforts, ou plutôt il faut se souvenir que nous ne faisons rien sans Dieu, que notre part à toute œuvre réelle se réduit à la prière qu'il inspire, et qu'il accorde au delà de notre demande. Dans la conception de l'unité suprême, il faut tenir compte, non-seulement de la régénération morale, mais encore des transformations qu'elle doit amener pour que les conditions de notre existence répondent à l'essence de l'esprit individuel.

La Nature sera renouvelée, nos corps, semés en poussière, ressusciteront glorieux. Nos rapports avec le temps et avec l'espace seront changés, ainsi que l'idée de la liberté le réclame. Nous nous posséderons nous-mêmes et, nous possédant, nous pourrons nous donner. A l'intensité de la vie correspondra la force de l'expansion. Nous n'aurons plus rien à nous cacher réciproquement, et nous lirons dans le cœur de nos frères, non de fugitives images et de superficielles émotions, mais l'intimité de l'esprit. Il faut que cette union soit possible, car l'âme la cherche d'un désir ineffable et inextinguible ; il faut que l'esprit devienne transparent à l'esprit, qu'il le pénètre et qu'il le possède, ou le dernier mot de toutes choses serait dérision. Par cette pénétration absolue, par cette possession mutuelle, dans l'unité d'un même amour, la conscience universelle sera réalisée, et l'Humanité deviendra personnelle, non dans l'absorption des personnalités finies, mais dans la plénitude de leur épanouissement.

Toutes ces lignes sont tracées par la raison, par les instincts permanents de l'âme et surtout par la conscience. La raison veut quelque part la réalisation parfaite des idées que l'expérience lui suggère, mais qu'elle lui présente entourée de contradictions; l'âme rêve un idéal toujours le même, et le prophétise dans ses soupirs; la conscience exige un bien sans tache, et lit le but dans le commandement. Ne laissons pas l'imagination compléter le tableau; l'imagination n'a point de couleurs pour le peindre, elle ne saurait que le gâter : n'essayons pas d'en réunir les traits, nous échouerions dans cette entreprise. L'idée de l'Eglise éternelle dépasse notre intelligence. L'induction ne nous fournit que des notions très-incomplètes sur les changements qui nous attendent au delà de cette vie. Dès lors, ignorant ce que sont les éléments du tout, nous ne pouvons pas marquer avec précision comment ils s'uniront pour le former. Le terme d'organisme absolu dont nous nous sommes servi n'est sans doute qu'une métaphore impuissante; mais cette défaillance de la pensée n'est pas une raison pour mettre en doute la réalité de son objet. Nous tiendrons pour vrai ce qui est conclu régulièrement de principes vrais, alors même que cette conclusion dépasse à certains égards notre intelligence, mais nous ne tenterons pas de suppléer à la faiblesse de notre entendement. A défaut d'une vivante image, nous nous contenterons d'une formule, et nous dirons que, « dans l'accomplissement de la Restauration, l'Humanité, réunie à Dieu par la liberté de ses membres, s'unit en elle-même et avec la Nature pour former un organisme absolu de liberté, dans la simultanéité de l'existence spirituelle. »

Nous voici donc arrivés à la fin du système. C'est au jour de l'idée suprême qu'il faut examiner l'enchaînement des doctrines précédentes. Notre conception du but final me semble revêtue d'une évidence propre, qui rejaillit sur l'ensemble de notre théorie, précisément parce qu'elle n'en résulte pas. Nous reconnaissons l'organisme absolu comme but de la création, au même titre que nous avons posé la liberté absolue, en vertu de la loi de perfection. Nous irions volontiers jusqu'à l'appeler une vérité innée, dans ce sens qu'il est évident à l'esprit qui rentre en lui-même, que la réalité des choses doit égaler ses pensées. Nous affirmons l'organisme absolu au même titre que la liberté de Dieu, et nous trouvons la certitude de sa réalisation impliquée dans la croyance en Dieu. Si Dieu est parfait, dans le sens de notre idéal de perfection, comme nous pensons qu'il l'est véritablement, puisque nous estimons qu'il l'est par un acte de sa volonté; la perfection de l'existence finie doit s'accomplir. Cette perfection, c'est, à nos yeux, l'unité libre, l'unité morale, où tous vivant en Dieu et chacun en tous, l'infini se multiplie dans le fini. Mais, s'il en est ainsi, Messieurs, si la communion de la vie divine est le but, le point de départ est évidemment une communication de cette vie; si l'unité libre est le but, le point de départ est évidemment l'unité naturelle et substantielle; si la pluralité des individus est un élément de la perfection finale, l'individu ne saurait être un mode ou un accident; la substantialité des individus, leur création spéciale ressortent de leur valeur et de leur destination; et pourtant il faut entendre cette création spéciale de telle manière que l'unité de l'espèce n'en soit pas compromise. Ainsi les obscurités, les contradictions apparentes de notre théorie sur l'humanité se dissipent dans la contemplation du but suprême : les solutions que nous avons acceptées afin d'expliquer tant bien que mal les phénomènes du présent, sont réclamées par le but; nous les concevons comme nécessaires à l'accomplissement du but, sans qu'il nous soit permis cependant, d'après les lois de la méthode, de conclure de cette nécessité apparente que l'unité organique absolue n'aurait pas pu se réaliser autrement.

Si l'idée du souverain bien dans le sens absolu est le terme de la métaphysique religieuse, l'idée du souverain bien dans les conditions générales de l'existence actuelle forme le centre et le sommet de la philosophie morale. Ainsi nous sommes arrivés à la conclusion de cette étude préparatoire. Nous sommes revenus à notre commencement. Partis de la loi morale : « Réalise ta liberté, » nous trouvons au terme le souverain bien que l'obéissance à cette loi doit procurer. Toutes nos recherches sont enfermées dans les deux notions fondamentales de la morale, la loi et le but; nous n'avons fait autre chose que de lier ces deux points en éclaircissant l'idée du sujet auquel la loi s'adresse, connaissance indispensable pour s'assurer que la loi conduit au but. Nous avons essayé d'expliquer l'homme à lui-même en déchiffrant les caractères gravés au fond de son âme. Nous avons dit son origine, sa condition présente et sa fin. Le développement régulier de cette dernière idée constituerait la science morale elle-même, à la prendre dans sa pureté.

L'exposition des moyens d'en amener la réalisation en partant de l'état actuel du monde et de nos cœurs, est l'objet de la morale dans le sens d'un art. Pour acquérir une utilité véritable, cet art suppose avant tout une connaissance profonde du présent et de ses besoins. En effet, l'idéal absolu n'est jamais pratique; chaque siècle a son idéal relatif, comme chaque individu; c'est celui du progrès possible dans le sens du bien absolu, en se fondant sur l'état réel.

Nous ne devons pas nous engager dans ces recherches nouvelles; cependant je voudrais, en finissant, diriger votre pensée vers l'application de nos principes et vous donner quelques indications sur la manière dont le souverain bien peut être réalisé.

Et d'abord, Messieurs, je profiterai des moments qui nous restent pour examiner, en parcourant rapidement l'histoire, quels pas ont été faits jusqu'ici dans le sens de l'idéal.

Nous avons retracé dans ses traits les plus généraux l'œuvre qui s'accomplit dans l'humanité jusqu'à Jésus-Christ; puis de Jésus-Christ nous nous sommes élevés immédiatement à l'idée du souverain bien, parce qu'en Jésus-Christ la restauration de l'humanité est idéalement accomplie, comme elle l'est réellement pour le fidèle qui meurt en lui. Nous avons étudié le centre du christianisme, la transformation toujours pareille qu'il opère dans la volonté de l'individu; il nous reste un mot à dire sur les changements successifs qu'il amène dans la société et dans l'intelligence. Je suivrai dans cette étude historique un guide que nous avons déjà consulté[1].

« La mort de Jésus-Christ est la mort du monde ancien, dont sa venue personnelle a été l'accomplissement, comme la naissance d'un monde nouveau. L'histoire finit et recommence. L'humanité historique meurt dans une longue agonie; elle meurt pour ressusciter. Il se forme d'autres peuples et d'autres langues. La civilisation nouvelle qui s'établit reconnaît expressément la foi en Jésus-Christ pour son principe.

Comme la naissance du Christ-homme a été l'achèvement de la première histoire, la naissance du Christ-humanité est le terme auquel tend la seconde. La formation du corps de Christ, la formation de l'Eglise, est l'unique objet de l'histoire moderne. Nous apercevons en elle un double mouvement. Le premier est une transformation extérieure, une évolution sociale, œuvre de la foi chrétienne sur l'humanité. L'espèce naturelle est ici la substance ou le milieu résistant; Christ manifesté, la force motrice qui tend à se réaliser. Le fond de toute l'histoire proprement dite est la Mission. L'Eglise se présente dès l'entrée avec la conscience de son universalité; la conquête du monde est pour elle une prophétie que l'événement confirme bientôt. La communauté chrétienne grandit au milieu du monde ancien dont les formes s'écroulent. Les Juifs sont dispersés, l'Empire se divise et s'affaisse; l'adoption du christianisme par

[1] M. Braniss. Voyez Préface, page VIII.

l'Etat n'empêche pas la ruine d'une société que le christianisme n'a pas produite; mais les populations désagrégées s'unissent de nouveau dans la foi, qui s'assimile rapidement les races nouvelles qu'on voit surgir dans le champ de l'histoire, pour former avec les débris du peuple ancien la masse compacte d'une seconde humanité. La production de ce corps de la chrétienté, la constitution de l'Eglise comme sa puissance directrice, comme son âme, remplissent la première période de l'histoire moderne, durant laquelle le monde ancien succombe dans la lutte et disparaît. L'Eglise, d'abord persécutée, fait la conquête de l'Etat.

La seconde période comprend l'action de l'Eglise au sein de l'humanité chrétienne, la formation des nationalités et des Etats chrétiens; elle se clôt au moment où la découverte de l'Amérique et du chemin des Indes ouvrent la terre entière à la prédication du christianisme. Le pape et l'empereur remplissent cet âge, qui commence par la domination de l'Eglise sur l'humanité pour aboutir à l'émancipation de l'Etat. Durant cette période, la profession du christianisme est un devoir social.

La troisième époque est celle où le christianisme devient individuel par l'influence de la Réformation, qui brise sa forme collective en abaissant la puissance de l'Eglise et en relevant l'Etat : elle commence par la prédominance de l'Etat sur l'Eglise, et tend à la complète séparation de ces deux éléments, pour arriver enfin à l'unité spirituelle et libre de l'Eglise par la communion des individus. La profession du christianisme devient une affaire de conscience.

Telles sont les destinées du christianisme dans l'humanité. Mais il est impossible de séparer cette évolution extérieure, qui embrasse l'histoire politique et qui jusqu'à un certain point nous en donne la clef, de l'évolution intérieure ou théologique. Le sujet de l'action, la matière, n'est plus ici la société, mais la conscience.

La foi s'empare d'abord des âmes comme une puissance supérieure qui ne laisse pas de place à la réflexion. Le sacrifice du Sauveur est accompli. La nouvelle de sa mort et de sa résurrection répondait aux besoins les plus intimes de notre être. Le spectacle du changement merveilleux qui s'est opéré chez les apôtres fait monter au cœur des multitudes le désir de la conversion, et l'exaucement de ce désir renouvelle dans chaque fidèle le miracle de la naissance de Jésus. Ainsi la foi est pour chacun d'eux une création, la création d'un germe qui tend à se développer dans l'individu, mais qui chez tous est identique. La foi personnelle est un fait immédiat, aussi bien que les événements dont le récit la fait naître. L'intelligence réfléchie est ici passive; elle ne peut que contempler et raconter ce qui se passe dans le cœur. Tel est le caractère de la foi des premiers temps, tel est le caractère éternel de la foi naïve. C'est lui qui constitue l'inspiration des écrits évangéliques et qui leur donne une valeur infinie. Expression immédiate de la vie chrétienne, en eux réside la puissance de l'allumer, tout comme ils seront à jamais la mesure de la vérité religieuse. Mais ils rapportent le fait sans l'expliquer, ils ne contiennent pas de théologie, ou la théologie qu'ils renferment, quelque autorité qu'elle tire des puissants mouvements de foi dont leurs auteurs étaient saisis, nous offre cependant déjà les traces de l'esprit individuel et même d'individualités assez différentes. L'essentiel est le fait lui-même, le fait extérieur, l'épopée chrétienne, et le fait intérieur, la conversion. L'œuvre spirituelle dont ces faits sont le point de départ et qui est nécessaire à la parfaite réalisation de l'Eglise, c'est que ces faits immuables deviennent intelligibles, c'est que le sentiment chrétien arrive à se comprendre lui-même. L'œuvre que nous réclamons s'accomplit par la réaction de l'intelligence sur le contenu de la foi. La foi et la science, c'est-à-dire le fait et la pensée, l'expérience et la raison, tels sont les deux facteurs de l'évolution théologique. Cette évolution est indispensable, car la conversion n'a pas détruit la pensée en lui donnant un nouvel objet. Les deux puissances existent; elles sont providentielles, elles sont divines toutes deux. Et si l'on réussissait véritablement à ramener aujourd'hui l'état de la primitive Eglise, qui n'avait qu'un récit et point de dogmes, le premier effet d'un tel retour vers le passé serait de recommencer le travail de la théologie.

Le but de ce procès intérieur, comme celui de tous les procès, est la conciliation des deux termes opposés dans un produit commun qui conserve la vérité de l'un et de l'autre. L'expérience et la réflexion sont séparées : la seconde, un moment muette, réclame bientôt ses droits. Il faut donc que la pensée et le fait se pénètrent réciproquement, il faut qu'au terme du mouvement il ne reste plus rien dans le fait qui ne soit clair à l'intelligence, plus rien dans l'intelligence qui ne soit transformé par le fait, c'est-à-dire rendu chrétien.

Le procès dont il s'agit diffère cependant par un trait fort essentiel et des précédents et de l'évolution parallèle qui s'accomplit au dehors. A l'inverse de tout ce que nous avons vu, la substance soumise à la transformation est ici pure et parfaite, tandis que l'agent ne l'est pas. La règle et la mesure se trouvent donc dans la substance; la foi chrétienne doit être conservée dans son intégrité; l'affaire de la pensée est de s'assimiler elle-même à cette foi, bien plutôt que de se l'assimiler. Dans son travail pour en obtenir conscience, il ne lui est pas permis d'y rien changer.

Ceci s'applique aux faits immédiats du christianisme, mais on n'en pourrait pas dire autant d'aucune des formes qu'il reçoit successivement par l'opération de l'intelligence; on ne doit le dire d'aucun symbole, d'aucun formulaire, d'aucun dogme; car tous les symboles, tous les formulaires, tous les dogmes sont déjà des produits de la réflexion réagissant sur le contenu de la foi, non la pure substance du christianisme.

La première phase de l'évolution théologique a pour objet la fixation du dogme. La substance de la religion doit être d'abord circonscrite par l'intelligence. La constitution du dogme chrétien correspond à la constitution de la chrétienté et de l'Eglise visible. La pensée est encore passive chez les Pères de l'Eglise, ou du moins elle ne se rend pas compte de la part qu'elle prend dans le travail. Il s'agit uniquement de préciser ce qui est donné dans l'Evangile. La philosophie ne se trouve que dans les hérésies.

L'intelligence, après avoir déterminé le contenu de la foi, s'applique à celui-ci, dans la seconde phase, pour chercher à s'en rendre compte, comme elle ferait d'un objet extérieur. L'intelligence et le dogme sont en présence. Je ne dis pas, Messieurs, l'intelligence et la foi, mais l'intelligence et le dogme, tel qu'il a été élaboré par la réflexion et sanctionné par l'Église. Il s'agit maintenant de le justifier aux yeux de la raison. L'issue ne saurait être que le sacrifice du dogme à la raison. Cette période commence par la prédominance absolue de la foi, pour aboutir à l'émancipation de la philosophie, qui correspond à l'émancipation de l'Etat.

Le principe de l'identité entre la raison et la foi qui domine la troisième période, se traduit d'abord par la négation du christianisme positif. Ainsi l'intelligence, absolument livrée à elle-même, n'a plus d'autre but que de déterminer ses propres lois et de formuler ses propres résultats. Mais l'intelligence a été pénétrée par l'objet de son application séculaire. Elle est modifiée dans son intimité par la substance du christianisme qu'elle se vante d'avoir fait évanouir; et dans son travail sur elle-même pour résoudre les questions qu'elle s'est posées, elle est obligée de reproduire cette substance, et de proclamer comme vérité philosophique le contenu des dogmes dont elle a secoué l'autorité. La conclusion de cette période ne peut être que la conscience de l'identité de la pensée philosophique et du fait chrétien, et par conséquent la libre acceptation du fait comme tel, la liberté de la foi. »

Je dis, Messieurs, la libre acceptation du fait. Il est clair que l'évidence intérieure du christianisme ne deviendra jamais coercitive. Une nécessité logique ne contraindra jamais personne à reconnaître la vérité de l'Evangile. Aussi bien ce mode de démonstration serait-il impropre à former des chrétiens, puisque la foi consiste dans une adhésion du cœur. Mais l'intelligence vraiment cultivée par le christianisme trouve en lui la satisfaction de tous ses besoins, la solution des doutes qui la fatiguaient, en un mot, sa restauration; tandis que les esprits hostiles à la foi sont réduits à des systèmes dont l'infériorité scientifique ressort manifestement d'un examen impartial.

A mesure que le christianisme devient plus intime à l'âme et plus intelligible, l'incrédulité devient plus brutale : elle commence par la négation du mystère; elle aboutit à la négation de la conscience et au culte des passions. La lumière de l'Evangile et la lumière innée en nous unissent leurs clartés divines; il ne reste plus de ressource à la volonté rebelle que de les étouffer toutes deux. Tel est, Messieurs, le caractère de notre époque. Un égal discrédit, une impuissance égale frappent les systèmes dogmatiques conçus indépendamment des données de la conscience et les doctrines rationalistes qui prétendent satisfaire à ses besoins. L'inhumanité théologique trouvait son contrepoids dans la religion naturelle. L'une et l'autre appartiennent au passé. Il n'y a plus ni théologie ni philosophie : il n'y a que deux religions. Les âmes qui acceptent la loi du devoir sont conduites au christianisme par la repentance. Les âmes qui repoussent le christianisme repoussent aussi la loi du devoir. Il n'y a de conviction vraiment sérieuse au siècle où nous sommes que dans le christianisme individuel fondé sur le témoignage intérieur, et dans le socialisme, qui met la force au service des appétits matériels. — Entre deux je ne vois que des débris flottants sur l'océan du scepticisme, poussés çà et là par les intérêts.

Ainsi le but où tend notre siècle paraît bien marqué.

D'un côté la société religieuse se sépare de l'Etat pour s'établir à part sur le principe de la libre adhésion et du concours spontané; de l'autre la religion elle-même, ne se fondant plus essentiellement sur l'autorité ou sur le témoignage extérieur, mais sur les expériences de l'âme et sur les besoins de la raison, devient, dans toute la vérité du terme, une affaire personnelle.

Ces deux mouvements répondent l'un à l'autre. Pour faire reposer l'Eglise sur l'identité de fait des convictions individuelles, il faut que celles-ci soient réellement individuelles. Comment refuser décemment l'autorité dans l'Eglise à celui dont l'autorité sert de base à notre foi? Mais la conviction individuelle suppose la preuve intérieure, puisque aussi longtemps que nous croyons à cause d'un homme ou d'un livre, nos motifs de croire ne sont pas en nous. La liberté dans l'Eglise suppose la liberté des membres de l'Eglise, c'est-à-dire le développement complet, harmonieux, de leur être spirituel. Il faut l'affranchissement intérieur, l'adhésion de l'âme tout entière, la satisfaction de la conscience et de la raison. Alors chaque individu, formant réellement un tout par l'acquiescement de lui-même à lui-même, s'unit librement et tout entier à ceux qui partagent la même foi; et la communion la plus intime du vouloir et de la pensée s'établit sur le plein développement de l'individualité. Les formes dans lesquelles se produit le nouveau principe social sont encore de peu d'apparence; mais dans ces pâles blancheurs l'œil exercé reconnaît l'aurore.

Après tout, il y a un Dieu ou il n'y en a point. Mais, s'il y a un Dieu, sa volonté est la substance de l'univers, et le rapport de l'homme à lui le ciment de l'humanité. S'il y a un Dieu, le lien qui unit les hommes à Dieu détermine leur union entre eux. S'il y a un Dieu, la société religieuse, étant la première des sociétés par la dignité de son objet, doit infailliblement devenir la première aussi par la grandeur de son rôle, autrement notre monde serait un monde avorté. L'Eglise redeviendra le grand fait social, comme elle le fut à l'origine de toutes les civilisations et comme, en principe, elle l'est toujours. Ainsi les changements qui s'accomplissent dans la sphère de l'Eglise décident en dernier ressort de la forme que l'humanité doit revêtir. La transformation de la sphère la plus élevée doit réagir sur toutes les sphères et produire en elles les modifications correspondantes, dans la mesure dont elles en sont susceptibles. Nous lisons déjà dans l'histoire contemporaine la formule de l'avenir. La société future reposera sur l'amour, partant, sur la liberté, sur le plein développement de l'individualité.

Mais cette formule est la formule absolue que tous les siècles ont saluée comme l'idéal. Nous pourrions donc prédire avec quelque fondement que la société qui se prépare sera la dernière forme sociale et qu'elle ne s'établira pas sans de grands combats et de grandes douleurs.

Hâtons-nous d'ajouter que, dans les conditions de l'humanité sur la terre, la réalisation ne saurait en être qu'approximative, et qu'elle est appelée dès lors à compléter, à corriger la société juridique actuelle fondée sur le principe de la contrainte, plutôt qu'à la remplacer. La réalisation absolue du principe de la liberté supposerait une *transformation* intérieure de tous les individus, que nous n'avons aucun motif d'espérer ici-bas.

Il y aura donc toujours des lois et des juges, comme il y aura toujours un *tien* et un *mien*; ces garanties de la paix sociale et du développement individuel ne sauraient disparaître; mais l'association volontaire se substituera à l'Etat dans la sphère économique comme dans le domaine spirituel, et les mœurs publiques donneront au principe de la propriété individuelle sa signification véritable en le tempérant par la libéralité. Ainsi la solidarité de l'espèce et la spontanéité individuelle se concilieront, non par l'attraction des appétits, mais par l'intelligence du devoir. Il faut que cette transformation s'opère ou que la société périsse. La société ne périra pas. Les crises qui la bouleversent ont pour but de la corriger en nous obligeant tous à rentrer en nous-mêmes, et de préparer une meilleure génération.

LEÇON TRENTE-SIXIÈME ET DERNIÈRE.

Le but final de l'humanité est évidemment l'unité par la liberté. Dès lors l'unité naturelle doit être le point de départ et la pluralité l'intermédiaire. Unité naturelle avant la chute, virtuelle durant l'histoire, libre et parfaite dans l'accomplissement. Cet ordre absolu se reproduit dans l'histoire elle-même et dans chacune de ses périodes.

La morale se résume en un mot : *Réalise ta liberté*. Le développement de cette formule donne le système des devoirs et le rapport des sphères de l'activité humaine. L'homme commence à réaliser sa liberté dans la conquête de la Nature, sans pouvoir achever cette conquête ni trouver en elle ce qu'il y cherche *(sphère économique)*. — L'appropriation de la Nature le conduit à s'approprier l'activité de ses semblables, d'où naît l'Etat despotique, qui se brise à son tour par la puissance des serviteurs du monarque et produit l'aristocratie, puis la démocratie *(sphère politique)*. — Nous cherchons en vain la liberté dans l'Etat, car si tous concourent à faire la loi, tous sont forcés de plier devant elle. Pour être libres, il faut que les citoyens veuillent eux-mêmes ce que la loi commande ; il faut donc qu'ils prennent leur propre volonté pour sujet de leur action *(sphère morale)*.

La sphère économique a son but en elle-même et sert de moyen aux deux autres. Le développement moral est le vrai but, puisqu'en lui seul est la liberté ; l'Etat, qui garantit et l'activité matérielle et l'activité morale, n'est, de son essence, que moyen. (Parallèle avec la vie végétative, animale et spirituelle). L'unité et la liberté se limitent réciproquement dans l'Etat ; dans l'Eglise, organisme de la vie morale, tout est commun et tout individuel. — Cependant l'Eglise ne saurait remplacer l'Etat ni le dominer, parce qu'elle exclut la contrainte. La réalisation parfaite de l'Eglise, supposant la perfection de tous ses membres, n'est possible que dans une autre existence, où l'humanité se retrouvera une en elle-même et avec Dieu.

Cette unité morale absolue implique l'universalité du salut, lequel cependant parait subordonné à la liberté des individus; antinomie suprême que nous ne pouvons résoudre; mais cette ignorance même n'est pas sans raison.

Messieurs,

Dans cette dernière leçon, je veux résumer ma pensée et vous montrer les applications pratiques dont elle est susceptible, en esquissant la morale proprement dite. Je serai forcément très-bref.

Nous avons posé en principe l'unité de la création, en nous fondant sur l'infinité du Créateur : toutes les choses qui soutiennent entre elles des rapports quelconques, sont comprises dans une même volonté, si cette volonté est absolue. Nous avons supposé l'unité de l'humanité pour expliquer la solidarité qui lie ses membres et la loi de charité écrite dans notre âme. Au surplus l'idée d'unité est tellement vague qu'on ne saurait ni l'affirmer ni la nier sans l'avoir déterminée au préalable. Nous l'avons fait incomplétement dans tout ce qui précède; je n'y reviens pas. D'une manière très-générale nous affirmons l'unité de la créature, parce que les ouvrages d'un Dieu parfait doivent porter le sceau de leur auteur; or l'unité est une perfection. — Mais, par la même raison, la créature est libre, l'être libre est ce qu'il se fait. Il doit réaliser librement son essence; il doit se donner lui-même son unité. L'unité libre est donc la question : Comment la créature, une du fait de

Dieu, puisqu'il la veut telle, se rendra-t-elle une de son propre fait? Ici, Messieurs, l'idée pure ne nous suffit point; il faut nécessairement consulter l'expérience, à laquelle, au fond, sont empruntées toutes les idées de développement et de production. A-t-elle son origine dans la chute de l'être moral, cette loi d'ironie qui veut qu'un contraire appelle un contraire et que la réalité positive ne s'établisse qu'en surmontant la négation? Je ne sais; mais ce qui est certain, c'est que cette loi est *pour nous* universelle et nécessaire : elle forme, pour ainsi dire, la logique de notre monde, et toutes les sphères de l'existence et de la pensée nous en présentent des applications. La loi d'unité n'est pas moins universelle. *Omne ens est unum, verum, bonum.* Ainsi nous pouvons considérer tout développement régulier et complet comme une réalisation de l'unité par son contraire, ou comme le passage d'une forme d'unité moins parfaite à une unité plus parfaite, par l'intermédiaire de la pluralité, de la division, de l'opposition. Dans le développement de l'humanité, l'unité naturelle est le point de départ, l'unité libre le but, l'individualité le moyen.

Le bien suprême ou la réalisation de l'être parfaitement conforme à son essence, ne peut donc se trouver que dans la constitution d'une unité libre fondée sur le plein développement des individualités, c'est-à-dire dans l'amour, dans la société parfaite, dans l'Eglise. L'unité la plus réelle et la plus vraie est l'unité voulue, l'unité fondée sur la liberté. Et cette unité suppose la pluralité individuelle. Telle est la fin dernière de l'individualité et sa véritable raison d'être. Nous sommes membres du corps de Christ : cette définition est la seule qui exprime vraiment notre essence. La conséquence de nos principes nous conduit irrésistiblement à l'idée d'une unité organique absolue de l'humanité fondée sur la liberté; mais si cette conclusion portait sa preuve en elle-même, s'il suffisait de la développer pour la rendre évidente au cœur, la certitude de la conclusion profiterait en quelque mesure aux principes. Et nous pensons qu'il en est ainsi : on peut déclarer la communauté de l'amour impossible, comme elle l'est en effet sans la transformation des individus; on ne saurait refuser d'y voir l'idéal. Mais si l'histoire a quelque sens, ou, comme nous disions hier, s'il est un Dieu, l'œuvre du temps doit être, quoi qu'il en semble, d'amener la réalité de l'idéal. Nous distinguons donc trois états de la créature : Avant la chute, unité naturelle; pendant l'Histoire, unité virtuelle et cachée sous la pluralité; dans l'accomplissement du temps, unité libre, unité morale : *Tous en un, tous en chacun*[1].

Cet ordre absolu se reflète imparfaitement dans l'histoire elle-même et dans chacune de ses périodes. L'humanité mythologique est une encore : unité naturelle, immédiate, inorganique, où la liberté n'a point de part. Celle-ci ne se fait jour qu'en brisant l'unité; alors commence la période juridique et politique de l'Histoire, la Grèce et Rome, où les volontés divergentes ne sont plus retenues que par le lien tout extérieur de la loi civile et pénale, jusqu'à ce que le christianisme les rallie par la conception d'un but commun.

Le monde moderne présente une succession de faits analogues. La chrétienté du moyen âge ne forme qu'un seul corps et n'a qu'une seule pensée. L'idée religieuse est le

[1] M. Lorquet. *La philosophie et la religion*. Paris, 1848. Page 11.

fondement de cette unité, mais elle domine les consciences individuelles et ne les pénètre pas, et surtout elle ne leur laisse pas la faculté de réagir. L'individu recouvre la liberté par l'abandon de sa foi, et la phase politique recommence. L'humanité place son idéal dans le droit, elle répand son sang pour conquérir le droit, c'est-à-dire une sphère d'action dans laquelle chaque individualité soit respectée. Quant au but positif de cette libre activité, il n'en est plus question; ce but, c'est le droit lui-même ou des intérêts inférieurs qui, loin d'unir les hommes entre eux, les divisent. Bien loin sans doute du terme de ces douleurs, nous en apercevons pourtant la signification et la conciliation des tendances opposées : La foi sans liberté ne peut nous suffire; la liberté sans foi se détruit de ses propres mains. Reste la liberté dans la foi. Celle-ci produira l'unité véritable par l'assimilation des individus entre eux qui résultera d'un amour commun. De même l'unité de la foi peut seule amener une vraie liberté. Avec elle, la liberté d'autrui ne sera plus une limite pour la nôtre, mais un complément et un moyen. Tous travaillant au même but, et ce but étant pour chacun l'objet d'une affection personnelle, la puissance sociale tout entière sera mise au service de chacun. Les volontés ne divergeant plus intérieurement, les lois de contrainte resteront sans application et la contrainte n'aura plus de place. Ainsi le plein développement de l'individualité produira de lui-même la perfection de l'unité.

Pour saisir clairement la signification morale de ce mouvement historique, il faut le contempler dans la pureté de son idée, comme la réalisation de la loi générale de notre activité. Dès l'entrée de ce cours nous avons posé la formule absolue en disant : La loi est la traduction de l'essence; la loi, l'essence et la fin sont les aspects divers d'une seule et même idée. L'être libre doit réaliser sa liberté. Nos recherches ultérieures ont eu pour but unique d'éclaircir la nature du sujet auquel ce commandement est adressé. Nous pouvons en faire un moment abstraction et, prenant l'homme individuel au sein de la Nature, tel que l'expérience nous le montre, nous pouvons nous demander, avec un philosophe contemporain[1] : « Comment l'homme peut-il réaliser dans le monde la liberté qu'il trouve en lui-même? » Tel est, je crois, le plus court chemin pour arriver à la distinction précise des sphères de notre activité morale, à la comparaison des buts également nécessaires, mais d'inégale dignité, que cette activité doit se proposer, d'où ressort tout naturellement le système des devoirs. Nous reconnaîtrons aisément, par le développement de cette idée, qu'à chaque degré de la liberté individuelle correspond une forme différente de l'unité générique, et que, malgré l'apparente opposition des deux termes, les progrès individuels et les progrès sociaux observent un parallélisme constant.

« Au point de départ l'homme est soumis à la Nature par la nécessité de sa conservation physique, et dans ce sens déjà[2] la Nature domine sa liberté, dont il doit faire la conquête. Il n'y arrive qu'en s'assujettissant la Nature elle-même. Tel est le premier champ ouvert à son activité. Il ne se contente pas d'assurer sa subsistance; il veut s'approprier

[1] M. Chalybæus. Voyez Préface, page VIII.

[2] Abstraction faite des idées religieuses que l'homme peut avoir.

le monde matériel, dont il convertit les forces en instrument de sa volonté souveraine; et comme il est en lui-même infini, parce qu'il est libre, l'empire qu'il prétend exercer sur la Nature est un empire absolu. Cette œuvre qu'il s'est proposée dès le commencement de la civilisation, il la poursuit encore et la poursuivra toujours, car il ne saurait pas plus l'abandonner qu'il ne saurait l'amener à sa fin. Il ne saurait l'abandonner, parce qu'elle est légitime; la conquête de la Nature est essentielle à la liberté; la conquête de la Nature est un devoir. Il ne saurait la mener à fin, parce qu'elle n'est pas sa fin véritable. Il suffirait pour le prouver, si nous ne le savions déjà, de reconnaître qu'elle est impossible au sens absolu réclamé par l'idée. La Nature nous échappe au moment où nous croyons la saisir. Les progrès de l'agriculture et de l'industrie ne nous affranchissent d'un côté qu'en nous assujettissant par quelque autre, et les forces que nous avons mises à profit se tournent à chaque instant contre nous.

L'activité *économique* (pour résumer notre pensée en un mot) devient le principe d'une société dont le germe est dans la Nature. Le rapport qui unit les membres de la famille naturelle à leur chef est un rapport de propriété, tempéré dans ses effets par des affections instinctives; et l'état patriarcal n'est qu'un développement de la famille naturelle. De toutes les forces utilisables, celle qui se présente d'abord comme la plus précieuse, et qui l'est en effet, c'est la force intelligente. Les esclaves sont la première des propriétés, et les sujets du monarque ancien sont ses esclaves. Ainsi la liberté, sans dépouiller sa première forme, la richesse, s'élève au degré supérieur, la puissance.

Mais c'est la liberté d'un seul; les autres sommeillent. La vie supérieure du chef ne descend pas dans les membres, qui restent de simples moyens. L'unité sociale du despotisme est toute mécanique : il n'y a pas de réaction de la circonférence au centre. L'individualité n'existe pas encore; aussi bien les sujets n'ayant point encore acquis leur valeur réelle, le souverain reste faible et pauvre.

Pour atteindre le but de son ambition, il lui faut des ministres éclairés et des soldats vaillants ; mais la puissance des serviteurs est incompatible avec le maintien du despotisme. En acquérant le sentiment de leur valeur propre, les esclaves en viennent à désirer aussi richesse et puissance. Ainsi l'état social change de forme et, par de sanglantes transitions, l'humanité passe de l'autorité absolue d'un seul à l'égalité civile.

Je dis, Messieurs, à l'égalité civile, je ne dis pas à la liberté. Il n'y a pas de place pour la liberté dans l'idéal de l'Etat antique. L'idée dominante est encore celle du despotisme, et l'esclavage ne souffre plus d'exception, car la loi est impersonnelle; mais cette loi n'a pour but que la puissance de l'Etat pris comme tel, non le bonheur et la liberté des citoyens qui le composent. Ainsi l'unité est encore mécanique; les parties sont là pour le tout, sans que le tout ait mission de servir aux parties; les individus sont sacrifiés à l'ensemble dans cette forme sociale, qui croit réaliser la justice et qui ne réaliserait que la *beauté*, si jamais elle devenait réelle. La vérité, c'est qu'il n'en est rien : comme elle place la souveraineté dans une idée, elle demeure elle-même à l'état d'idée. Les lois immuables des anciennes républiques ne sont, à le bien prendre, qu'un compromis entre l'aristocratie et la démocratie envahissante, et quand celle-ci finit par triompher, l'individu triomphe avec elle.

L'unité sociale antique est donc purement naturelle ; elle repose sur la négation de la liberté ; cependant pour exprimer une phase du développement moral, il faut qu'elle soit voulue. Ainsi dans les pays où le despotisme a vraiment des racines, le peuple adore l'empereur ; les législations républicaines de l'antiquité sont également revêtues d'une sanction religieuse.

L'Etat moderne, en revanche, repose sur l'idée d'un contrat, par lequel les individus qui en font partie s'engagent réciproquement à considérer la volonté du plus grand nombre comme leur propre volonté. La loi portée par la majorité exprime donc la volonté commune. Ici les individus préexistent à l'unité, qui résulte de leur concours. Et comme ils préexistent à l'unité sociale, de même ils lui sont supérieurs. En se réunissant pour former la république, ils ont eu l'intention d'assurer leur développement et de garantir leurs droits. Les individus sont ainsi le but, l'Etat est le moyen. L'Etat moderne n'est pas une unité véritable, mais une simple association ; sa fin est d'empêcher, par l'emploi de la contrainte, les citoyens de se nuire réciproquement. En d'autres termes, il s'agit d'assurer à chacun l'égalité de droit vis-à-vis de tous les autres, et toute la mesure de liberté compatible avec l'égalité juridique. Ce côté négatif de l'Etat est en réalité le plus important ; la conscience publique nous l'atteste. L'Etat, n'étant qu'un moyen, n'a point d'idéal véritable. Son idéal serait de se rendre superflu. Plus les individus se perfectionnent, plus les conditions de leur existence deviennent faciles, moins la contrainte est nécessaire à leur égard. Ainsi le développement normal des individus tendrait à rétrécir de plus en plus l'action de l'Etat, et si, loin de diminuer, elle paraît souvent s'accroître, c'est que l'idée fondamentale de l'Etat est oubliée ou le développement des individus mal dirigé.

L'unité politique est donc négative; la liberté politique l'est également. Il est permis, Messieurs, disons mieux, il est beau de se passionner pour elle, car sans elle l'humanité ne saurait atteindre sa fin; mais c'est s'abuser que de voir en elle le but même de l'humanité. Qu'est-ce, en effet, que la liberté politique? c'est la garantie que notre développement individuel ne sera pas troublé extérieurement, qu'il nous sera permis par nos semblables de faire ce que nous voulons. Pour que cette garantie ait du prix, évidemment il faut vouloir quelque chose. La faculté de posséder n'est pas la richesse, la faculté de se marier n'est pas l'amour, la faculté d'étudier n'est pas la science, la faculté de prier Dieu n'est pas un culte vivant, et la liberté politique n'est pas la liberté véritable. Aussi la liberté dont nous parlons n'est-elle point ce que recherchent les hommes qui font de la politique leur intérêt principal : ce qu'ils recherchent sous le nom de liberté, c'est le pouvoir, qui est en effet une liberté positive.

Mais ici éclate la contradiction entre l'idée de l'Etat et le but qu'on poursuit dans l'Etat. Il est impossible que tous exercent le pouvoir simultanément; en réalité nul ne le possède, car, si les lois sont respectées, le premier des magistrats est le serviteur de tous les citoyens. A la faculté d'imposer sa volonté aux autres en concourant à faire la loi, répond pour chacun d'eux la nécessité d'obéir à des lois qu'il n'a point approuvées. Dès lors l'Etat, s'il reste lui-même, ne procurera à personne cette réalisation positive de la liberté vers laquelle tendent tous nos efforts. La loi exprime la volonté commune dans un moment donné; mais la loi est permanente, la volonté est ambulatoire; quelle que soit la flexibilité de l'organisation d'un pays, il est impossible qu'un grand nombre de lois n'y soient pas en vigueur malgré l'opinion. Si l'on dit que la loi est la volonté commune, ce n'est qu'en usant d'une fiction. Il est impossible de bannir entièrement la fiction du monde juridique : cette circonstance à elle seule nous empêcherait de chercher en lui le but final, la vérité de la vie. Disons enfin que l'Etat ne saurait subsister par lui-même, sans le concours d'autres fonctions dont il suppose l'existence, mais qu'il ne produit pas et sur lesquelles il ne saurait exercer qu'une médiocre influence.

Il lui faut de l'argent, il réclame donc l'activité qui produit la richesse en transformant la Nature : le travail. La richesse est son instrument, mais il ne fait pas naître la richesse lui-même; tout au plus serait-il apte à diriger la force qui la crée; le service principal qu'il peut lui rendre consiste à écarter les obstacles de son chemin. La contrainte au travail par l'Etat serait la ruine du travail et de l'humanité, qu'elle ferait reculer de trente siècles.

Au-dessous de lui, l'Etat suppose donc l'industrie, c'est-à-dire les instincts naturels de conservation personnelle, de famille et de propriété. Au-dessus il suppose la moralité, qu'il ne crée pas davantage. Quoiqu'il y ait, en tout Etat, beaucoup de règlements où ne se traduit pas la volonté commune, l'existence de l'Etat exige cependant au moins *une volonté* commune au plus grand nombre de ses membres, savoir la volonté de maintenir et de défendre l'Etat. Cette volonté, c'est pour lui la vie; mais l'Etat, Messieurs, n'est pas un organisme total qui renouvelle lui-même le principe de sa vie. Qu'un certain degré de moralité soit indispensable au bien-être de l'Etat et même à sa durée, nul homme raisonnable ne s'avisera de le contester; mais, après réflexion, l'on ne soutiendra pas que l'Etat, malgré ses juges, ses gendarmes, ses prêtres et ses professeurs, soit l'auteur de la moralité dont il a besoin. L'Etat n'est autre chose que la forme d'après laquelle la volonté commune s'impose aux individus par la contrainte; il faut accepter cette définition sur la foi de l'évidence, et quelle que soit d'ailleurs l'étendue de la sphère que l'on juge convenable d'assigner à l'action du pouvoir politique. Toutes les lois de l'Etat ont en effet pour sanction une contrainte directe ou indirecte. Mais la contrainte peut imposer des actes extérieurs, elle ne saurait produire des sentiments.

Cependant je ne refuse pas à l'Etat toute influence morale; je veux lui attribuer les dispositions intérieures que, par sa constitution propre, il tend à développer. Je me demande quelles sont ces dispositions, et je ne puis en trouver d'autres que le sentiment de l'égalité juridique, le respect du droit extérieur d'autrui, le respect de la loi comme loi; mais de dévouement, de bienveillance, ou même de bon sens et d'équité, je ne vois pas comment la politique prise en elle-même, c'est-à-dire le frottement des volontés particulières les unes contre les autres, pourrait en produire la moindre trace, à moins que ces volontés ne réagissent sur elles-mêmes pour se modifier, ce qui évidemment n'est plus l'ouvrage du droit et de l'Etat. Ainsi, Messieurs, pour que les volontés individuelles trouvent une expression commune dans la loi, c'est-à-dire pour qu'il soit possible de rendre une loi et de la faire respecter, il faut que ces volontés soient déjà plus ou moins assimilées intérieurement; mais cette assimilation intérieure n'est pas du ressort de la loi, c'est l'affaire de chacun. Comme l'Etat suppose au-dessous de lui le travail, c'est-à-dire la Nature, il suppose donc au-dessus de lui la vertu, c'est-à-dire la liberté. Il ne se suffit pas à lui-même. Il ne suffit pas davantage au besoin de notre cœur : l'homme ne peut pas assouvir dans l'activité politique, qui n'a jamais rien d'absolu, le besoin d'absolu et de perfection qui font la dignité de son être.

Il a cherché la réalisation de sa liberté dans la conquête de la Nature : c'est la sphère économique; puis dans l'empire sur la volonté de ses semblables : c'est la sphère *politique;* partout il a rencontré la contradiction et l'assujettissement; il lui reste à se prendre lui-même pour objet, à se transformer lui-même conformément à l'idéal qu'il porte en son sein et aux expériences qu'il a faites : c'est proprement la sphère *morale*.

Il doit lutter contre la nature extérieure, et cependant il ne peut pas l'assujettir. Il s'efforcera donc de devenir laborieux et tempérant. Il doit vivre avec ses semblables, il a renoncé à les dominer; il travaillera à acquérir de la résignation et du courage. En un mot, il cherchera au dedans cette liberté réelle que ne donne point le dehors, et quand enfin il l'aura obtenue, il la manifestera dans sa conduite à l'égard de ses semblables. Il ne s'agit pour cela que d'obéir aux instincts sympathiques que la Nature a mis en lui, en les généralisant par la pensée et en les purifiant de tout élément égoïste. L'égoïsme n'a plus de sens chez un être réellement affranchi; l'homme reconnaît qu'il doit l'abjurer dès que son affranchissement a commencé. Mais la sympathie sans égoïsme, la sympathie élevée à l'infini par le souffle de la liberté, ce n'est plus la sympathie, c'est l'amour. Ainsi l'homme parvenu à la liberté véritable la manifeste par son amour pour ses semblables, et du moment où il comprend ce que c'est que la liberté, il conçoit l'amour comme le souverain bien. Nos devoirs envers la Nature et envers nous-mêmes se résument dans la liberté, qu'il faut acquérir; nos devoirs envers nos semblables se résument dans la charité, qu'il faut pratiquer.

Mais, Messieurs, placer le souverain bien, l'idéal intérieur dans la charité, c'est s'élever à la notion du vrai Dieu, car l'idée que nous nous faisons de Dieu ne saurait être que la plus excellente de nos conceptions. Quand nous savons que Dieu nous aime, nous savons qu'il faut l'aimer aussi; nous comprenons que l'aimer c'est garder ses commandements, et nous comprenons ce qu'il nous ordonne. Ainsi tous les devoirs dont nous venons de tracer l'esquisse rapide reçoivent une sanction religieuse et deviennent un élément de notre culte. Je dis un élément de notre culte; je ne dis pas notre culte tout entier, car l'idée de l'amour de Dieu pour nous implique un rapport direct de personne à personne.

Enfin les individus, s'étant véritablement assimilés par

le travail intérieur qui les met en possession du même objet infini, arrivent à la conscience de leur identité, à mesure que cette identité devient réelle, et ils se réunissent dans l'Eglise, qui n'est autre chose que la communion des volontés. »

Vous ne vous êtes pas mépris sur ma pensée. J'ai moins prétendu esquisser le développement réel de l'humanité que montrer la manière dont se présente le système des devoirs en partant de la liberté individuelle, et faire comprendre le rapport essentiel entre les buts dont la poursuite remplit notre vie. Les trois sphères d'activité que nous avons distinguées se retrouvent nécessairement à toutes les époques de l'histoire; mais partout nous voyons que, pour conquérir la Nature, l'homme a besoin de ses semblables; que, pour trouver dans ses semblables un secours et non pas un obstacle, les rapports qu'il soutient avec eux doivent être réglés par une loi dont la force matérielle soit la sanction; enfin que, pour que le règne des lois civiles soit de quelque durée, il faut que chaque individu se commande à lui-même. Ainsi l'industrie a besoin de l'Etat, l'Etat a besoin de la moralité. La sphère économique se subordonne à la sphère politique, et la sphère politique à la sphère morale.

La comparaison de l'espèce et de l'individu, dont on a voulu mal à propos faire un principe, pourra nous rendre ici quelques services si l'on consent à n'y voir qu'une comparaison.

L'unité de la vie embrasse trois ordres de fonctions ou trois vies : la vie végétative ou de nutrition, qui produit et conserve le corps; la vie animale ou de relation, dans laquelle le corps sert d'instrument à l'âme pour lui transmettre la connaissance du monde et pour exécuter sa volonté dans le monde; enfin la vie réfléchie et proprement spirituelle, où l'âme semble se séparer du corps et se prendre elle-même pour objet. La part de l'organisme aux fonctions de ce dernier ordre est pourtant réelle, mais secondaire et d'une appréciation difficile. Il paraît obstacle plutôt que moyen. Les fonctions animales sont subordonnées aux fonctions spirituelles; les sens fournissent des matériaux à la pensée, le bras exécute ce que l'âme a décidé. A leur tour les fonctions animales paraissent supérieures à la vie de nutrition, dont le rôle se borne à préparer l'instrument que les premières emploient. La vie animale paraît se trouver vis-à-vis de la vie végétative dans le rapport de but à moyen.

Cependant un examen attentif nous fait voir que ce rapport est réciproque. Si la circulation et la digestion servent à l'entretien du mouvement volontaire et de ses organes, ceux-ci doivent à leur tour se consacrer à la digestion en lui fournissant des aliments; application de nos forces qui prend trop de place dans le monde pour qu'il soit permis de l'oublier. Il y a plus : la vie végétative se termine en quelque sens en elle-même; sans être le but, elle a pourtant en elle-même un but, inférieur à la vérité, mais complet; aussi existe-t-il des organismes qui ne possèdent que des fonctions végétatives. La vie animale, en revanche, ne peut jamais et d'aucune manière être considérée comme un but en elle-même; elle ne devient celui de la nutrition que par l'intimité de son rapport avec l'âme, dont elle est l'instrument. La vie animale est donc le milieu et le moyen par excellence : moyen pour l'entretien du corps, moyen pour le développement spirituel, elle n'est absolument que moyen. La vie végétative est à la fois but et moyen ; la vie spirituelle enfin est le but véritable auquel doivent servir toutes les fonctions.

L'industrie répond à la vie organique ; l'Etat, et son complément, l'Ecole, à la vie de relation ; l'Eglise, à l'esprit. Ce rapprochement, qu'on a fait souvent, est parfaitement juste, quoiqu'il faille prendre garde d'en abuser. L'industrie et l'Eglise ont seules une fin positive. L'une va directement au bien du corps, l'autre au bien de l'âme. Il est impossible d'assigner à l'Etat un but qui ne rentre pas dans ces deux idées-là. L'Etat, comme la vie animale, est donc essentiellement un moyen ; il doit favoriser l'avancement matériel et moral de l'humanité, ou, ce qui revient précisément au même, son perfectionnement industriel et religieux, en respectant l'ordre marqué par la constitution de l'homme, c'est-à-dire en subordonnant le progrès matériel au progrès religieux. Il n'a pas d'autre mission que celle-là.

En poussant la comparaison jusqu'au bout, on arriverait à soumettre l'Etat à l'Eglise, comme dans la perfection de l'existence individuelle le corps doit être soumis à l'esprit. Notre idéal social serait donc la théocratie. Mais la comparaison n'est pas juste jusqu'au bout, et voici pourquoi : c'est que si, par la dignité inférieure de son but, l'Etat semble très-propre à servir d'instrument à l'Eglise, celle-ci, grâce à l'excellence même de son idée, est incapable de commander. L'Etat, c'est l'épée ; son procédé régulier est la contrainte ; s'il renonce à l'employer, c'est gratuitement ; il le pourrait toujours, partout du moins où son intervention est légitime. L'Eglise, elle, n'a que faire de la contrainte; en consentant à s'en armer, elle abdiquerait sa majesté propre : son empire est dans les cœurs. L'Eglise ne repose que sur la libre volonté de ses membres. Elle est l'organisme religieux; tous ses actes doivent être revêtus du caractère religieux, autrement ils n'émaneraient plus de l'Eglise. Mais, pour être religieux, un acte doit exprimer la vie intérieure de l'agent; il suppose donc une pleine conviction, une pleine liberté; il est nécessairement spontané, nécessairement individuel. Les actes collectifs de l'Eglise sont le produit du libre accord des volontés individuelles. Cet accord n'est qu'un fait et ne doit être qu'un fait, autrement il perdrait tout son prix. La durée de l'Eglise ne repose que sur la continuité de cet accord, que rien ne nous garantit sur la terre. Ainsi l'Etat ne saurait se soumettre à l'Eglise; il ne peut pas même la reconnaître. Si l'Eglise, sans abdiquer son caractère essentiel et tous ses droits avec lui, pouvait s'abaisser jusqu'à l'empire, dès ce moment nous serions théocrates et nous dirions : L'Etat doit obéir. Mais cet assujettissement de l'Etat serait en même temps la déchéance de l'Eglise; ils disparaîtraient l'un et l'autre, et le travail social recommencerait dans l'orage et dans la nuit.

La religion est le but, l'Eglise est l'organe de la religion, mais l'intime supériorité de sa nature la rend impropre au commandement. L'Etat n'est que le second en dignité, mais sa mission est de gouverner; c'est cela même qui lui assigne le second rang. Dans l'ordre essentiel, l'autorité cède le pas à la liberté intérieure. Ainsi le fond est juste dans la pensée du moyen âge, qui met l'Eglise à la première place; la forme est juste dans celle de la Révolution, qui attribue à l'Etat la toute-puissance extérieure. La vérité de toutes les deux, c'est que l'Etat doit gouverner seul, mais en reconnaissant au delà des limites de son empire un autre monde où tout repose sur la franche volonté. C'est dans ces limites-là que naît l'Eglise : l'Eglise ne saurait ni commander, ni servir; organe de la seule activité humaine véritablement libre, elle ne respire que dans l'air de la pure liberté; elle est toujours libre, là où elle existe.

La suprématie de l'Eglise sur l'Etat n'est donc point la conséquence que nous prétendons tirer de son intime supériorité. Celle-ci, du reste, ressort évidemment de la forme des deux sociétés aussi bien que de leur objet. Dans l'Etat, les individus ont mis en commun une partie de leur sphère d'activité et ils en ont conservé une partie en propre : ce qui est à l'Etat n'appartient plus aux individus, et l'Etat n'a rien à voir dans ce que les individus ont gardé par devers eux. Il y a confusion pour une partie, et là les différences individuelles disparaissent, la loi n'en tient nul compte; pour l'autre portion, la séparation subsiste et les individualités demeurent impénétrables les unes aux autres.

Il en est autrement dans l'Eglise ou dans la société fondée sur l'amour. La sphère mise en commun dans l'Etat est perdue pour les individus; en revanche il leur reste une autre partie de leur activité et de ses fruits qui n'est point mise en commun et dont l'Etat se borne à leur garantir la jouissance exclusive. Dans l'Eglise, au contraire, telle qu'elle apparut un moment dans le Monde et telle qu'elle tend à se réaliser de nouveau, tout est commun et tout demeure individuel. La communauté s'étend à tous les biens, à toute l'activité et jusqu'aux pensées. L'individu ne possède absolument rien dont il ne fasse part à tous les autres; *mais rien n'est exigé de lui en vertu d'une loi extérieure.* Tout repose sur la libre volonté, par conséquent tout demeure individuel. L'existence même de la communauté dépend uniquement de la libre volonté des individus. Le droit ne s'élève pas jusqu'à cette sphère, aussi n'y a-t-il pas de droit dans l'Eglise. Rien n'est obligatoire, rien n'est nécessaire. Pendant toute la durée de son existence, partout où elle se manifeste dans sa vérité, l'Eglise n'est qu'un simple fait, un bon plaisir, un accident. Son existence est toujours contingente, contingente, Messieurs, comme l'existence de l'univers, comme la grâce de Dieu. Pareille à l'amour, dont elle est le produit et l'organe, elle n'appuie que sur l'éther de la liberté.

L'Eglise réalise l'unité parfaite, dans ce sens que ses membres mettent en commun, chacun à sa manière, chacun par un mouvement individuel, leurs biens, leurs forces, leur esprit et leur volonté. Cependant ce serait entendre fort mal notre pensée que de se représenter cette unité volontaire comme une simple agrégation. Non ; ce qui pousse les individus à s'unir dans l'Eglise, c'est leur identité essentielle, qui se manifeste de plus en plus à la conscience à mesure qu'elle s'accomplit. Ils s'unissent parce qu'ils sont *un*, parce qu'ils le sentent et qu'ils le savent. Ils le savent quand ils le veulent, et quand ils le veulent ils le sont. Ils réalisent leur unité substantielle dans l'identité de leur volonté, et l'identité intérieure produit la communion. Comme ils aiment Dieu, ils s'aiment aussi les uns les autres. Ainsi la diversité est le moyen par lequel l'unité libre s'établit, mais non pas le principe de l'unité. L'unité est cause d'elle-même, elle est cause de sa propre réalité dans l'organisme absolu comme dans tout organisme.

Quelle est cette unité, Messieurs? C'est la primitive substance de la création, la première volonté divine ramenée à sa pureté par la communication de la seconde : c'est l'Esprit dans l'humanité. La communauté dont nous parlons suppose la régénération des individus. Elle se réalise, dans la mesure de cette régénération, entre les âmes régénérées. Ses ébauches imparfaites et fragmentaires ne sauraient donc remplacer l'Etat. L'Eglise, quel que soit le degré de son développement et l'étendue de la sphère qu'elle embrasse, doit subsister ici-bas au sein de l'Etat, soumise aux lois de l'Etat, qui doit, à son tour, respecter le domaine spirituel de l'Eglise. Alors même que tous les habitants de la terre seraient animés de l'esprit de l'Eglise et que les lois de contrainte deviendraient en fait superflues, néanmoins la possibilité du délit n'étant pas effacée, l'idée de la contrainte extérieure conserverait sa valeur et l'Etat resterait la base de l'édifice social.

En effet l'idéal de la société sur la terre n'est pas encore l'idéal suprême dont la réalisation nous est garantie par la certitude de l'amour de Dieu; l'idéal de la société sur la terre n'est pas encore le souverain bien. Nous ne sommes pas ici-bas dans les conditions de la véritable existence spirituelle. A la transformation morale où nous voyons le but de notre vie, doit correspondre une transformation du corps et de l'intelligence dont la mort sera le signal. Nous n'avons de ces changements qu'une idée incertaine et confuse. Cependant nous savons au moins une chose, c'est que la pleine réalisation de l'unité se confond avec la pleine réalisation de la liberté. La liberté ne se réalise que dans l'amour de Dieu. Quand tous aimeront Dieu et sauront que Dieu les aime, quand tous s'aimeront et se sauront aimés de tous, quand chacun sentira dans son propre cœur l'amour de ses frères pour le Dieu qu'il adore, alors l'humanité ne sera qu'une, comme le Père et le Fils ne sont qu'un. Alors tous posséderont à la fois et leur vie tout entière et celle de l'humanité, dans la communion de la vie divine. Ils se comprendront, comme ils s'aiment, et chacun, jouissant de Dieu et de soi-même en Dieu, jouira aussi de l'amour, de la sainteté et de la fidélité de ses frères. Tous étant certains que leur vie est la vie commune, une conscience universelle pénétrera l'individualité et la dominera sans l'affaiblir. Alors aussi la Nature purifiée redeviendra l'instrument docile de la volonté, le corps de l'esprit sanctifié. L'humanité unie à Dieu par sa liberté, s'unissant elle-même et avec la Nature pour former un organisme absolu, tel est le terme adoré qu'entrevoit déjà la pensée : exaucement de la prière suprême : « Que ton règne vienne ! »

Je devrais terminer ici, car nous sommes revenus à la fin. Mais une question m'arrête encore. Cette question, plusieurs d'entre vous se la sont déjà posée.

L'idée que je viens de rappeler est celle de l'éternité, de l'unité parfaite, de l'accomplissement absolu. L'accomplissement absolu est le retour de la créature morale à son unité primitive et la réalisation de cette unité dans la forme d'une société parfaite.

L'accord des volontés produit l'unité véritable; nous ne saurions le mettre en doute, puisque nous sommes partis du principe que la substance de toutes choses est la volonté. Mais cet accomplissement des choses suppose la rédemption de tous les individus. Si quelqu'un d'eux manquait, l'unité ne serait pas complète, l'unité ne serait pas réelle, le but posé ne serait pas atteint. L'universalité du salut est donc réclamée par la conséquence logique de notre système. La voix du cœur, la voix de la raison parlent dans le même sens. Si le mal a commencé, ne faut-il pas qu'il finisse? Ne faut-il pas que la perfection absolue, qui est l'essence éternelle de l'univers, se réalise enfin dans l'existence et la remplisse tout entière? Et si le salut individuel n'est autre chose que la plénitude de l'amour et de l'intelligence, comment serait-il parfait pour un seul s'il ne s'étend pas à tous? Comment, étant vraiment bons, pourrions-nous jouir d'une félicité sans mélange en contemplant la misère éternelle d'hommes que nous aurions connus, que nous aurions aimés, d'hommes surtout dont la perdition serait à quelques égards notre ouvrage?

Ainsi, comme le salut de l'ensemble est le résultat des efforts individuels, l'individu n'est sauvé qu'avec l'ensemble et dans l'ensemble.

Cette conclusion, que semblent nous dicter tous les intérêts de la pensée, et que confirment les déclarations magnifiques de l'Ecriture, soulève cependant une objection bien puissante:

Si la solidarité du présent est un gage d'une solidarité éternelle, si le salut individuel ne peut être parfait et absolu que dans le salut universel, comment le but sera-t-il jamais atteint par le moyen que nous avons trouvé seul compatible avec la volonté de Dieu? Du respect immuable de Dieu pour la liberté de la créature, qui est un élément de son amour, nous avons déduit, non la nécessité, mais la possibilité de souffrances sans fin pour les êtres libres qui persisteraient dans leur endurcissement. Dépendra-t-il d'eux d'empêcher que le mal ne soit anéanti et que le plan de Dieu ne s'exécute? Comment concilier le rétablissement final et la possibilité de peines éternelles? En d'autres termes, comment concilier le règne absolu de l'amour avec le respect pour la liberté créée impliqué dans cet amour lui-même?

La difficulté n'est point illusoire, elle n'a pas sa source dans une supposition dogmatique quelconque ; toute philosophie qui prend la conscience morale au sérieux la rencontrera sur son chemin, comme toutes les âmes douées de quelque profondeur l'ont certainement rencontrée. Je ne sais comment la résoudre. J'aperçois bien les sentiers divers qui s'ouvrent ici à la pensée, j'entends ce qu'on pourrait dire, mais aucune des explications que j'ai tour à tour essayées ne me paraît aller jusqu'au fond du problème. Je ne vous arrêterai pas à les examiner, et je finis par l'aveu de mon ignorance.

Peut-être, Messieurs, cette ignorance est-elle instructive; peut-être la conséquence régulière de nos principes devait-elle nous conduire à la confesser; tellement que, loin de nous rendre suspect le point de vue qui a dominé cet enseignement, elle le confirmerait plutôt. Notre idée fondamentale est celle de la suprématie de l'ordre moral : la volonté est le fond de l'intelligence, l'intérêt du bien moral a le pas sur l'intérêt scientifique, et le développement normal de la pensée est une révélation graduelle, correspondant aux progrès du cœur, qu'elle a pour but de favoriser. S'il en est ainsi, nous comprendrons aisément pourquoi le voile qui nous dérobe le dernier mystère n'est pas encore tombé. Il est bon que nous ayons des motifs d'espérer le salut de tous nos frères. Il est bon, dans l'état de faiblesse où nous sommes, que notre confiance ne se sépare point de l'amour et que, sauvés par grâce, nous nous efforcions en tremblant de conserver cette grâce au fond de notre âme.

S'il est un motif d'espérer l'universalité du salut, que nous ne réussissons pas à comprendre et que je m'abstiens d'affirmer, nous trouverions ce motif dans la charité elle-même.

La loi gravée au fond de nos cœurs nous ordonne de travailler à notre propre salut en travaillant au salut de tous. Il est naturel de croire à la réalisation finale du but absolu que la volonté divine assigne à nos faibles efforts, et nous n'en douterions pas un instant, si le sentiment opposé ne semblait se fonder, lui aussi, sur un intérêt de la conscience.

Au fond, Messieurs, la vraie philosophie ne consiste-t-elle pas à lire dans le cœur, en traduisant dans la forme affirmative ce qui est écrit à l'impératif ?

FIN.

NOTE

à la page 390.

Les rapports essentiels que nous avons constatés entre les différentes sphères de notre activité sont déterminés par l'idée de la liberté humaine. Si l'homme est libre, il ne sera pas difficile, en partant de ces rapports, de découvrir la source des maux sous lesquels se débat la société actuelle et d'en indiquer le remède. L'idée religieuse a perdu son influence, le principe de l'activité morale a perdu son objet. Cependant la nature humaine n'a pas changé, le besoin de l'infini et de l'absolu nous est resté. Les hommes habiles, les hommes soi-disant pratiques le méconnaissent ; mais faute de vouloir ou de savoir en tenir compte, ils sont constamment trompés dans tous leurs calculs. L'humanité ne cherchant plus à satisfaire ce besoin d'infini en Dieu et dans son rapport avec Dieu, se retourne forcément vers les buts inférieurs. Les uns mettent l'idéal dans la richesse et dans les commodités de l'existence, soit qu'ils rêvent ces biens pour tout le monde, soit qu'ils se contentent d'en jouir eux-mêmes. D'autres, moins nombreux, mais plus puissants, parce qu'ils sont mus par un principe supérieur, placent le souverain bien dans la perfection des institutions politiques, dont ils font le but suprême de leur activité. Le matérialisme socialiste, la négation révolutionnaire sont devenus des religions. Et la confusion est si grande qu'on prétend subordonner le christianisme lui-même à ces idolâtries. On mesure son prix aux services qu'il rend à la cause du bien-être matériel ou de l'ordre politique. Les uns y cherchent un frein contre les passions cupides qui menacent leur fortune, les autres y voient la promesse de l'égalité des biens. C'est un moyen de soumission dont se servent les gouvernements, c'est un drapeau de révolte qu'arborent les insurgés. Il est tout, excepté lui-même. Le chaos des idées a produit le chaos social. Le but du travail matériel, le but de l'activité politique n'ont rien d'absolu et ne sauraient être élevés à la puissance de l'absolu. Il est impossible d'assurer le bien-être de tous; il est impossible de trouver une forme qui garantisse par sa seule vertu la liberté politique de tous ; et tous les efforts tentés pour réaliser ces chimères conduisent à l'appauvrissement et à l'asservissement de la société. Mais pour arriver à la mesure de bien-être et de liberté qu'elle peut obtenir, il faut que l'humanité reconnaisse une règle intérieure et s'y soumette. Pour que ces buts secondaires soient atteints, il faut qu'ils soient mis à leur place ; poursuivis comme fin dernière, ils aboutissent à la contradiction et à la ruine ; mais ils se réaliseraient d'eux-mêmes dans une société qui aurait retrouvé le vrai but. Le développement de la richesse suppose la liberté civile, et la liberté civile suppose la vertu. L'harmonie sociale ne saurait naître que de l'assimilation des volontés individuelles. Ainsi les questions politiques et les questions économiques ne seront résolues que par le développement d'un intérêt supérieur à l'intérêt économique et politique. Alors, chaque fonction rentrant dans ses limites, la fièvre se calmera et la vie reprendra son cours. La production de la richesse se conciliera avec une équitable distribution, lorsque la richesse ne sera plus le suprême objet de nos désirs ; la liberté s'affermira, lorsque les citoyens verront dans l'Etat le protecteur de leurs droits, non l'instrument de leurs passions; la solidarité se réalisera dans la liberté par l'association volontaire; l'esprit de l'Eglise, en un mot, pénétrera dans l'humanité. Nous ne demandons pas jusqu'à quel point nous pouvons nous rapprocher de cet idéal. Il suffit, pour fixer la direction de nos efforts, de comprendre clairement qu'il n'y en a pas d'autre. On conçoit également qu'il est impossible de guérir les perturbations produites par la suspension de la fonction la plus importante de l'activité humaine autrement qu'en rétablissant cette fonction, c'est-à-dire en lui rendant son objet.

Nul n'est propre à cette œuvre que les gens convaincus, et chacun doit commencer par soi-même. Les efforts des hommes sans religion, pour donner de la religion au *peuple*, ne réussissent qu'à la faire détester.

Et c'est justice.

RÉSUMÉ ANALYTIQUE.

TOME PREMIER.

INTRODUCTION.

LEÇON I. — Pages 1-16.

De la place de la morale dans la science. — La Philosophie cherche à connaître les choses par leur principe. Elle exige une recherche préalable de ce principe et comprend ainsi deux disciplines : la philosophie régressive et la philosophie progressive. — La morale cherche la règle de la volonté humaine. Pour obtenir une morale scientifique, il faut la déduire de la science du principe premier. Critique des systèmes qui traitent la morale comme une science indépendante.

LEÇON II. — Pages 17-36.

La morale doit être déduite du principe universel. Elle suppose que ce principe est un être libre, car les effets d'une cause nécessaire le seraient également. La connaissance du premier principe est le but de la philosophie régressive, qui part de l'ensemble des vérités immédiates, savoir : les faits d'expérience sensible, les faits d'expérience psychologique, les vérités nécessaires de l'ordre rationnel et les vérités nécessaires de l'ordre moral. — L'expérience sensible consultée seule, ne fournit aucune connaissance du principe premier. — Dans la conscience du moi, l'expérience psychologique nous donne l'idée de l'être ; les vérités nécessaires de l'ordre rationnel se résument dans la notion de l'inconditionnel, objet de la raison. — L'idée de l'être inconditionnel est le point de départ de la philosophie. — Il faut déterminer cette idée de manière à ce qu'elle rende compte des faits d'expérience en général et des vérités nécessaires de l'ordre moral. — Celles-ci nous obligent à reconnaitre la liberté du premier principe en attestant en nous le devoir, qui suppose notre propre liberté.

LEÇON III. — Pages 37-51.

Nous avons acquis la certitude de la liberté divine, mais non l'intelligence de cette liberté ; pour l'obtenir, il faut arriver à la liberté par le développement de l'idée de l'absolu. — Objection critique : l'idée de l'absolu est inhérente à notre raison, mais il ne s'en suit pas qu'elle corresponde à la réalité. — Réfutation. — La théorie de la connaissance, fixée par les systèmes successifs de Descartes, de Locke, de Kant et de Fichte, nous prouve que toute affirmation se fonde sur la foi de l'esprit en lui-même. On n'est pas en droit de douter de la raison sans douter du témoignage des sens et de toute vérité quelconque, scepticisme irréfutable, mais impossible. — Nous croyons donc à la raison et par conséquent à la réalité de l'absolu. — Nous étudierons le développement de l'idée de l'absolu dans l'histoire.

RECHERCHE DU PRINCIPE ABSOLU.

LEÇON IV. — Pages 52-74.

Fonction de la philosophie dans l'humanité. Son rapport avec la religion. Philosophie ancienne. Philosophie moderne ; double courant dans celle-ci. Coup d'œil sur la philosophie grecque. Ioniens, Pythagoriciens, Eléates ; ces derniers posent le problème : l'absolu ; reste à le comprendre. Sophistes, premier scepticisme. Socrate le surmonte par un appel à la conscience morale. — Platon résume la philosophie antérieure. Lacune au sommet. Il arrive à l'unité de Parménide, et repart du Dieu de Socrate. — Par son principe : l'acte pur ou la pure pensée, Aristote explique l'ordre du monde, mais non son origine. Il ne s'élève pas au-dessus du dualisme. — Les Néoplatoniciens combinent Platon et Aristote. Ils expliquent l'origine du monde par l'émanatisme, qui a l'idéalisme à sa base, mais qui renferme une contradiction. Importance universelle du néoplatonisme.

Philosophie chrétienne. Les Pères de l'Eglise formulent le dogme à l'aide de la philosophie ancienne. La scolastique l'accepte et le démontre. Oppositions dans la scolastique. La scolastique pure pose la distinction entre les vérités démontrables et les vérités indémontrables, et par là ouvre la porte au rationalisme. Preuves de l'existence de Dieu.

LEÇON V. — Pages 75-100.

Parallèle entre saint Thomas et Duns Scot. Thomas dogmatique, Scot critique; Thomas fondé sur les notions nécessaires de la raison, Scot sur la conscience du moi. Par ce côté, il se rapproche du mysticisme. — Le mysticisme, se fondant sur un mode particulier d'expérience intérieure, se détache de la philosophie, pour laquelle il est un sujet sérieux d'étude. Hugues et Richard de St.-Victor. Importance de leurs travaux pour la psychologie. — Déduction de la trinité divine d'Anselme, fondée sur la notion de l'intelligence absolue. — Déduction de la trinité divine de Richard de St.-Victor, fondée sur l'idée que Dieu est amour, parce que l'amour est la perfection, et que l'accomplissement de l'amour parfait exige trois personnes parfaites. — A la base de cette théorie est l'absolue liberté. Elle établit positivement la contingence du monde ou la gratuité de la création. Reymond de Sabunde fait de l'intérêt moral le critère suprême de la vérité théorique. Ce point de vue revient au fond à celui d'Anselme, la conscience morale de l'humanité moderne étant fille du christianisme. Cette identité de la conscience morale et du christianisme fait la légitimité scientifique d'une philosophie chrétienne. — La négation du dogme comme tel était une phase nécessaire de l'affranchissement de la pensée. — Démolition du moyen âge, restauration de l'antiquité. Philosophie de la renaissance. Giordano Bruno. — Cabale. Elle considère la création comme une restriction partielle de l'existence absolue. Elle pose l'unité de l'être créé. — Mysticisme du XVIe siècle. — Jaques Böhme. La manière intuitive dont il expose l'acte de la vie divine fait apercevoir la conciliation des idées d'Anselme et de Richard de St.-Victor sur la Trinité.

LEÇON VI. — Pages 101-127.

Descartes. Il a dessiné le plan de la philosophie, qui, de la première vérité certaine immédiatement, passe, au moyen d'un critère subjectif immédiat, à la première vérité en soi, à la connaissance du principe des choses, d'où se tire un nouveau critère; et déduit tout de ce principe. Selon Descartes, le principe universel est une volonté absolument libre. Il a compris toute la portée de cette conception, et sa psychologie est un reflet de sa métaphysique ; mais son principe demeure stérile, parce qu'il s'en tient à la notion formelle de liberté sans examiner la nature de l'acte créateur. D'ailleurs il ne démontre pas la liberté absolue, il la considère comme une donnée immédiate de la raison. Celle-ci ne conçoit immédiatement qu'un absolu indéterminé, l'être qui existe de soi-même, ce qui est la Substance de Descartes et le Dieu de Spinosa. Descartes ouvre ainsi la porte au spinosisme. Il lui fournit encore prétexte par son dualisme de la pensée et de l'étendue; dualisme inconséquent, car il ne découle pas du principe premier, mais d'une application illégitime du critère subjectif de la vérité.

LEÇON VII. — Pages 128-142.

Spinosa. — Sa philosophie naît de la confusion qui règne chez Descartes entre l'absolu véritable et l'idée immédiate de l'absolu. La rigueur de ses démonstrations n'est qu'apparente, car elle se fait tout accorder dans les axiomes et dans les définitions. Spinosa définit la substance : cause d'elle-même; mais il tire peu de parti de cette définition, qui n'a chez lui qu'une valeur négative. La causalité dont il parle n'est pas un acte ; aussi n'arrive-t-il pas à l'activité et ne réussit-il pas à rendre compte du fini.

LEÇON VIII. — Pages 143-165.

Leibnitz.—Tout son système est implicitement renfermé dans l'idée que l'activité fondamentale de la substance est de nature intellectuelle, supposition par laquelle Leibnitz explique la pluralité des êtres. Il conçoit Dieu moins comme substance que comme but. — Ecole de Wolf. — Locke fait prédominer la question de l'origine des idées. Son empirisme ouvre la porte au scepticisme de Hume.

Kant s'applique à réfuter simultanément l'empirisme de Locke et le dogmatisme des Wolfiens. Problème de la philosophie critique.

LEÇON IX. — Pages 166-185.

Kant (suite). Coup d'œil sur la *Critique de la raison pure*. Dans cet ouvrage, Kant démontre la présence d'un élément *a priori* dans nos connaissances. Il fait l'inventaire des idées *a priori*. Il ne leur attribue qu'une valeur subjective ; de sorte que, selon lui, nous ne connaissons que nos propres facultés, tout en sentant qu'il existe hors de nous un monde réel, mais inaccessible. Cependant la pensée déborde la formule. Kant est spiritualiste ; logiquement il doit aboutir à l'idéalisme pur ; ses convictions intimes le rattachent au système de la liberté. La subjectivité qu'il attribue aux idées *a priori* dépend de celle du temps et de l'espace, qui n'est enseignée elle-même que pour rendre la liberté intelligible. Notre liberté, comme l'existence de Dieu et la vie à venir, deviennent certaines par la certitude absolue de l'obligation morale.

LEÇON X. — Pages 186-208.

Kant (fin). *Critique de la raison pratique*. Caractère absolu de l'obligation morale. De ce caractère absolu de l'obligation, on peut inférer l'essence du monde objectif, que nous ne saurions connaître théoriquement. Kant établit ainsi, en dehors de la science et sur la base de la foi, la liberté humaine, l'existence de Dieu et la vie à venir. Mais cette foi n'est après tout qu'une forme de la science ; ainsi la Critique de la raison pratique contredit le subjectivisme absolu de la Raison pure, ce qui devient manifeste dans la théorie de Kant sur le mal. La Critique de la raison pratique fait de la conscience morale le principe d'une méthode de découverte qui reconnaît la libre volonté comme le principe et le fond de l'être. — *Critique du jugement*. Elle constate la présence d'un principe intelligent dans la nature. L'hypothèse d'une force inconsciente qui réaliserait l'idéal de la raison, tend à concilier les deux premières Critiques au delà des limites du criticisme. Elle contient le germe du panthéisme subséquent. — Résumé.

LEÇON XI. — Pages 209-233.

Fichte. Antipode de Spinosa, il achève le système de Leibnitz. Pour lui, la substance est le sujet pur, le moi. Il arrive donc à la liberté, mais en sacrifiant l'unité. Son système ne lui fournit aucun moyen d'expliquer le monde extérieur. — M. de Schelling, approfondissant le système de Fichte, part d'un *moi* générique antérieur à l'acte de réflexion, et retrouve ainsi l'unité substantielle. Le primitif sujet se réalise comme objet, tout en conservant la subjectivité ; ainsi la dualité sort de l'unité. Le mouvement universel des choses consiste dans le retour graduel de l'objet à la subjectivité, c'est-à-dire dans la réalisation de l'esprit. Cette réalisation est nécessaire. Panthéisme du progrès. — Hegel cherche à s'expliquer la prépondérance croissante de l'idéal sur le réel, qui proprement n'est pour M. de Schelling qu'une hypothèse destinée à rendre raison de l'expérience. Il l'explique par l'idéalisme absolu. Le procès universel est la réalisation de l'idée, parce que l'idée est la substance universelle. Cet idéalisme insaisissable comporte les interprétations les plus différentes ; l'unité du système se trouve dans sa méthode. Le point de départ de Hegel est l'identité de l'être dans la pensée et de l'être réel ; le terme est l'idée de l'être telle qu'elle doit être conçue pour qu'il soit possible à l'esprit d'en affirmer la réalité sans se contredire lui-même. Ce terme, c'est-à-dire l'absolu tel que Hegel le conçoit, est la pure forme de l'intelligence.

LEÇON XII. — Pages 234-255.

Le système de Hegel aboutit à la pure nécessité logique. S'il ne conduit pas au résultat que nous cherchons, sa méthode peut nous aider à y arriver. Caractère de cette méthode : Toute notion abstraite appelle son contraire. La vérité est dans la conciliation des termes opposés. La vérité logique de cette proposition fort ancienne est indépendante de l'application qu'elle reçoit dans l'idéalisme absolu. On a tenté d'appliquer la méthode de Hegel à la formation d'un système de philosophie qui, consacrant la personnalité divine et la liberté humaine, satisferait les besoins moraux de l'Humanité. — La nécessité providentielle d'un retour de la philosophie aux idées chrétiennes est marquée par le mouvement des esprits qui tend au renversement des Eglises établies et de l'autorité traditionnelle. — Nouveau système de M. de Schelling. Ce système, aussi ancien que celui de Hegel, se propose, comme le hegelianisme, d'expliquer le fait du progrès, tel qu'il se présente comme résultat de la *philosophie de la Nature*.

LEÇON XIII. — Pages 256-284.

Nouvelle philosophie de M. de Schelling. — Exposition abrégée de sa partie régressive. — Le Monde s'explique par la lutte de puissances universelles, le principe objectif et le principe subjectif tendant à réaliser le sujet — objet : l'esprit. Cette lutte suppose une opposition fondamentale et une unité supérieure à l'opposition. Le Monde se présente ainsi comme le résultat d'un acte libre, par lequel Dieu a opposé les unes aux autres les puissances indissolublement liées en lui. Ne pouvant se séparer, à cause de leur union en Dieu, les puissances tendent à rétablir leur harmonie ; ce rétablissement graduel de l'harmonie entre les puissances divines constitue la Création. Effectivement l'analyse de l'idée de Dieu nous fait retrouver les mêmes puissances que l'analyse spéculative du Monde expérimental conduit à distinguer.

LEÇON XIV. — Pages 285-304.

Nouvelle philosophie de M. de Schelling. — Résumé de l'exposition précédente. — Idée de Dieu et de la Création, de l'homme, de la Chute, de la Restauration. — Appréciation du système. La théorie des puissances repose sur l'intuition, mais elle ne rend pas raison de la liberté absolue. La liberté de Dieu, selon M. de Schelling, consiste dans la faculté de déployer ou de comprimer une puissance déterminée. C'est une liberté limitée et non pas absolue. Or les mêmes motifs qui nous obligent à attribuer à Dieu la liberté de créer ou de ne pas créer, nous portent à reconnaître en lui une liberté absolue, et nous poussent au delà du système de M. de Schelling.

LEÇON XV. — Pages 305-328.

I. *Le principe de toute existence est un.* Preuve : La raison affirme immédiatement l'unité du principe de l'être. Nous avons besoin à la fois de rattacher nos connaissances à un principe unique et de donner pour base à la science le principe de la réalité. Remarque : Ce premier axiome est le fondement du panthéisme, qui ne répond point à nos besoins, mais dont nous ne pouvons nous affranchir qu'en le surpassant.

II. *Le principe de l'existence est absolue liberté.* Preuve : Le principe de l'existence existe par lui-même ; donc 1° il est cause de son existence objective ou relative, c'est-à-dire qu'il est une activité qui produit sa propre existence ; il est *substance.* 2° Il produit lui-même l'activité intérieure par laquelle il se manifeste ; il se produit comme substance ; il est *vie.* 3° Il se donne à lui-même la loi de sa production spontanée ; il détermine la forme de sa vie ; il est libre ; il est *esprit.* 4° Il produit sa propre spiritualité ; il est *absolue liberté.* — La liberté absolue est la seule notion qui, de sa nature, ne puisse convenir qu'à l'être absolu, la seule dès lors par laquelle nous puissions le définir, s'il est possible d'obtenir une connaissance certaine de cet être, en d'autres termes, si la science peut commencer, ou si la science est possible. Lidée de la liberté absolue contient donc en elle-même les titres de sa légitimité, ce qui ressort immédiatement du fait qu'elle est la plus haute conception à laquelle notre pensée se puisse élever.

LEÇON XVI. — Pages 329-348.

III. *L'absolue liberté est incompréhensible.* Nous en constatons la place, nous n'en possédons pas l'idée, car nous n'avons pas d'intuition qui y corresponde. Toute intuition est au fond intuition de nous-même. Les systèmes de philosophie sont d'autant plus clairs que leur idée fondamentale est plus intuitive. Le nôtre a son point de départ au delà de l'intuition.

IV. *La volonté est l'essence universelle.* Les différents ordres de l'être sont les degrés de la volonté. Exister, c'est être voulu. Etre substance, c'est vouloir ; vivre, c'est se vouloir ; être esprit, c'est produire sa propre volonté, vouloir son vouloir.

LEÇON XVII. — Pages 349-364.

V. *L'essence de l'absolu est insondable.* Il est ce qu'il veut. La question de son essence *a priori* est épuisée par l'idée d'absolue liberté.

VI. Cependant *les attributs métaphysiques de Dieu, tels que la toute-présence, la toute-science, la toute-puissance, sont tous compris dans l'idée d'absolue liberté et ne reçoivent qu'en elle leur véritable caractère. Il en est de même des attributs moraux, considérés comme appartenant à l'essence divine.*

VII. *Chaque acte de volonté de l'être absolument libre doit être conçu comme infini, et comme constituant par lui-même un absolu.* Preuve : Toutes les limites qu'on pourrait supposer à un tel acte étant comprises et voulues avec lui, tomberaient dans l'acte lui-même.

VIII. *La question de savoir si l'absolu se manifeste effectivement ne peut être résolue que par l'expérience.* On ne saurait passer, par la logique seule, de l'idée d'absolue liberté à celle d'une manifestation quelconque. La liberté est incalculable.

TOME SECOND.

—

PARTIE PROGRESSIVE.

LEÇON XVIII. — Pages 1-23.

IX. *Le Monde (la totalité des existences finies que nous connaissons par expérience) ne peut être considéré que comme l'effet d'une seule et même volonté, soit comme une seule et même manifestation de l'absolu.* Toutes les parties de l'univers sont en rapport les unes avec les autres, elles se supposent et se limitent réciproquement. L'univers ne saurait donc résulter de plusieurs actes absolus de volonté, car un seul d'entre eux impliquerait les autres. — Cette proposition explique la théorie de la connaissance, qui repose sur l'identité du réel et de l'idéal. Le monde idéal et le monde réel, la pensée et son objet se correspondent, parce qu'ils expriment un seul et même acte.

X. *L'univers est la sphère où l'absolue liberté se manifeste comme telle.* Preuve : Si l'absolue liberté ne se manifestait pas comme telle dans l'univers, nous ne saurions l'y trouver; or nous l'y avons trouvée. — Dieu est l'auteur de notre raison; la nécessité qui nous oblige à reconnaître dans la libre volonté l'essence du principe premier, résulte elle-même de cette libre volonté et nous montre que celle-ci a voulu se révéler à nous.

Remarque : Cette définition du Monde nous conduit à la définition de Dieu, c'est-à-dire de l'absolu dans son rapport avec le Monde. *Dieu est l'Être absolument libre, faisant acte d'absolue liberté.*

XI. *L'univers est le produit d'une création.* Le mot *création* désigne une production par laquelle rien n'est changé dans le producteur; or rien n'est changé en Dieu par la production de l'univers, puisqu'il s'y manifeste tel qu'il est dans son essence.

XII. *La création a un motif.* Une volonté sans motif serait sans intelligence et par conséquent elle ne serait pas libre.

XIII. *Le motif de la création réside dans la créature.* Preuve : L'absolu ne peut trouver en lui-même aucun motif d'action, car un motif fondé sur sa propre nature déterminerait nécessairement l'action et détruirait la liberté. Son motif de créer est donc hors de lui, dans ce qui n'est point, dans la créature possible. Remarque : Le motif de Dieu pour créer n'est pas le désir de se manifester; car le désir d'être manifesté impliquerait un besoin et contredirait l'idée d'absolue liberté.

XIV. *L'amour est le motif de la création.* La preuve est dans ce qui précède. Dieu veut l'être créé pour cet être lui-même, ce qui est le véritable sens du mot *amour.* L'amour suppose chez celui qui le conçoit l'absence de tout désir, de tout besoin, c'est-à-dire la plénitude de l'être ou l'absolue liberté; l'amour est donc l'acte par lequel l'absolue liberté se manifeste comme telle.

XV. *La créature a son but en elle-même.* Elle est voulue pour elle-même.

XVI. *La créature est libre.* Etant voulue pour elle-même, elle est voulue dans toute la réalité de l'être; or la réalité de l'être est la liberté.

LEÇON XIX. — Pages 24-42.

Le caractère absolu que nous attribuons aux actes de la volonté divine est le fondement de toutes nos déductions. Par cette proposition, nous ne voulons pas restreindre la liberté de Dieu : elle ne la restreint pas en effet lorsqu'on la prend, non pas comme une détermination de l'essence divine, mais comme l'expression d'une nécessité subjective de notre raison. Du fait de cette nécessité subjective, nous concluons seulement que Dieu veut être connu de nous comme un acte absolu, et par conséquent qu'il se fait connaître à nous dans un acte absolu.

Cet acte absolu est l'Amour. L'amour ne peut être que le fait d'une volonté libre ; on ne saurait l'envisager comme exprimant la nature de l'être, ou son essence, sans en contredire la définition. L'amour considéré comme motif de la création implique la liberté de la créature ; car la liberté est son bien. Dieu veut son bien, et par conséquent aussi son bonheur, qui est la conscience du bien. Mais le bien positif de la créature ne peut venir que du fait de sa propre liberté.

LEÇON XX. — Pages 43-65.

XVII. *Par l'acte même de sa création, la créature libre est appelée à réaliser sa propre liberté.* Preuve : La liberté de la créature est voulue absolument, car elle constitue la perfection de l'être créé et par conséquent l'objet essentiel de la création ; il faut donc qu'elle se réalise ; mais elle ne peut se réaliser que par son propre acte, autrement elle ne serait pas liberté. Remarque : L'idée que nous venons de formuler est celle du devoir. La tâche proposée à la liberté créée constitue le problème de la morale.

XVIII. *La créature ne peut réaliser effectivement sa liberté qu'en aimant Dieu.* Preuve : Dieu veut la réalité de la créature. Il veut donc qu'elle ait le principe de son être en elle-même, qu'elle se fonde sur elle-même, qu'elle se veuille elle-même : réaliser sa liberté, c'est se vouloir elle-même. Cependant si la créature se fondait exclusivement sur elle-même, elle se séparerait de la volonté créatrice, qui fait la substance de son être, contradiction intérieure qui aboutit à l'anéantissement. Il faut donc que la créature se fonde à la fois en elle-même et en Dieu, qu'elle se veuille en voulant Dieu, c'est-à-dire qu'elle se veuille pour Dieu, qu'elle se donne à Dieu, qu'elle aime Dieu. Remarque : L'amour divin est pur fait, pure grâce. Il résout *en fait* la contradiction inhérente à l'idée de Dieu : Comment la liberté, puissance absolument indéterminée, peut-elle exister, c'est-à-dire revêtir une forme déterminée? — L'amour de la créature pour Dieu est un devoir. Il résout *en droit* la contradiction inhérente à l'idée du Monde : Comment ce qui n'est que par l'acte d'un autre peut-il être par soi-même?

LEÇON XXI. — Pages 66-80.

XIX. *L'acte par lequel la créature réalise sa liberté constitue sa personnalité :* Le nom de personne désigne un être libre qui se pose et se reconnaît comme tel. Remarque : Cette définition s'applique à la personnalité divine. La personnalité n'est pas nécessairement relative. Si l'on en jugeait autrement, on pourrait dire néanmoins que Dieu se constitue comme personne par l'acte de la création.

XX. *La créature, en aimant Dieu, l'affranchit de la limitation qu'il s'impose en créant.* — Ainsi l'absolu en essence existe comme absolu; toutes les contradictions sont levées, tous les problèmes résolus. Remarque : L'amour de Dieu, qui, en principe, constitue le devoir, perdrait en fait le caractère d'obligation du moment où il existerait dans sa pureté; parce que la créature, trouvant en lui la réalisation de son essence, la satisfaction de tous ses besoins, ne pourrait pas en être détournée.

LEÇON XXII. — Pages 81-106.

XXI. *La créature libre, appelée à constituer sa personnalité par l'amour de Dieu, est virtuellement* UNE; *son état effectif dépend de la détermination qu'elle doit se donner elle-même.* Son unité virtuelle résulte de la Création, que nous considérons *a priori* comme l'expression d'une volonté absolue. Du reste, comme elle est appelée à fixer elle-même sa condition, nous ne pouvons pas nous faire l'idée de son état primitif avant tout acte de sa part.

XXII. *La créature libre peut :* a) *Vouloir rester dans son état primitif d'indétermination;* b) *se constituer en Dieu par l'amour de Dieu;* c) *chercher à se constituer en elle-même indépendamment de Dieu;* d) *chercher à se constituer en elle-même contre Dieu.* Ces possibilités résultent *a priori* de l'idée d'une détermination à prendre. Une proposition étant faite, on peut toujours ne pas répondre, accepter, refuser ou faire le contraire de ce qui est proposé.

XXIII. *La condition de l'humanité résulte de l'adoption d'*UN *des partis indiqués à l'exclusion des autres.* Ne comprenant pas la nature de la créature primitive, nous ne pouvons pas affirmer *a priori* qu'il y ait lieu pour elle à un choix exclusif et qu'elle ne se divise pas intérieurement à l'occasion de la question posée; mais nous savons par l'expérience et par la conscience intime que l'humanité historique est *une* dans son essence; nous savons par l'idée de la liberté que la nature des êtres libres dépend de leur acte; d'où résulte nécessairement la conclusion énoncée.

XXIV. *La condition actuelle de l'humanité résulte de l'acte par lequel la créature primitive a voulu se constituer indépendamment de Dieu.* Preuve : Nous sommes détournés de l'amour de Dieu par nos dispositions naturelles et par le milieu naturel et social dans lequel nous vivons. Cette restriction de notre liberté individuelle, qui nous empêche d'atteindre le but de la création, ne peut être conciliée avec l'amour créateur qu'en l'expliquant comme l'effet d'un acte de notre liberté primitive et substantielle. Remarque : Les trois autres possibilités indiquées offriraient un moyen d'expliquer l'origine de la nature inconsciente, celle des anges et celle des démons.

LEÇON XXIII. — Pages 107-125.

XXV. Définitions : *Le* BIEN *est l'union de la volonté créée et de la volonté divine. Le* MAL *est la séparation de la volonté créée et de la volonté divine.* Le bien consiste à se vouloir comme créature, à se vouloir en Dieu, à aimer Dieu. Le mal consiste à se vouloir dans le sens d'un but absolu. L'essence du mal est donc l'égoïsme, la recherche de soi-même.

La possibilité du mal réside dans l'imperfection naturelle à l'intelligence de la créature avant qu'elle ait agi. Cette imperfection primitive est un bien, car elle est une condition de la liberté de la créature. La réalisation du mal ne résulte pas de cette imperfection seulement, mais d'une détermination positive de la liberté.

Remarque : La théorie qui prend le bien comme synonyme d'*être* et le mal de *non-être*, ne suffit point pour expliquer le caractère propre de la sphère morale. En expliquant le mal moral comme une conséquence nécessaire de la limitation des êtres particuliers, elle froisse la conscience et rend insoluble le problème de la Théodicée.

LEÇON XXIV. — Pages 126-140.

Tout ce qui, dans l'état présent du monde et de l'humanité, contredit l'idéal d'une créature libre, doit être considéré comme une conséquence du mal moral. Mais l'existence actuelle du mal moral lui-même ne prouve pas le fait de la détermination de la créature primitive dans le sens du mal, que nous avons constatée (XXIV) et que nous appelons *la Chute*. La réalité de la Chute comme fait un, primitif, et universel relativement à l'humanité, ressort, ainsi que nous l'avons vu, du double fait que le mal moral s'impose à notre volonté et que les conséquences du mal moral pèsent sur nous indépendamment de notre volonté. La liberté subsiste ; mais, par l'effet de l'exemple, de l'éducation, du besoin et des dispositions naturelles, le mal est devenu très-facile, le bien, très-difficile à vouloir. — Effets du mal subis indépendamment du mérite ou du démérite de l'individu. Souffrance physique et morale. Ignorance. Misère. Idéal d'un ordre meilleur. Poésie. La nature extérieure, faite pour nous servir, nous asservit. En elle-même, elle contredit l'idéal. Mort physique. Les esprits, faits pour s'entendre, ne communiquent que par des milieux naturels imparfaits. Impuissance du langage et de l'art. Le progrès n'est pas une solution, mais un problème. Progrès à l'infini, contradictoire.

LEÇON XXV. — Pages 141-159.

L'espace, le temps limitent notre liberté d'une manière qui contredit non-seulement la pure idée d'esprit, mais jusqu'à la notion d'un esprit fini. La volonté est assujettie à l'espace plus que l'imagination, l'imagination plus que la pensée. La pensée produit constamment une simultanéité dans le temps, mais dans les limites les plus étroites. Les fonctions vitales possèdent une simultanéité à laquelle les fonctions volontaires et réfléchies devraient parvenir et ne parviennent point. En un mot, les conditions nécessaires de notre existence ne répondent pas à l'idéal d'une créature libre.

XXVI. *La chute place la créature dans un état de contradiction absolue, qui est l'absolu du mal et de la souffrance.* Preuve : La créature cherche à se constituer hors du principe de son être, tentative dont la conséquence est l'anéantissement. Cette conséquence doit se réaliser, puisque la créature est libre ; mais elle ne saurait se réaliser, puisque la créature est voulue absolument par l'acte créateur. La créature se fixe donc dans un effort impuissant pour sortir de l'être.

XXVII. *Dieu possède en lui-même le moyen d'atteindre le but de la création malgré la chute.* Preuve : Le spectacle du Monde, dont nous avons inféré le fait de la chute, nous offre des traits propres à nous faire comprendre la condition de l'être déchu, mais tous ne vont pas dans ce sens. Il y a progrès dans l'humanité. L'expérience nous fait donc constater l'action d'une puissance qui combat les effets de la chute et qui ramène la créature à son but. L'idée de cette puissance *restauratrice* est comprise dans celle de la création et peut en être déduite *a priori*. Si Dieu ne la possédait pas, la production d'un être susceptible de faillir ne serait pas conforme à son amour.

LEÇON XXVI. — Pages 160-176.

XXVIII. *La puissance restauratrice est une seconde volonté divine, comprise idéalement dans la volonté créatrice, mais opposée à celle-ci par la chute. La première tend immuablement à ce que la chute ait son effet (justice) ; la seconde, à ce que le but final soit réalisé (salut).*

Cette opposition se concilie dans la commune volonté que le but soit obtenu par la liberté de la créature (sanctification).

L'objet propre de la première volonté est la liberté de la créature, qui est son bien, avec toutes ses conséquences, quelles qu'elles soient. Si elle cessait de les vouloir, il y aurait en elle un changement inadmissible. Cependant le but absolu de la création doit être atteint. Ainsi, par le fait de la chute, la volonté créatrice est opposée à elle-même et se divise en deux volontés permanentes, — conscientes, — personnelles, — et conciliées dans une troisième volonté, qui proprement est la première, puisqu'elle est l'intention fondamentale. Ainsi nous trouvons en Dieu une Trinité réelle, mais se manifestant par le fait de la chute ; sans exclure cependant l'idée d'une Trinité absolue, qui demeure en dehors de notre sphère.

LEÇON XXVII. — Pages 177-192.

XXIX. *La restauration est une seconde création, qui s'opère dans des rapports déterminés par la première, et dont la fin est de s'identifier à la première.* En effet, la créature ne peut s'unir à Dieu que par sa liberté, qu'elle a perdue. Il y a donc deux principes dans le sujet de la restauration : le vieil homme, la primitive liberté changée en nature, et le germe de l'homme nouveau, la liberté restaurée, qui doit transformer la nature et devenir nature elle-même.

XXX. *L'action immédiate de Dieu sur la créature déchue, pour la ramener à sa destination, a reçu le nom de Grâce. Ainsi toute liberté dans le monde actuel est un don de la grâce.*

XXXI. *La liberté morale est la forme constante de la grâce.* Il n'y a de bien réel pour la créature que celui qui vient de sa liberté.

XXXII. *L'œuvre interne de la restauration est accomplie, lorsque la liberté qui procède de la grâce, s'étant déterminée dans le bien, a fait abandonner à la première la position qu'elle a prise, et se l'est assimilée. Alors la créature se trouve une en elle-même et avec Dieu.*

XXXIII. *La manière dont la restauration s'opère ne peut être connue que par l'expérience. L'étude de la restauration est une application de la philosophie à l'expérience.* Remarque : Cette idée générale de l'expérience comprend la Révélation, à supposer qu'elle soit réelle.

La raison ne saurait suppléer à la Révélation, mais elle peut : 1° en établir la nécessité et par là faire admettre sa vérité ; 2° une fois la Révélation reçue, la raison peut nous en faire comprendre le sens. La raison à laquelle nous attribuons cette mission, est elle-même purifiée, fortifiée et transformée par la Révélation.

LEÇON XXVIII. — Pages 193-208.

XXXIV. *L'Histoire de la Nature dans toutes ses phases est comprise dans la Restauration.* La nature porte les traces de la chute, nous l'avons vu. Cela s'applique non-seulement à la nature actuelle, mais aux époques antérieures à l'apparition de l'humanité, époques dont la comparaison atteste en elles un progrès constant, dont le terme est la production de l'humanité comme espèce.

XXXV. *L'apparition de l'humanité comme espèce sensible n'est qu'une phase dans la restauration de l'humanité.* La chute primitive est *notre* chute, dans ce sens que chacun de nous est réellement compris dans le sujet qui a failli ; autrement nous ne saurions en être responsables. D'autre part, la solidarité des destinées humaines nous atteste l'unité de la chute. L'humanité a donc existé d'abord dans la forme d'unité. La pluralité individuelle vient de la chute elle-même, et doit s'expliquer par la restauration.

LEÇON XXIX. — Pages 209-224.

XXXVI. *L'humanité ne forme qu'un seul être ; l'individu est un organe de l'humanité.* La question de savoir si les idées générales ont un objet réel, ne relève pas de la logique, mais de l'expérience, qui la résout affirmativement dans certains cas et négativement dans d'autres. Le rapport de l'espèce et de l'individu est un rapport variable. L'unité des espèces naturelles se prouve par les lois qui les régissent, principalement par la loi de leur reproduction. L'unité de l'humanité ressort de la nature du langage, de la sympathie, et généralement de l'impossibilité où est l'homme de réaliser sa fin sans le concours de ses semblables. La preuve la plus forte se trouve dans la loi morale de la charité, car la loi morale exprime la vérité de notre essence.

LEÇON XXX. — Pages 225-240.

XXXVII. *Chaque individu possède une valeur absolue comme création directe de Dieu.* L'humanité, considérée dans son unité substantielle, est la créature primitive, modifiée par le principe restaurateur, mais encore à l'état de puissance, qui cherche à se réaliser sans pouvoir y parvenir d'elle-même. Elle ne se réalise que par le concours de la grâce, et cette grâce se manifeste par la production des individus. L'individu est donc conçu par l'espèce, créé de Dieu. L'individu est un don. De là résultent immédiatement les conséquences suivantes :

XXXVIII. *L'individu est en lui-même un but, en même temps qu'il est un moyen pour l'ensemble.*

XXXIX. *Les différences individuelles ont une valeur positive. La morale est à la fois universelle et individuelle.*

XL. *L'individu est immortel en tant qu'individu.*

LEÇON XXXI. — Pages 241-261.

Preuves de l'immortalité personnelle : La volonté de Dieu est immuable : chaque individu est voulu de Dieu ; donc chaque individu est voulu d'une manière immuable. — La mineure nous est fournie par notre théorie sur l'origine de l'individualité. On peut la démontrer en disant : L'objet propre de la volonté divine c'est la réalité de l'être, c'est-à-dire la liberté : la liberté réside dans les individus ; donc les individus sont l'objet propre de la volonté divine. — L'immortalité individuelle se déduit encore directement de la conscience morale : La rectitude de l'intention est, d'après la conscience, un bien en elle-même, et le seul vrai bien ; or la rectitude de l'intention n'aurait aucune valeur permanente si le sujet dans lequel cette intention réside n'en possédait pas lui-même. — La considération des idées de temps et d'esprit fournit un argument plus intuitif. L'essence de l'esprit se révèle dans son acte fondamental, l'acte de mémoire, la négation du temps ; donc l'esprit est immortel parce qu'il est esprit.

Examen des preuves tirées de la simplicité de l'âme, et de la nécessité d'une rétribution après cette vie.

LEÇON XXXII. — Pages 262-289.

XLI. *L'individualité morale se forme graduellement dans le cours de l'histoire.* Au point de départ, l'individualité véritable n'existe pas encore, et les religions de l'humanité déchue s'imposent à la conscience des individus; la réflexion ne devient possible qu'au terme du procès mythologique. Le paganisme et le judaïsme, partis de points opposés, aboutissent également à la conception d'un individu élevé au-dessus du fini par sa perfection morale. Le premier le conçoit comme la divinisation de l'homme, le second comme l'incarnation de Dieu.

XLII. *La nouvelle période de la Restauration qui s'ouvre par l'apparition de l'espèce humaine, a pour but la restauration de la volonté morale dans un individu parfait. La part de l'humanité consiste à le demander. L'exaucement de ce désir est un acte absolu de Dieu, par lequel l'humanité retrouve en Jésus-Christ sa pureté primitive.*

XLIII. *Durant la première période de la Restauration (époques de la Nature), la puissance restauratrice (le Fils) joue le rôle de puissance créatrice en donnant l'être, par une communication de sa substance, aux conceptions qu'elle suggère à la créature. Ce rôle est un rôle d'abaissement et de souffrance, car les conceptions de la créature altérée sont toutes défectueuses. — La même loi régit le rapport du Fils et de l'humanité. Chaque individu est créé par une communication de la substance du Fils, qui produit en lui une nouvelle liberté par l'équilibre qu'elle oppose à l'impulsion de la nature déchue. Durant toute l'histoire Christ souffre donc pour l'humanité et pour les individus, dans l'humanité et dans chaque individu.*

XLIV. *L'union de la puissance restauratrice et de la primitive substance de l'humanité s'opère graduellement durant l'histoire. Elle est virtuellement accomplie par la naissance d'un homme pur. Elle est consommée et consolidée par l'acte libre de cet homme nouveau, qui résiste à la Tentation à laquelle Adam avait succombé.*

LEÇON XXXIII. — Pages 290-320.

XLV. *L'accomplissement de la Restauration exige que l'Humanité se charge elle-même de la purification opérée en elle jusqu'ici par la puissance restauratrice. Il faut qu'elle abandonne volontairement la position qu'elle a prise par la chute et que la puissance restauratrice lui a fait abandonner. Il faut qu'elle se dépouille de sa nature, et pour cela, il faut qu'elle en comprenne toute la misère. Cette conscience et cette acceptation de la corruption humaine est le côté intelligible des souffrances de Jésus-Christ dans sa personne : cet abandon volontaire de la nature humaine fait en lui par l'Humanité est le côté intelligible de sa mort expiatoire.*

XLVI. *La puissance restauratrice s'étant identifiée absolument avec l'humanité purifiée en Jésus-Christ, n'y produit plus rien sans le subir en même temps. Ainsi la Passion et la mort de l'Humanité en Jésus-Christ sont en même temps la Passion et la mort du Fils. Il fallait que l'Humanité mourût, et elle ne pouvait mourir qu'avec le Fils et par l'initiative du Fils.*

Remarque : Ce rapport de réciprocité n'est pas entièrement nouveau, mais il se produit ici d'une manière absolue. Christ souffre avec la créature dès le commencement et jusqu'à la fin, mais la douleur universelle se concentre tout entière dans la personne de Jésus-Christ. Le sacrifice de Jésus-Christ sur la croix est la crise décisive de la restauration préparée par toute l'histoire antérieure et qui doit s'achever dans toute la suite des temps.

LEÇON XXXIV. — Pages 321-343.

XLVII. *La mort de l'humanité en Jésus-Christ est exigée par l'amour lui-même ; ainsi le christianisme se résume tout entier dans l'amour.*

Remarque. Ce que nous appelons la justice de Dieu est le respect de la liberté créée, qui résulte de l'amour créateur. L'idée de justice n'est proprement pas applicable au rapport de Dieu et de l'homme, attendu que d'un côté l'homme n'a aucun droit sur Dieu, tandis que de l'autre Dieu ne peut rien recevoir de l'homme. Il n'exige rien de nous en vue de lui-même : son but immuable est notre propre bien. Dieu déploie son amour dans ses châtiments, qui ont toujours le même caractère, quelle qu'en soit la durée.

XLVIII. *Le mystère du christianisme se reproduit tout entier dans chaque chrétien. Le salut est une mort volontaire par laquelle la nature humaine transformée s'unit substantiellement à Christ. Ainsi la sanctification et le salut sont une seule et même chose.*

XLIX. *La foi, condition du salut et principe de la sanctification, est un acte de volonté.* — La foi est l'adhésion du cœur à l'œuvre de Christ pour nous, dans le désir qu'elle s'accomplisse en nous. Cette disposition suppose que nous connaissons jusqu'à un certain point en quoi l'œuvre de Christ consiste et que nous croyons à sa réalité ; mais il n'y a de foi véritable que dans l'adhésion du cœur.

L. *La foi est offerte à tous.*

LEÇON XXXV. — Pages 346-373.

LI. *Par l'accomplissement de la conversion, l'individu, s'unissant en lui-même et s'unissant à Dieu, réalise la liberté, qui est son essence, et acquiert ainsi le* SOUVERAIN BIEN.

LII. *Le changement du centre doit amener un changement dans les conditions générales de l'existence, qui les rende conformes à l'idée de la spiritualité. C'est la* VIE ÉTERNELLE, *dont l'un des traits doit être l'affranchissement des restrictions que le temps et l'espace apportent actuellement à la réalisation de l'esprit.* En effet, le temps et l'espace sont des attributs de l'être ; leur signification varie selon la nature des êtres. L'esprit cherche à s'affranchir ici-bas du temps et de l'espace, sans y réussir, à cause de son union avec la nature sensible. Ainsi la manifestation parfaite de l'esprit suppose une transformation de la Nature.

LIII. *La réalisation du souverain bien dans le sens universel, implique la conversion de tous les individus. Tous concourant au même but, chacun à sa manière, formeront un organisme absolu dans lequel tout sera commun et tout individuel. Ainsi la créature morale sera rétablie* *dans son unité par la restauration de sa liberté. Cet organisme absolu est l'*EGLISE.

Remarque : La créature, étant une et libre, doit réaliser son unité par sa liberté. Telle est la cause finale de la pluralité individuelle et son explication positive.

LIV. *L'unité organique absolue de l'Eglise suppose non-seulement la sainteté morale de ses membres, mais les transformations métaphysiques et physiques que la sainteté doit amener. Ainsi l'unité, réalisée dans le fond dès qu'elle est voulue, obtiendra la forme qui lui est propre. Les individus se sentant tous pleins d'une même volonté, chacun se retrouvera dans tous les autres, et, par l'intuition que les individus posséderont les uns des autres, l'unité substantielle se réalisera dans la conscience comme dans la volonté.*

LV. *L'histoire de l'humanité, depuis Jésus-Christ, tend à la constitution de l'Eglise.* Elle présente deux mouvements parallèles, dans la société et dans la conscience. 1° Formation de la chrétienté et du dogme. 2° Emancipation de l'Etat et de la Pensée. 3° Liberté dans la formation de la communauté religieuse, assimilation de la libre pensée et du dogme chrétien.

LEÇON XXXVI. — Pages 374-400.

La morale se résume en un mot : *Réalise ta liberté.* Le développement de cette formule donne le système des devoirs et le rapport des sphères de l'activité humaine. L'homme commence à réaliser sa liberté dans la conquête de la Nature, sans pouvoir achever cette conquête ni trouver en elle ce qu'il y cherche *(sphère économique).* — L'appropriation de la Nature le conduit à s'approprier l'activité de ses semblables, d'où naît l'Etat despotique, qui se brise à son tour par la puissance des serviteurs du monarque et produit l'aristocratie, puis la démocratie *(sphère politique).* — Nous cherchons en vain la liberté dans l'Etat, car si tous concourent à faire la loi, tous sont forcés de plier devant elle. Pour être libres, il faut que les citoyens veuillent eux-mêmes ce que la loi commande ; il faut donc qu'ils prennent leur propre volonté pour sujet de leur action *(sphère morale).*

La sphère économique a son but en elle-même et sert de moyen aux deux autres. Le développement moral est le vrai but, puisqu'en lui seul est la liberté; l'Etat, qui garantit et l'activité matérielle et l'activité morale, n'est, de son essence, que moyen. (Parallèle avec la vie végétative, animale et spirituelle). L'unité et la liberté se limitent réciproquement dans l'Etat : dans l'Eglise, organisme de la vie morale, tout est commun et tout individuel. — Cependant l'Eglise ne saurait remplacer l'Etat ni le dominer, parce qu'elle exclut la contrainte. La réalisation parfaite de l'Eglise, supposant la perfection de tous ses membres, n'est possible que dans une autre existence, où l'humanité se retrouvera une en elle-même et avec Dieu.

Cette unité morale absolue implique l'universalité du salut, lequel cependant parait subordonné à la liberté des individus; antinomie suprême que nous ne pouvons résoudre; mais cette ignorance même n'est pas sans raison.

FIN DU RÉSUMÉ.

Fautes à corriger dans le second volume.

Page 18, ligne 10; *la*, lisez : *le*.

P. 32, l. 15; il est *vrai*, lisez : il est *clair*.

P. 65, l. 6; *au*, lisez : *ou*.

P. 75, l. 3, *bien*, lisez : *but*.

P. 108, l. 12; les notions de genre se retrouvent, lisez : *l'idée du genre se retrouve*.

P. 127, l. 10; mettez une virgule après le mot *religieuse*.

P. 129, l. 16; mettez une virgule après le mot *manifestation*.

P. 147, l. 17 et 18; plus moins, lisez : plus *ou* moins.

P. 171, l. 16; différentes, lisez : *divergentes*.

P. 197, l. 25; sa forme *à* elle-même; lisez : sa forme elle-même.

P. 208, l. 6; mettez une virgule après le mot *humanité*.

P. 234, l. 23; adoucit, lisez : *éclaircit*.

P. 243, l. dernière; l'opposition du but et du moyen, lisez : *de* but et *de* moyen.

P. 250, l. 27; transitives mais persistantes, lisez : *transitifs*, mais *persistants*.

P. 268, l. 7; la généralité des termes, lisez : la généralité *de* termes.

P. 271, l. 16; d'intuition, lisez : d'*intention*.

P. 301, l. 5; mettez une virgule après le mot *matière*.

P. 308, l. 20 de la note; est, lisez : *sont*.

P. 309, l. 20 de la note; à ce fait; lisez : *au* fait.

P. 320, l. 3; ici, lisez : *sur la terre*.

P. 330, l. 18; infini, lisez : *indéfini*.

P. 350, l. 24; où nous sommes faits; lisez : où nous *nous* sommes faits.

P. 379, l. 13; morale, à, lisez : *morale et à*.

P. 393, l. 13; fidélité, lisez : *félicité*.

www.ingramcontent.com/pod-product-compliance
Lightning Source LLC
LaVergne TN
LVHW020556110826
845149LV00002B/292